한 권으로 끝내는
소자본 태양광발전소

한 권으로 끝내는
소자본 태양광 발전소

윤인택 지음

매일경제신문사

프 롤 로 그

　최근 태양광발전사업은 퇴직 후 노후를 준비하는 직장인, 안정적인 수익에 관심 있는 개인 투자자, 그리고 투자처를 찾고 있는 투자 전문 기관까지 그 관심이 날로 증가하고 있다. 이러한 다양한 계층의 관심에도 불구하고 태양광발전사업을 준비하는 사람에게 꼭 필요한 정보를 체계적으로 제공해주는 정보소스가 많지 않은 것이 현실이다. 태양광발전사업에 대한 종합적이고 객관적인 정보의 부재, 온라인 등을 통해 유통되는 정보의 비대칭성, 그리고 정부의 신·재생에너지 정책 불확실성은 태양광발전사업에 참여하고자 하는 예비창업자에게 투자에 대한 불확실성을 가중시키는 원인이 되고 있다. 태양광발전시장은 정부 보조금으로 운영되는 시장이다. 따라서 정부는 국내 태양광발전사업의 활성화를 위해 투자자에게 명확하고 일관된 시그널을 제시하면서 사업 참여자 간 경쟁을 유발할 수 있는 국내 현실에 맞는 시장메커니즘을 도입해야 할 것이다. 이러한 정책적 불확실성 해소는 정부의 신·재생에너지 보급목표 달성과 민간부분의 투자를 활성화시킬 수 있는 원동력이 될 것이다.

 태양광발전사업의 장점으로는 타 사업 투자 대비 상대적으로 높은 수익률(약 10% 내외), 정부기관과의 매전 계약을 통해 장기간 안정적인 수익 창출 가능, 그리고 태양광발전시스템에 대한 전문지식 없이도 운영이 가능한 사업이라는 점이다. 이러한 장점에도 불구하고 철저한 사전 준비 없이 사업에 뛰어들 경우 시공과정에서 필요 이상의 지출이 발생하거나, 예상 매출액대비 낮은 수익을 얻거나, 또는 운영과정에서 자금난을 겪을 수 있다. 또한 준비과정뿐만 아니라 운영과정에서도 정부의 신·재생에너지 정책변화 등을 지속적으로 모니터링해서 적절하게 대응할 필요가 있다.

 《한 권으로 끝내는 소자본 태양광 발전소》는 1MW이하 소규모 태양광발전사업을 준비하는 예비창업자가 궁금해할 수 있는 주제를 알기 쉽게 설명하고자 노력했다. 이를 위해 실제 소규모 태양광발전사업을 준비하는 예비창업자와 현재 발전소를 운영 중인 약 250명을 대상으로 설문조사를 실시해 '예비창업자들에게 필요한 것이 무엇인지?', '어떤 정보를 알고 싶은지?', '사업을 준비하면서 어느 부분에서 어려움을 겪고 있는지?' 등을 조사해 이 책에 최대한 반영하고자 했다.

따라서 이 책의 발간 목적은 태양광발전소를 준비하는 예비창업자분들에게 현실적이며 활용도 높은 핵심 정보를 제공하는 데 있다. 이를 위해 Part 01은 태양광발전에 대한 기본 실무 지식위주로 구성했으며, Part 02는 수익성 높은 태양광발전소를 만드는 데 필요한 구체적인 정보 위주로 구성했다. Part 03에서는 태양광발전소의 효율적인 운영을 통한 수익성 극대화 방안에 대해 다뤘다. Part 04에서는 태양광발전사업 준비자가 가장 궁금해하는 10가지 질문에 대해 정리했다. 마지막 Part 05 부록에서는 설문조사 결과와 태양광발전사업에 필요한 용어사전을 수록했다. 부디 이 책이 예비창업자분들에게 실질적이고 현실적인 문제해결의 수단으로 활용되기를 기대해본다.

이 책이 발간되도록 물심양면으로 아낌없는 지원과 지도편달을 해주신 두드림미디어의 한성주 대표님과 관계자 여러분, 그리고 매일경제 이경재 팀장님께 진심으로 감사를 전한다.

2017년 12월
유인택

차례

프롤로그   5

PART 01 태양광발전사업 준비자가 꼭 알아야 할 기본 지식

1.1 태양광시장 현황 및 전망   13
1.2 태양광사업분야 및 비즈니스 모델   46
1.3 태양광발전시스템   56
1.4 신·재생에너지공급의무화제도(RPS)   66
1.5 SMP 가격 결정 요인 및 REC 가중치 계산   87
1.6 태양광발전사업 투자·수익 구조   101
1.7 농촌태양광사업   104

PART 02 수익성 높은 태양광발전소 만들기

2.1 태양광발전사업 추진 절차   117
2.2 수익성 높은 태양광발전소 건실을 위한 Action Plans   129
2.3 좋은 부지 선정방법   136
2.4 개발 인허가 전략   142
2.5 보수적인 투자 경제성 분석   147
2.6 ESS 연계 시 경제성 분석   158
2.7 효과적인 자금 조달 방안   165
2.8 착한 시공사 선정방법   172
2.9 태양광발전소 모니터링 시스템   175
2.10 효율적인 태양광발전소 유지·관리   180

PART 03
태양광발전소 수익성(가치) 극대화하기

3.1 태양광발전소 수익성 극대화 방안	207
3.2 태양광발전소 절세 전략	210
3.3 태양광발전소 증여	219
3.4 태양광발전소 잔존가치	222
3.5 태양광발전소 가치평가	225
3.6 태양광발전소 거래	246
3.7 태양광발전소 갈아타기	248

PART 04
태양광발전사업 예비창업자가 가장 궁금해하는 10가지 질문

4.1 태양광발전을 위해 가장 좋은 날씨는?	257
4.2 태양광발전소 지도와 에너지자원도가 무엇인가요?	260
4.3 태양광발전소에서 전자파가 나온다?	268
4.4 태양광발전소의 빛 반사, 주변 온도 상승 때문에 피해가 발생한다?	271
4.5 향후 정부의 신·재생에너지 정책은 어떻게 바뀔 것인가?	273
4.6 개발 인허가시 지자체 조례는 강화될 것인가?	276
4.7 농촌태양광사업은 어떤 장점이 있나?	281
4.8 개발 인허가시 주민 민원은 어떻게 해결할 것인가?	286
4.9 태양광발전소 리스크 헷지 방법은?	288
4.10 향후 SMP, REC 가격은 오를 것인가?	296

PART 05
부록

5.1 태양광발전사업 준비자 225명이 말하는 발전사업 추진 애로사항	313
5.2 태양광발전소 운영자 27명이 말하는 실패/성공 사례	321
5.3 태양광발전 용어 사전	331
5.4 태양광발전 관련 서식	351

PART
01

태양광발전사업 준비자가 꼭 알아야 할 기본 지식

CHAPTER 01

태양광시장 현황 및 전망

　우리나라는 에너지의 97%를 수입에 의존해 에너지 수급 및 가격변동에 민감한 구조를 가지고 있다. 산업구조 역시 에너지를 많이 소비하는 철강, 석유화학, 시멘트 등 제조업 비중이 높은 국가이기도 하다. 우리나라는 1974년과 1978년 두 차례의 석유파동(오일 쇼크)을 겪으면서 에너지 빈국으로서의 경제적 어려움을 겪은 바 있다. 불과 몇십 년 전만 해도 유가가 배럴당 200달러 시대에 도래할 것이고, 2030년경 원유생산이 피크에 달하는 피크오일(Peak Oil)에 도달할 것이라는 부정적인 견해가 지배했던 것도 사실이다. 그렇다면 현실은 어떠한가? 지금 피크오일을 이야기한다면 과연 몇 명이나 공감할 수 있을 것인가? 기후변화 대응을 위한 태양광, 풍력, 수력, 수소에너지, 연료전지와 같은 신·재생에너지 개발과 캐나다의 오일샌드나 미국의 셰일가스와 같은

대체에너지의 개발로 이미 피크오일이라는 용어는 과거 세대만이 알고 있는 고어(古語)가 된지 오래다.

현실에서 우리가 꿈꾸는, 또는 상상하는 미래 에너지의 세계는 어떠한 모습일까? 최근 인류의 미래를 주도할 첨단산업기술, 보통 6T라 부르는, 정보통신기술(IT, Information Technology), 바이오기술(BT, Bio Technology), 나노기술(NT, Nano Technology), 환경공학기술(ET, Environmental Technology), 우주항공기술(ST, Space Technology), 그리고 문화콘텐츠기술(CT, Cultural Technology)이 화두다. 불과 1년 전 알파고(AlphaGo)가 등장하면서 또다시 6T는 사람들의 기억 속에 서서히 잊혀져가고 있으며, 인공지능(AI, Artificial Intelligence), 빅데이터(Big Data) 등이 첨단기술의 아이콘으로 부상하고 있다.

그렇다면 태양광발전기술은 어떠한가? 태양광발전기술이 신(新)기술 혹은 첨단(尖端)기술의 범주에 속하는가에 대한 의문을 갖게 된다. 기술적 관점에서 태양광발전기술의 현 위치를 알아야 태양광발전에 대한 미래를 예측할 수 있기 때문이다. 태양광기술은 새로운 기술이 아니다. 이미 50여 년 전 태양광발전에 대한 이론이 확립되었고, 최근 보급이 확산되면서 우리가 주변에서 쉽게 접할 수 있는 것뿐이다. 지금까지 상용화가 이루어지지 않은 이유로는 사회적 수요(필요성)와 경제성을 확보하지 못했기 때문이다. 태양광발전에 대한 사회적 수요는 지구온난화 완화를 위한 국제협약(교토의정서, 파리합의문) 등에 의해 해소되었고, 투자 경제성 확보는 모듈의 대량생산에 따른 가격 하락과 각국 정부의 보조금제도가 뒷받침했기 때문에 현재 태양광발전소의 급속한 보급 및 확산이 이루어지고 있는 것이다. 태양광발전기술은 반도체 기술을 전력생산에 이용하는 단순한 기술처럼 보이지만, 발전을 포함한 외부 환경을 포함하게 되면, 정보통신기술[1], 나노기술[2]과 밀접한 연관을 가지고 있으며, 여기에 인공지능[3]까지를 포함할 수 있는 IT, NT, AI 융합기술(Convergence Technology)이다.

태양광발전사업을 준비하는 예비창업자나 현재 태양광발전분야에 종사하는 사업자의 입장에서는 태양광발전시장의 현황과 향후 전망에 대해 궁금증을 갖기 마련이다. 특히 예비창업자의 입장에서는 태양광발전사업을 검토과정에서 시공업체 담당자의 희망 섞인 이야기를 믿어야 할지, 실제로 긍정적인 부분만 있고 부정적인 면은 없는 것인지, 혹은 언론에서 태양광발전사업에 대한 부정적인 이야기를 접하게 되는데 지금 투자해도 되는지 등을 궁금해한다. 이러한 질문들은 태양광발전사업을 고려하고 있는 예비창업자에게 가장 핵심적인 주제다.

태양광발전시장의 현황 및 전망에 대해서는 객관적인 국내·외 통계자료를 바탕으로 살펴보았다. 태양광발전사업에 투자해도 되는지에 관한 본질적인 질문에 대해서는 태양광발전사업에 직·간접적으로 영향

---

1) 정보통신기술 : 태양광발전소 모니터링 시 정보통신 기술 활용
2) 나노기술 : 탄소나노튜브 상대전극을 이용한 염료 감응형 태양전기 기술 개발에 활용
3) 인공지능 : Big Data를 수집해 인공지능을 개발하고, 이를 바탕으로 태양광발전량을 예측하는 데 활용

을 미칠 수 있는 국제 기후변화 협상동향, 정부의 신·재생에너지 정책, 문재인 정부의 신·재생에너지 정책 방향 등을 살펴봄으로써 독자들이 투자 여부를 스스로 판단할 수 있도록 정리했다.

태양광발전시장 현황

세계 태양광발전시장 현황

New Energy Finance에 따르면 2015년까지 전 세계에 설치된 태양광발전설비의 누적용량은 총 226기가와트(GW)로 지난 7년간 연간 약 419%의 초 고속성장을 하고 있는 산업이라고 밝히고 있다. 신규 설치용량 기준으로는 2010년 이후 연간 약 51%의 성장세를 보이고 있으며, 2015년에 56GW가 설치되어 전 세계 태양광시장 규모는 112조 원 규모로 추정[4]된다.

2015년 전 세계에 설치된 태양광발전소의 국가별·지역별 현황자료에 의하면, 중국이 전체 설비의 약 30%, 일본이 22%, 미국이 15%를 차지했다. 우리나라를 포함한 아시아 국가가 전체 설치용량의 59%를 차지해 지역적으로는 아시아지역이 태양광발전시장을 주도하고 있다. 우리나라는 2015년 기준으로 전 세계 설치용량의 약 2%를 차지해 중

---

4) 추정근거 : 56GW/년×1,000MW/1GW×20억 원/1MW = 1,120,000억 원 = 112조 원/년

국, 일본, 인도에 이어 아시아에서는 4번째, 전 세계적으로는 8번째로 많은 태양광발전설비를 설치하는 국가다.

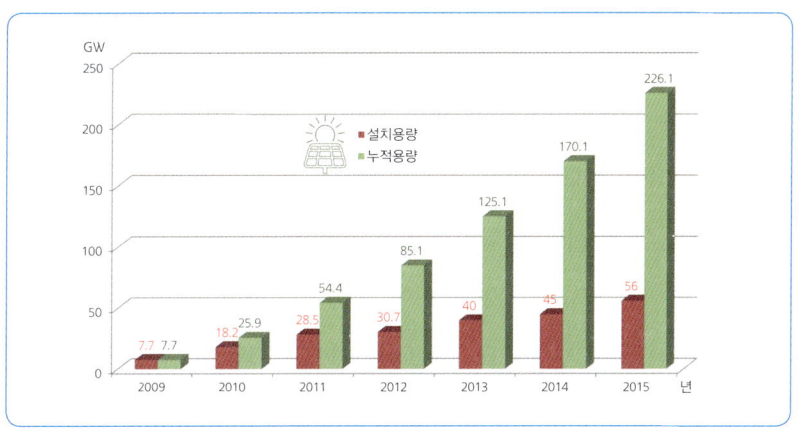

그림 2009~2015년까지 연도별, 누적 태양광발전설비 설치용량(단위 : GW)

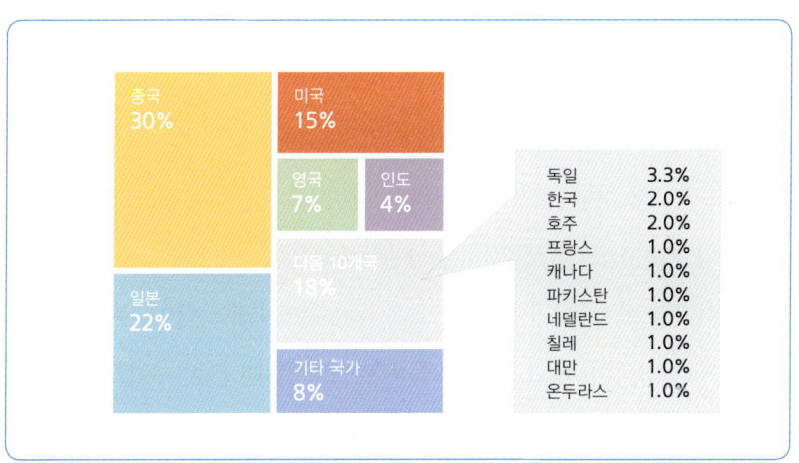

그림 2015년 전 세계 국가별 태양광설비 설치용량(출처 : www.ren21.net, 재편집)

우리나라 태양광발전시장 현황

우리나라의 태양광발전시장은 사업용과 자가용으로 구분된다. 자가용은 주택 태양광 보급사업이나 사업장내 자가 소비를 목적으로 설치된 태양광이다. 여기서는 사업용 태양광발전시장에 대해서만 살펴보도록 한다. 2015년 말 기준으로 우리나라에 설치된 사업용 태양광발전 총 용량은 약 3,174MW[5]이다. 누적용량 기준으로 2010년부터 2015년까지 연간 120%의 증가가 있었다. 지난 12년간 국내에 설치된 연도별 설치용량을 살펴보면, 2011년을 기점으로 두 영역으로 구분된다. 첫 번째 영역은 2004~2011년까지다. 이 시기에는 2004년 이후 태양광발전 설비의 설치가 서서히 증가하다 2008년을 정점으로 2011년까지 감소추세로 나타났다. 이는 2001년부터 시작된 정부의 발전차액지원제도(FIT)가 태양광발전사업자에게 태양광발전시장 참여에 대한 충분한 시그널과 수익성을 제공해주지 못했기 때문이다. 당시 발전사업자들은 FIT제도와 CDM(Clean Development Mechanism, 청정개발체제) 사업을 저울질했던 시기다. 두 번째 영역은 2011년 이후 현재까지로, 설치용량 기준으로 연간 약 600%의 폭발적인 상승세가 나타나는 영역이다. 이러한 성장의 근원은 2012년부터 시작된 신·재생에너지공급의 무화제도(RPS, Renewable Portfolio Standard)의 도입과 태양광발전설비 설치단가가 낮아져 경제성이 어느 정도 확보되었기 때문이다.

---

[5] 한국에너지공단, 2015년 신재생에너지 보급통계(2016년 판), 2016

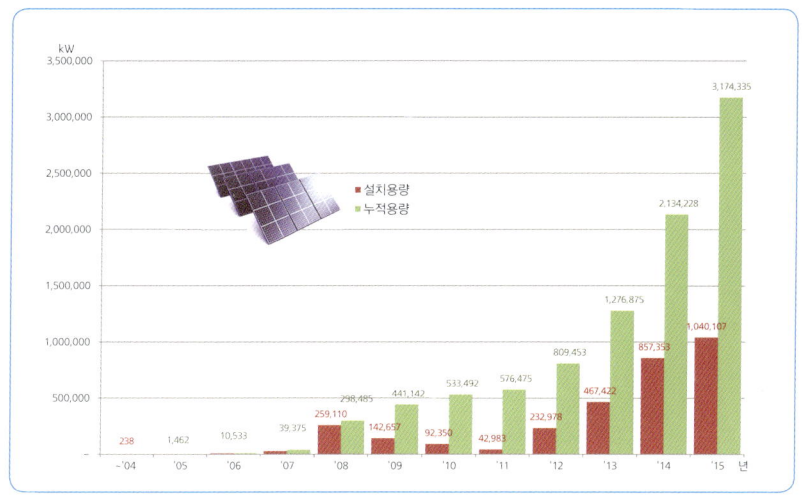

그림 우리나라의 사업용 태양광설비 연도별 설치용량 및 누적용량 (단위: kWh)

우리나라 태양광발전소 현황

우리나라에는 2016년 12월 기준으로 약 22,049개의 태양광발전소(전체 발전용량은 3,787MW)가 운영 중에 있다. 이 중 91%인 20,072개의 발전소는 RPS 제도가 실시된 2012년 이후에 건설되었다. 2014년에 5,501개소가 2015년에는 6,944개소의 신규 태양광발전소가 준공되었다. 신규 태양광발전소의 90%이상이 100kW 미만의 소규모 설비다. 전체 태양광발전소를 기준으로 용량별로 구분하면, 100kW미만이 16,000여기로 전체의 81.7%에 달한다. 반면 1MW 이상 발전소는 480여기로 전체의 2.4%에 불과하지만, 용량은 전체의 31.2%를 차지한다.

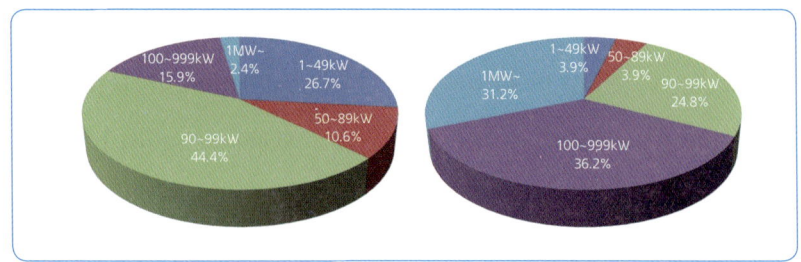

그림 우리나라 발전소 현황 (좌 : 발전소 개수 기준, 우 : 용량 기준)[6]

지역별로 살펴보면, 발전소 개수 기준으로 전북이 6,377기로 가장 많고 다음으로 전남 4,651기, 충남 2,283기, 경북 2,014기 순이다. 용량기준으로는 전남이 1,021MW로 가장 크고, 다음으로 전북 734MW, 충남 455MW, 경북 441MW순이다.

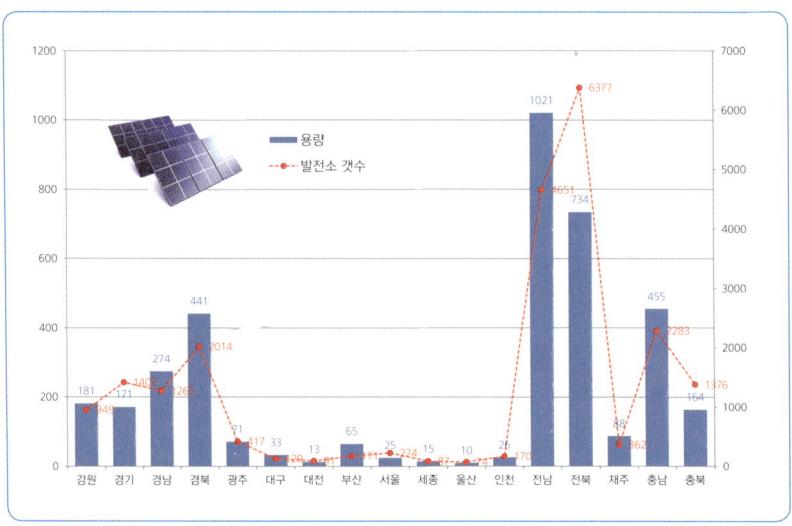

그림 우리나라 발전소 현황 (2016.12 기준, 한국에너지공단)

---

6) 한국에너지공단 DB, 2016년 말 기준

태양광발전시장 전망

전 세계 태양광시장 전망

신·재생에너지 리서치 그룹 GTM[7]의 2017년 5월 발표에 따르면, 2017~2035년까지 전 세계 태양광시장 규모는 2조8000억 달러(한화 3,145조 8,000억 원) 규모의 투자가 이루어지고, 3,000GW의 패널이 설치될 것으로 전망했으며, "태양광 회사의 성장곡선은 지금부터 시작될 것[8]"이라고 밝히고 있다. 이는 2017년 우리나라 정부 예산의 7.6배에 달하는 규모다. 2035년에는 전체 전력공급량에서 태양광발전이 차지하는 비중이 약 17%에 이를 전망이다.

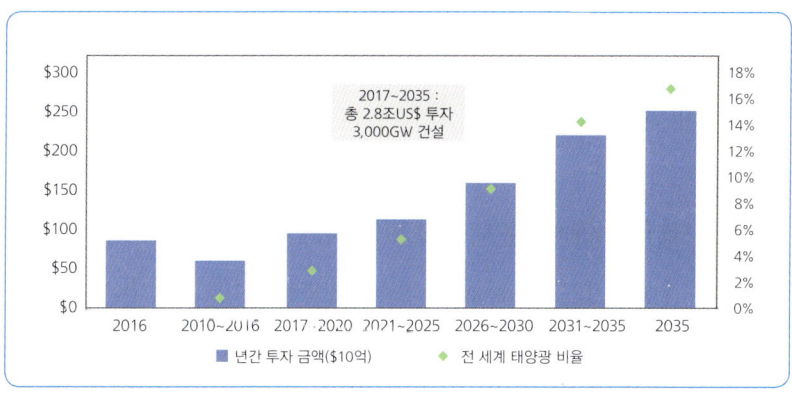

그림 2017~2035년 전 세계 태양광시장 전망 (출처: GTM Research, 재편집)

---

7) https://www.greentechmedia.com/research
8) http://www.ekn.kr/news/article_lab.html?no=290350 재인용

국제지속가능에너지기구(ISEO, International Sustainable Energy Organization)는 2050년까지 세계 에너지 수요가 연간 2%씩 증가한다고 가정하면, 재생에너지의 수요는 연간 5.2%씩 증가할 것으로 예측하고 있다. 이는 향후 에너지 수요에서 재생에너지, 특히 태양광발전의 지속적인 수요가 증가함을 의미한다.

솔라파워유럽(Solar Power Europe)에서는 2016년부터 2020년까지 세계 태양광시장을 연간 최대 120GW에서 최소 63GW로 예상[9]하고 있다. 연간 신규 태양광설비 공급시장을 약 90GW로 가정하면, 2015년 신규 설치용량 56GW의 약 두 배 규모다. 따라서 전 세계적으로 태양광시장은 당분간 성장이 지속될 것으로 예상된다.

우리나라 태양광시장 전망

전술한 바와 같이 우리나라는 2015년 기준으로 전 세계에서 8번째로 많은 태양광발전소가 설치되고 있으며, 최근 5년간 설치용량 기준으로 연간 약 600%의 폭발적인 성장세를 이어가고 있다. 그렇다면 향후 10년간 국내 태양광시장 규모를 추산해보자. 예측을 위해 지난 5년간 국내에 설치된 설비용량 자료를 이용했다. 이를 바탕으로 첫 번째 시나리오는 BAU[10] 기반, 즉 지난 5년과 같은 추세로 신규 발전소가 설치된다

---

9) Solar Power Europe, Global Market Outlook for Solar Power/2016~2020, 2016
10) BAU, Business as Usual, 즉 과거와 같은 추세로 성장한다는 가정

는 가정하에 시장을 전망하는 것이고, 두 번째 시나리오는 보수적인 관점에서 2025년까지 예상 설비 설치용량의 70%만 건설된다는 가정하에 시장규모를 추산하는 것이다. 두 번째 시나리오는 지자체 조례 강화와 민원 등으로 태양광발전소 부지확보에 어려움을 겪을 것이라고 예상해 보수적으로 추산한 것이다.

두 가지 시나리오를 바탕으로 예측된 시장 규모는, 용량 기준으로 2025년까지 BAU 기준 21GW, 보수적인 시나리오 기준으로 17GW가 추가되어, 우리나라의 총 누적 태양광설비용량은 약 20~24GW로 예상된다. 이를 설치비용으로 환산하면(설치비 MW당 1.8억 원 기준), 연간 약 3.9~5.6조 원의 시장 규모이며, 현재 태양광발전시장 규모의 두세 배 규모로 추산된다.

표 국내 태양광시장 예측 결과

년도	기존 설치용량(MW)	시나리오 1(BAU기반)	시나리오 2(보수적 추산)
2010 이전	533.5	–	–
2011	43.0	–	–
2012	233.0	–	–
2013	467.4	–	–
2014	857.4	–	–
2015	1,030.1	–	–
2016	–	1,190.5	1,154.8
2017	–	1,400.9	1,316.9
2018	–	1,611.4	1,466.4
2019	–	1,821.9	1,603.2
2020	–	2,032.3	1,727.5
2021	–	2,242.8	1,839.1

2022	-	2,453.3	1,938.1
2023	-	2,663.7	2,024.4
2024	-	2,874.2	2,098.2
2025	-	3,084.7	2,159.3
합계	3164.8	21,375.7	17,327.8

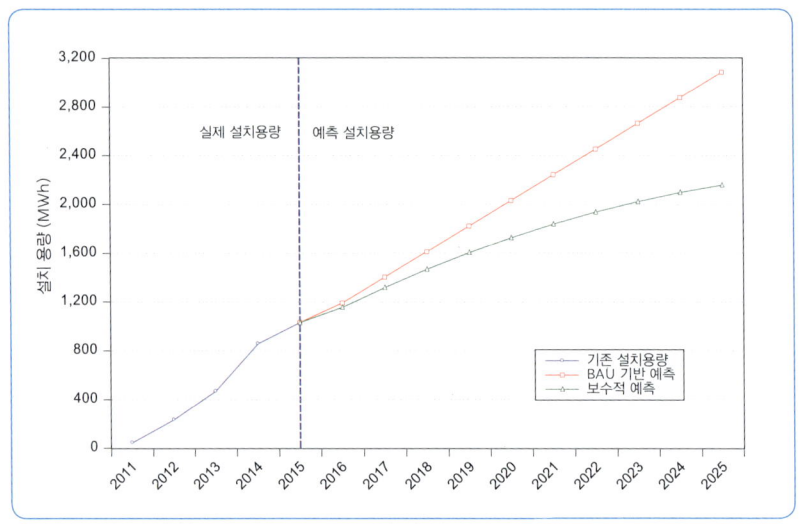

그림 2025년까지 국내 태양광시장 규모 예측 결과

태양광발전사업에 지금 투자해야 하는가?

태양광발전사업을 고려하고 있는 예비창업자의 가장 큰 고민은 "지금 태양광발전사업에 투자해야 하는가?" 아니면 "좀 더 시간을 두고 살펴본 후 투자해야 하는가?"다. 결론적으로 말해 이 질문에 대한 대답은 누구도 해줄 수 없다. 태양광발전사업은 몇 가지 단편적인 정보나 알고 있는 지식을 바탕으로 판단할 수 없기 때문이다. 모든 비즈니스가 그렇듯이 태양광발전사업 역시 우리가 예측할 수 없는 상황에 직면할 수 있다. '외부 충격변수' 또는 '정책변수'는 천재지변이나 갑작스런 외부 환경변화, 정책변화와 같이 외부 요인에 의해 투자 시 예상했던 수익을 창출할 수 없게 되거나, 또는 예상보다 많은 수익을 얻을 수 있는 경우를 설명하는 변수다. 예를 들면 2011년 3월 11일 발생한 후쿠시마 원전 폭발로 일본의 전력산업 자체가 혼란을 겪거나, 우리나라에서 2012년 RPS제도가 도입되면서 태양광발전사업자가 수익성을 확보하는 경우가 충격변수와 정책변수의 예이다.

이러한 외부 충격변수나 정책변수는 우리가 결정할 수 없는 부분이기 때문에, 여기서는 향후 태양광발전시장에 직·간접적으로 영향을 미칠 수 있는 요인에 대해서만 살펴보고자 한다. 구체적으로는 국제사회의 기후변화관련 협상 진행경과, 전 세계 발전시장 전망, 국내 신·재생에너지 정책변화, 문재인 정부의 국정운영 5개년 계획 등이 그것이다. 태양광발전은 온실가스 감축(완화, Mitigation)을 위한 국제 기후변화협약을 이행하는 과정에서 시작되었으며, 국내의 신·재생에너지 정책 역시 이러한 국제 협약을 이행하기 위한 일환으로 추진되기 때문이다.

☀ 교토의정서는 태양광발전 가능성을 시도했던 시험무대였다

교토의정서는 1997년 12월 일본 교토에서 개최된 유엔 기후변화협약 제3차 당사국총회(COP3)에서 채택된 온실가스감축과 관련된 최초의 국제협약으로써, 교토의정서 또는 교토프로토콜이라 부르기도 한다. 교토의정서가 갖은 의미는 크게 두 가지다. 첫째는, 지구온난화 물질, 즉 6대 온실가스[11]를 규정한 것이고, 두 번째로는 온실가스 감축을 위한 시장메커니즘을 도입한 것이다. 시장메커니즘은 청정개발체제(CDM, Clean Development Mechanism), 공동이행제도(JI, Joint Implementation), 배출권거래제도(ET, Emission Trading)이다. CDM 사업은 교토의정서의 핵심 시장메커니즘 중 하나로, UNFCCC에 사업을 등록하고, 검·인증과정을 거쳐 발행된 탄소배출권을 국제 탄소시장에서 판매할 수 있도록 한 제도다. 우리나라는 비 의무감축국의 자격으로 CDM 사업에 참여할 수 있었으며, 약 10건의 태양광발전 CDM 사업을 등록[12]했다.

표 UNFCCC에 등록된 우리나라 태양광발전 CDM 사업

등록일	사업 명	GHG 감축량(ton/yr)
2006.08.21	1MW 동해 태양광발전 CDM 사업	565
2008.12.09	1MW 화성 태양광발전 CDM 사업	832
2009.01.14	대구 & 전남 신안군 증도 태양광발전 CDM 사업	827
2009.02.02	삼링진 태양광발전 CDM 사업	2,215
2009.02.13	평택 소사벌 신·재생에너지 CDM 사업 (태양광+태양열)	4,511
2009.04.07	수력원자력 신·재생에너지 프로젝트 CDM 사업 (3MW 영광 태양광+0.75MW 고리 풍력)	2,680

---

11) 이산화탄소(CO_2), 메탄(CH_4), 아산화질소(N_2O), 과불화탄소(PFCs), 수소불화탄소(HFCs), 육불화황(SF_6)

12) http://cdm.unfccc.int

2009.08.29	8.85MW 세찬 태양광 CDM 사업 (7개 태양광 번들링 사업)	8,342
2009.08.17	김천 태양광 CDM 사업 1	8,197
2009.08.28	김천 태양광 CDM 사업 2	7,896
2009.10.19	태안 솔라팜 태양광 CDM 사업	1,376
	등록 10건	37,441

2010년 이후, 우리나라의 태양광사업이 CDM 사업에 등록되지 않았는데, 이는 지지부진한 온실가스관련 국제협상, 그에 따른 국제 탄소시장의 불확실성, 그리고 국내에서 운영되고 있는 FIT 제도가 수익성 측면에서 유리했기 때문이다. 아래는 당시 태양광발전사업을 CDM 사업에 등록할 경우와 FIT 제도를 이용했을 경우에 대한 수익성 분석 예다.

2009년 기준으로 0.9MW의 태양광발전소를 건설하기 위해서는 지금보다 약 4.7배(현재 투자비 18억/1MW 가정) 높은 76.76억 원을 투자해야 했다. 이 태양광발전소가 FIT제도에 참여하게 되면 투자 회수기간이 12년, CDM 사업에 참여하게 되면 투자 회수기간이 48.23년이 된다. 따라서 발전사업자의 입장에서 CDM 사업보다 FIT제도가 유리하기 때문에 CDM 사업에 등록할 필요가 없어지게 된다.

> **Case Study : 2009년에 등록된 태양광발전 CDM 사업에 대한 경제성 분석**
>
> 분석 대상 사업 : 대구&전남 신안군 증도 태양광발전 CDM 사업
> - 총 사업비 : 76.76억 원
> - 발전 용량 : 900kW(4개 태양광사업을 번들 등록, 0.1MW, 0.45MW, 0.05MW, 0.3MW)
> - 연간 예상 발전량 : 1,302MWh
> - 연간 예상 배출권(CERs) : 827톤 CO_2(1,302MWh × 배출계수 = 0.6349 tCO_2/MWh)
> - CERs 가격 : 19,800원/CERs(12유로/CERs, 환율 1,650원/유로, 2010년 1월 평균 가격, 환율)
> - FIT 제도 가격 : 491.17원/kWh(2010년 일반부지 설치, 20년 FIT 장기계약 시 가격)
>
> **표** 태양광발전사업에 대한 CDM 등록 타당성 분석 결과
>
> | 구 분 | FIT 20년 계약 시 | CDM 배출권거래참여 시 |
> |---|---|---|
> | 연간 수익(만 원) | 63,950만 원 | 15,913만 원 |
> | 투자 회수 기간(년) | 12.00년 | 48.23년 |

우리나라는 2010년 1월 저탄소 녹색성장에 필요한 기반을 조성하고 녹색기술과 녹색산업을 신 성장 동력으로 삼고자 "저탄소 녹색성장 기본법"을 제정했으며, 저탄소 녹색성장 기본법을 바탕으로 2013년 3월 23일 "온실가스 배출권의 할당 및 거래에 관한 법률"을 제정해 배출권거래제의 기반을 마련했다. 이 법을 근거로 정부는 2015년부터 온실가스를 다량 배출하는 약 602개 업체(2016년 기준)를 대상으로 배출권거래제도를 시행 중에 있다. 배출권거래제란 배출권을 할당받은 기업끼리 할당받은 양보다 온실가스를 적게 배출할 경우에는 잉여배출권을 판매할 수 있고, 반대로 할당받은 양보다 초과 배출한 기업은 배출권을 시장에서 구매해 할당량을 채우는 제도다. 우리나라 배출권거래시장에서 거래되는 배출권의 종류는 세 가지로, 할당받은 기업이 조직경계 내부에서 감축한 할당배출권(Korean Allowance Units), 기업이 조직

경계 밖에서 외부사업을 통해 감축한 외부사업인증실적(Korea Offset Credits, KOC), 그리고 외부사업인증실적을 할당대상 기업이 구매해 전환한 상쇄배출권(Korean Credit Units, KCU)이 있다.

> **유럽의 배출권거래제도(EU ETS)를 통해 얻은 교훈**
>
> 유럽연합 배출권거래제도(EU ETS, Emissions Trading Scheme)는 2005년부터 시행되었다. 이후 EU ETS 1기(2005~2007년), 2기(2008~2012년)를 거쳐 현재 EU ETS 3기(2013~2020년)를 운영 중에 있다. 배출권거래제에 참여하는 유럽 내 기업, 공장, 에너지 생산 플랜트는 약 12,000여개이다. 배출권거래제도 시행 초기에 유럽의 많은 기업들은 온실가스 감축은 기업의 경쟁력을 약화시켜 유럽경제에 악 영향을 준다는 이유로 반대했다. EU ETS 시행 성과 분석 결과에 의하면, 배출권거래제에 따른 온실가스 감축이 경제성장에도 도움이 된다는 이른바 경제성장과 온실가스 감축사이의 탈동조화(Decoupling)현상이 나타난 것으로 보고하고 있다.

교토의정서에서 규정한 1차 의무이행 기간(2008~2012년) 이후에 대한 국제사회의 논의는 각국의 입장에 따라 한동안 합의점을 찾지 못했다. 전 세계에서 온실가스를 가장 많이 배출하는 중국을 포함한 개도국의 입장은 현재의 기후변화는 선진국이 과거 산업화과정에서 배출한 결과로 나타난 것이기 때문에 개발도상국에 온실가스 배출을 제한하는 것은 부당하다고 주장했다. 특히 중국은 온실가스 감축을 위한 기술개발 비용을 국제사회에서 지원해야 온실가스 감축에 참여하겠다는 입장이었다. 반면 세계에서 두 번째로 온실가스를 많이 배출하는 미국은 공화당의 반발로 교토의정서에 비준조차 하지 않아 감축의무를 지지 않게 되었다. 이러한 각국의 입장이 평행선을 그으면서 국제협상에 난항을 겪었다.

신 기후체제 출범으로 태양광발전사업이 이륙을 시작했다

국제사회는 2015년 12월 제21차 UN 기후변화협약 당사국총회(COP21)에서 교토의정서를 대체하는 파리협정(Paris Agreement)을 채택했다. 이로써 국제사회는 온실가스 감축과 기후변화 적응을 위한 'Post 2020 新 기후체제'에 돌입하게 되었다. 파리협정은 전 세계 195개 당사국이 참여했으며, 산업화 이전 수준 대비 지구 평균온도를 2℃보다 훨씬 낮은 수준으로 유지하기 위한 국제적인 협정이다. 교토의정서에서는 37개 선진국만 온실가스 감축 의무가 있었지만, 파리협정에서는 195개 당사국 모두가 자율적인 감축 목표를 제시하고 이를 지켜야 함을 규정하고 있다. 195개 당사국은 전 세계 온실가스 배출량의 90% 이상을 차지한다.

표 교토의정서와 파리협정 비교

구분	교토의정서	파리협정
대상국가	주요 선진국 37개국만 감축의무 (이분법적 구분, Annex1, Non-Annex1)	선진국과 개도국 모두 참여 (195개 협약 당사국)
적용시기	1차 공약기간 : 2008년~2012년 2차 공약기간 : 2013년~2020년	2020년 이후
범위	온실가스 감축에 초점	감축을 포함한 포괄적 대응 : 감축, 적응, 재정지원, 기술이전
감축 목표 설정방식	하향식(Top-down) 감축목표 부여방식	상향식(Bottom-up) 감축목표 설정 방식
우리나라	감축의무 없음	2030년 감축목표 : BAU 대비 37% 제시

파리협정에서는 각국이 자율적인 온실가스 감축목표를 정해 매 5년마다 상향된 목표를 제출하도록 규정하고 있는데, 이를 국가결정기여

(NDC, Nationally Determined Contribution)라 한다. 미국은 NDC로 2024년까지 26~28% 절대량 감축을 약속했고, 유럽연합은 2030년까지 절대량 기준 40% 감축 목표를 제시했다. 이러한 상황에서 2017년 6월 1일 미국 트럼프 대통령의 파리협정 탈퇴가 큰 파장을 불러오고 있다. 트럼프의 파리협정 탈퇴는 미국 우선주의(America First)에 기반하고 있으나, 미국의 시민사회, 도시와 주정부, 전문가, 언론, 그리고 많은 기업들조차도 탈퇴에 비판적이다. 미국의 파리협정탈퇴 선언으로 파리협정의 이행에 먹구름이 낀 것은 분명하지만, 기후변화에 대비하기 위해 세계 각국이 각고의 노력을 기울여야 한다는 것만은 분명하다.

우리나라는 2030년까지 온실가스 배출전망치 대비 37%를 감축하겠다는 목표를 2016년 6월 국제사회에 약속했다. 우리나라의 부문별 온실가스 배출량은 산업부문이 전체의 53.9%를 차지하고, 다음으로 발전 부문이 42.7%를 차지한다.

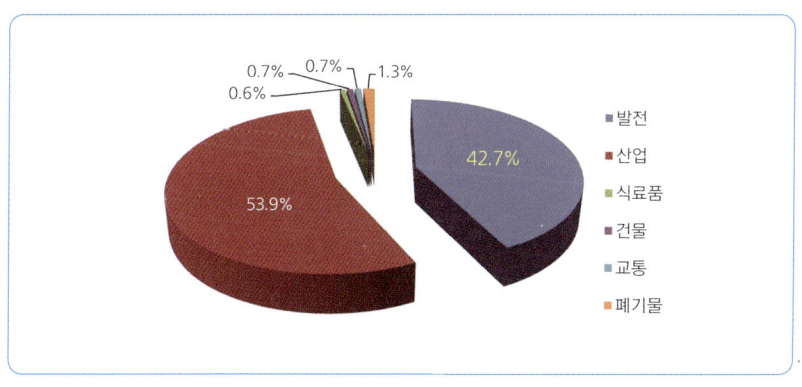

그림 우리나라의 부문별 온실가스 배출량(2013년 기준, 단위 : %)

발전부문을 좀 더 자세히 살펴보면, 화석연료기반의 발전이 전체의 62%를 차지하고, 원자력이 30%, 신·재생에너지를 포함한 기타 에너지원이 8%를 차지하고 있다.

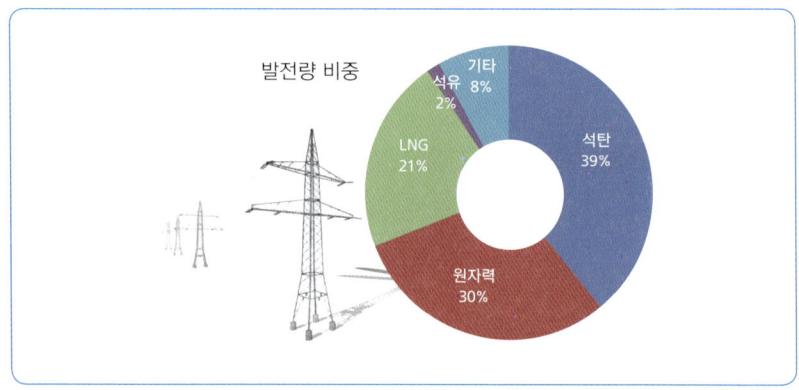

그림 우리나라의 발전원별 발전량 비중(2014년 기준, 단위 : %)

따라서 발전부문의 온실가스 감축 노력 없이는 국제사회에 약속한 국가결정기여(NDC) 목표 달성이 어려운 것이 현실이다. NDC 달성을 위한 하나의 수단으로 태양광발전을 포함한 신·재생에너지원의 확대 및 보급이 필수 불가결한 옵션이 되었다.

태양광이 전 세계 발전시장을 주도하고 있다

현재 화석연료기반의 발전은 전 세계 발전량의 68%를 차지할 정도로 비중이 절대적으로 높은 실정이다. 그러나 화석연료기반 발전은 대기오염물질 배출, 미세먼지 등과 같이 환경오염물질을 유발하고 생산단가 역시 과거에 비해 크게 유리하지 않기 때문에 발전원에서 차지하는 비중이 점차 감소할 것으로 보인다. 반면 태양광, 풍력, 조류에너지와 같이 재생 가능한 에너지를 이용한 발전이 급속히 성장할 것으로 예상된다.

Bloomberg New Energy Finance에 의하면, 석유, 가스, 석탄과 같은 기존 화석연료기반의 발전은 2030년 말에 전체 발전량의 18.6%(64GW)를 차지할 것이며, 수력, 원자력, 태양광, 풍력, 바이오매스, 지열 등 청정에너지 발전이 81.4%(279GW)를 담당해 청정에너지발전 시대가 도래할 것이라고 예측하고 있다. 또한 청정에너지 중 태양광발전의 비중이 약 50% 이상을 차지할 것이라 예측하고 있다. 즉 화석연료기반의 발전은 현재 약 70% 수준에서 2030년에는 20% 수준으로, 그리고 태양광을 포함한 청정에너지발전은 현재의 30% 수준에서 80% 수준으로 증가할 것이라는 것이다. 이러한 예상이 실현 가능할 것이라고 보는 근거는 첫째, 최근 전 세계적으로 재생에너지 분야에 대한 투자가 증가[13]하고 있으며, 둘째, 선진국이 투자를 주도해오던 청정에너지 부문에 중국, 인도 등 개도국의 참여가 증가하고 있으며, 셋째, 현재 태양광시장 규모는 개도국과 선진국이 비슷한 수준이기 때문이다.

지난 15년간 유럽지역의 발전원별 증감 분석 결과[14] 역시 이러한 전조현상을 잘 설명하고 있다. 유럽에서 풍력, 가스발전, 태양광순으로 발

---

13) 2015년 세계 태양광 투자는 1,610억 달러, 풍력 투자 1,090억 달러인 반면 신규 화력발전 투자는 1,300억 달러에 그침(출처 : REN21, Renewables 2016 Global Status Report, 2016)
14) Solar Power Europe, Global Market Outlook, 2016

전설비용량이 증가한 반면 석유화력, 석탄화력, 원전순으로 용량이 감소하고 있다. Bloomberg[15]에 의하면 태양광발전은 현재 세계 발전설비 시장을 주도하고 있고, 2030년 대부분의 지역에서 가장 저렴한 발전 기술이 될 것이며, 2040년까지 신규 발전 설비용량의 43%를 차지해 전 세계 전력수요의 15%를 공급하는 발전원이 될 것이라고 예상했다.

전술한 바와 같이 2016년부터 2020년까지 세계 태양광시장은 연간 최대 120GW에서 최소 63GW로 예상[16]하고 있다. 이를 바탕으로 합리적으로 추론할 경우 신규 태양광설비 공급시장은 대략 90GW 규모의 시장이 형성될 것으로 보이며, 이는 2015년 56GW 규모의 약 두 배로 향후 지속적인 성장이 예상된다.

불행히도 우리나라의 신·재생에너지 보급률은 OECD 국가 중 꼴찌다

우리나라의 신·재생에너지 생산비중은 1차 에너지를 기준으로 2016년 4.7%에 불과하다. 여기서 폐기물을 재생에너지에 포함시켰기 때문에 이 부분을 제외하면 실질적인 신·재생에너지 비중은 2% 정도에 불과하다. 특히 2013년 OECD에서 발표한 1차 에너지 생산비중 중 신·재생에너지 비율은 0.97%로 34개 OECD 국가 중 꼴찌다. 이 보고서

---

15) Bloonberg New Energy Finance, 2016
16) Solar Power Europe, Global Market Outlook for Solar Power/2016~2020, 2016

에서는 RES(Renewable Energy Share, 전체 1차 에너지 생산 중 신·재생에너지가 차지하는 비율)라는 개념을 사용해, 각 국가별로 신·재생에너지 보급율을 산출했다. 아이슬란드가 89.0%로 가장 높고, 다음으로 노르웨이, 뉴질랜드, 스웨덴, 오스트리아 등 북유럽 국가들이 상대적으로 높은 것으로 나타났다.

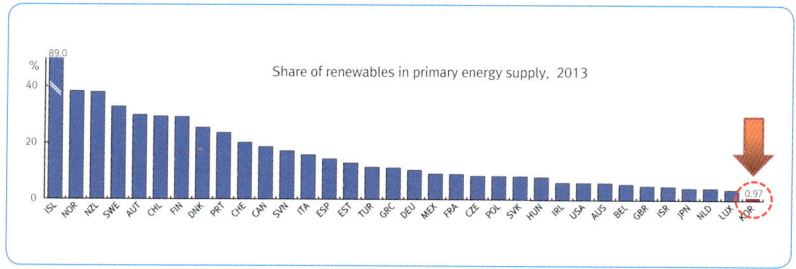

그림 OECD 국가의 1차 에너지에서 재생에너지 공급 비율(%)[17]

따라서 Post 2020 新 기후체제에 대비함과 동시에 신·재생에너지 보급률 확대를 위해서는 반드시 태양광발전사업의 확대가 필요하다.

제7차 전력수급 기본계획에 의하면 2029년까지 현재의 아홉 배 이상 태양광발전소를 추가로 설치해야 한다

지난 2015년 7월 수립된 제7차 전력수급 기본계획[18]에 의하면, 우리나라는 2029년까지 18조 원을 투입해 현재 53기인 석탄 화력발전소를 20기 추가 건설하고, 원자력과 액화 LNG에 각각 34조 원과 7조 원

---

17) OECD-NEA 보고서, http://oecdcode.org/disclaimers/israel.html
18) 제7차 전력수급기본계획(2015~2029), 2015.7

을 투입하겠다는 전력수급 계획을 발표했다. 정부의 제7차 전력수급 기본계획은 세계적인 흐름인 화력발전소 건설 백지화나 탈원전 정책[19]과는 다소 동떨어진 에너지 정책임은 분명하다. 문재인 정부가 들어서면서 2017년 6월 1일부터 30년 이상 노후화된 화력발전소 8기(우리나라 전체 발전량의 2.5% 차지)를 일시 가동 중단시켰으며, 신고리 5·6호기 건설 재개 여부에 대한 공론화 과정을 통하여, 현 정부는 원전 중심의 발전정책을 재검토하고 신·재생에너지를 확대 보급하겠다는 의지를 표명했다.

제7차 전력수급 기본계획에 따른 2029년까지의 태양광설비 계획용량은 총 16,565MW이다. 이는 수력, 풍력 등 기타 신·재생에너지를 포함한 발전량과 맞먹는 수치다. 그러나 계획 수립 당시 2014년 태양광설비용량 1,791MW를 기준점을 잡았으나, 2016년 발표된 태양광설비용량 자료[20]에 의하면 2014년 사업용 태양광설비용량은 2,134MW이다. 기본적인 통계자료의 기준, 자료의 일관성 등이 확보되지 않은 상태로 계획을 수립하는 것은 시장의 혼란을 가중시킬 뿐만 아니라 정부의 신뢰도에도 영향을 미치게 된다. 따라서 일관되고 종합적인 분석과 이를 바탕으로 계획이 수립되어야 할 것이다. 제7차 전력수급 기본계획에 의하면 태양광발전분야는 2029년까지 연간 61.2%의 신규 설비용량의 증가가 필요하다. 따라서 태양광발전사업은 지속적인 성장이 예상되는 분야다.

---

19) 메르켈선언 : 2011년 일본 후쿠시마 원전 폭발사건 이후, 독일 내 모든 원자력 발전소를 2022년까지 폐쇄하겠다는 메르켈 총리의 선언
20) 한국에너지공단, 2016년 신·재생에너지 보급 통계(2016년 판), 2016

표 제7차 전력수급 기본계획의 신·재생에너지 설비계획용량(단위 : MW)

구분	태양광	수력	부생가스	풍력	해양	연료전지	폐기물	바이오	IGCC*	계(MW)
'14년	1,791	1,767	1,373	604	255	161	152	137	0	6,241
'29년	16,565	1,824	2,800	8,064	1,025	1,351	168	193	900	32,890

* IGCC : Integrated Gasification Combined Cycle(석탄가스화복합발전)

☀ 조만간 도래할 그리드 패러티(Grid Parity)에 대비해야 한다

그리드 패러티(Grid Parity)는 '기술 개발에 따라 기존 화석연료를 사용해 발전(일반적으로 석탄화력발전)하는 비용과 태양광발전 비용이 같아지는 시점'으로 정의된다. 그리드 패러티에 도달하기 위해서는 기존 화석연료 기반의 발전단가가 환경오염물질 규제 강화, 온실가스 배출에 대한 추가비용 부담 등의 이유로 지금보다 훨씬 높아지거나, 또는 태양광발전 비용이 모듈 가격의 하락 등으로 줄어들게 되면 된다. 그리드 패러티는 각 국가별로 전력요금체계가 다르기 때문에 도달 시기 역시 각 국가별로 다르다.

각 국가별로 에너지원별 발전단가를 살펴보자. 미국의 경우에는 2016년 기준으로, 발전단가가 가장 낮은 발전은 LNG, 지열, 소수력, 석탄화력, 원자력 순이다. 일본은 원자력, 지열, 석탄화력, LNG 순이다. 우리나라는 원자력, 석탄화력, LNG, 신재생(평균), 석유순으로 일본과 유사한 발전단가 구조를 가지고 있다. OECD에서 예측한 2020년의 전 세계 평균 발전단가는 원자력, 풍력, 석탄화력, LNG, 태양광순으로 나타났다. 2011년 일본에서 수행된 연구에 의하면, 원자력이 발전단가가 가장 낮은 것으로 알려져 있지만, 원자력 발전단가에 핵폐기물 처리 비용 등을 고려하면 결코 발전단가가 낮지 않다. 오히려 가장 저렴한 발전단가로 알려진 석탄화력발전소와 큰 차이가 없는 것으로 보고하고 있다.

표 미국, 일본, 우리나라의 발전단가 비교

발전방식	국가명					전 세계[4]	
	미국[1]		일본[2]		우리나라[3]		
	US$/kWh	원/kWh	엔/kWh	원/kWh	원/kWh	US$/kWh	원/kWh
석탄화력	0.1	118.7	9.6	104.6	78.1	0.0763	90.6
석유	–	–	29.1	316.9	109.2	–	–
LNG	0.07	83.1	10.9	118.7	100.1	0.0983	116.7
원자력	0.11	130.6	8.9	96.9	67.9	0.0474	56.3
풍력	0.16	190.0	14.9	162.3	102.3 (신·재생 평균)	0.0747	88.7
지열	0.09	106.8	9.2	100.2		–	–
소수력	0.09	106.8	19.1	208.0		–	–
바이오메스	0.11	130.6	17.4	189.5		–	–
태양광	0.14	166.2	35.9	391.0		0.121	143.7

주) 환율 기준: 1$=1141.5원, 1 JPY=1,041.4원 (2017년 8월 기준)
1) 미국 EPA 보고서 2) 일본에너지환경회의(2010 기준) 3) 전력거래소(2016년 기준)
4) OECD-NEA 보고서(2020년 기준)

다음으로 그리드 패러티 도달에 영향을 미치는 태양광발전단가가 앞으로 어떻게 변할 것인가를 살펴보자. 태양광발전 단가에 가장 큰 영향을 주는 것은 모듈과 인버터 가격이다. 최근 태양광발전이 경쟁력을 갖게 된 이유는 태양광기술의 발전으로 태양광 효율은 증가하고, 상대적으로 가격은 낮아졌기 때문이다. 와트당 태양광 패널의 가격이 1970년대 초에 101.05$에서 2016년 0.61$로 과거 대비 0.6%대로 떨어졌다. 이에 따라 지난 40년간 설비용량은 2MW에서 약 64GW로 기하급수적으로 증가했다. 결국 태양광설비용량의 증가는 모듈 가격에 반비례함을 알 수 있다.

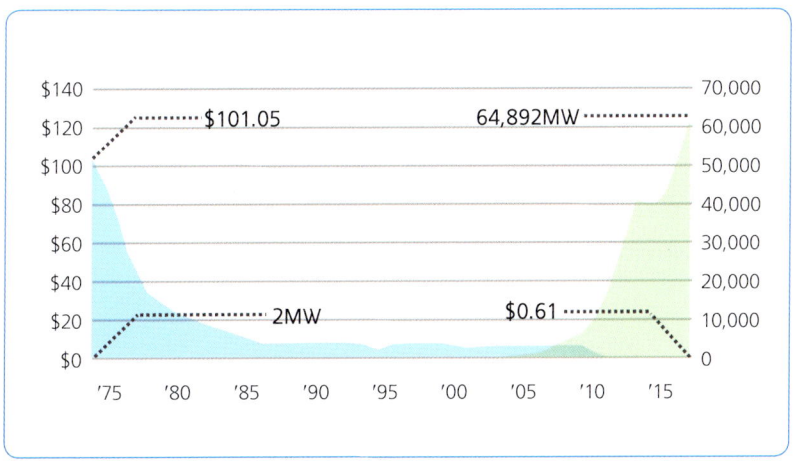

그림 와트(Watt)당 태양광 패널 가격 변동과 태양광 설치량의 변화[21]

그렇다면 향후 발전원별 발전단가는 어떻게 변할 것인가를 알아보자. Bloomberg에서 발표한 전 세계의 발전원별 발진단가[22]는 2014년 기준으로 석탄 60원/kWh, 가스 70원/kWh, 풍력 90원/kWh, 원자력 120원/kWh, 그리고 태양광 140원/kWh이다. 2020년 발전단가는 풍

---

21) 출처 : Earth Policy Institute/ Bloomberg
22) Bloomberg New Energy Finance, 한국수출입은행 재인용, 2015

력 70원/kWh, 태양광, 석탄, 가스가 동일한 80원/kWh, 그리고 원자력이 130원/kWh으로 전망하고 있다. 이는 국가별로 차이는 있겠지만, 전 세계적으로는 2020년에 그리드 패러티에 도달한다는 의미다.

Deutsche Bank의 보고서[23]에 의하면, 이미 태양광발전 단가는 하락하기 시작했으며, 2017년에는 2014년 대비 약 61%가 하락할 것이라고 예측하고 있다. 현재 그리드 패러티에 도달한 국가는 독일, 벨기에, 포루투칼 등 일부 유럽국가와 페루, 브라질 등 남미 일부 국가, 호주, 일본 등이다. 전력 가격이 높은 국가 중 그리드 패러티에 이미 도달한 국가로는 미국, 중국, 이란, 인도 등이 있다고 보고하고 있다.

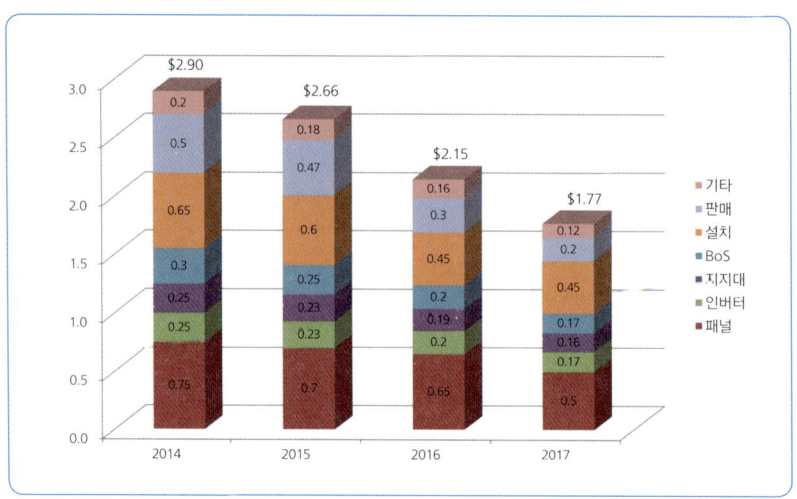

그림 태양광발전 단가 하락 예측(도이치뱅크, 2015)

---

23) https://www.db.com/cr/en/concrete-deutsche-bank-report-solar-grid-parity-in-a-low-oil-price-era.htm

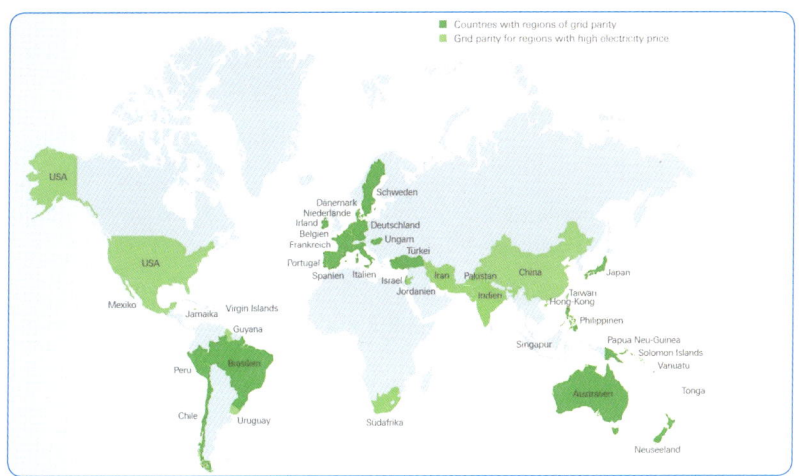

그림 그리드 패러티 도달 국가[24] (출처 : Dutsche Bank)

 당분간 태양광발전 단가는 지속적으로 하락할 것으로 예상되며, 이에 따라 전 세계적으로 2020년경에 그리드 패러티에 도달할 것으로 대부분의 보고서나 전문가는 전망하고 있다. 따라서 우리나라도 전 세계적으로 도래할 그리드 패러티에 능동적으로 대처해야 하며, 이를 위해 태양광발전소의 확산 및 보급이 필요하다.

> **그리드 패러티**(Grid Parity)?[25]
>
> 신·재생에너지 또는 태양광발전과 관련해 흔히 접하게 되는 용어 중 그리드 패러티라는 것이 있다. 그리드 패러티는 '1kWh의 전력을 생산하는 데 드는 비용이 석탄화력발전과 태양광발전이 같아지는 시점'으로 정의된다. 2016년 Deutsche

---

24) https://www.db.com/cr/en/concrete-deutsche-bank-report-solar-grid-parity-in-a-low-oil-price-era.htm

25) http://www.greenconvergence.com/blog/2015/june/what-is-grid-parity-/

Bank의 에널리스트인 Vishal Shah는 2015 태양광발전 전망 보고서에서 "대부분의 국가에서 2017년 말에 그리트 패러티에 도달할 것이다"라고 발표했다. 이 뉴스는 태양광발전사업에 종사하는 사람과 전기를 이용하는 일반 고객에게 큰 뉴스거리가 되었다. 만약 Vishal Shah의 추정이 맞는다면 2017년 말에는 가정에서 태양광발전을 이용해 전력을 생산하는 비용과 기존 전력망을 통해 공급받는 비용의 차이가 없게 된다. 허황되다고 생각할지 모르나 일부 국가에서는 태양광발전 단가와 기존 전력망을 통한 전력가격이 거의 유사하기 때문에 Shah의 이러한 주장이 설득력을 얻고 있다. 미국 에너지청에 따르면, 전통적인(여기서는 화석연료) 에너지의 비용이 연간 3% 상승하는 반면, 태양광발전 비용은 매년 계속해서 하락하고 있으며, 향후 5년 이내에 현재 대비 약 40%의 하락이 있을 것으로 예측하고 있다. 미국의 경우 정부의 보조금 없이 태양광발전을 할 경우 kWh당 발전단가는 13~23센트(약 150원~160원/kWh)로 대다수의 나라에 비해 화석연료 기반의 발전단가에 비해 싸다. 여기에 저금리의 영향으로 태양광발전이 더욱 경쟁력을 가지게 되면, 전 세계적으로 태양광발전은 가격 측면에서 피할 수 없는 선택이 될 것이며 지금보다 더 빠른 속도로 성장할 것으로 예측된다. 물론 미국 가정의 경우 전력요금이 $150/월 이하인 경우에는 아직까지는 경제적 타당성이 없지만, $150/월 이상을 지불하는 경우에는 가정용 태양광을 설치하는 것이 유리하다.

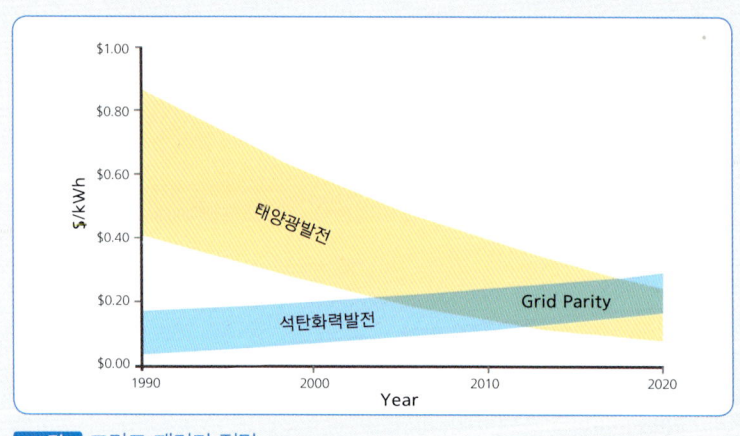

그림 그리드 패러티 전망

☀ 2022년 이후 REC의 공급부족이 예상된다

한국에너지공단은 신·재생에너지 의무공급량 이행실적을 바탕으로, 2024년까지 REC(신·재생에너지 공급인증서)의 예상 수요량 및 공급량 추이를 분석했다. 분석 결과에 의하면, 2022년 이후 시장에서 REC의 절대수요량(의무공급량의 80%)이 공급량을 초과하는 것으로 나타났다. 공급량을 증가시키기 위해 세가지 시나리오를 바탕으로 분석한 결과 역시 2022년 이후 절대 수요량에 미치지 못하는 것으로 나타났다. RPS 제도를 원활히 운영하기 위해서는, 추가적인 신·재생에너지 발전원에 대한 보급과 확산이 필요하다는 것을 의미한다.

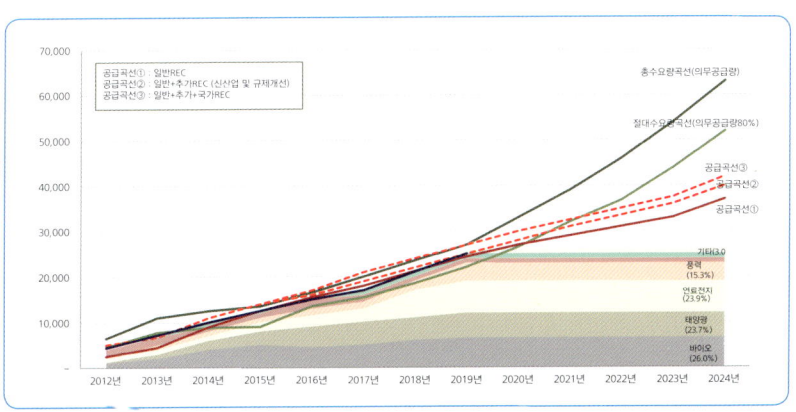

그림 REC 수요 및 공급 예상 추이 분석 결과 (출처 : 한국에너지공단)

정부는 2018년 RPS 의무비율을 4.5%에서 0.5% 증가시켜 5.0%로 상향 조정했다. 이에 따라 공급의무자의 의무 이행률이 70~80% 수준까지 하락할 가능성이 있다. 이는 시장에 충분한 REC가 공급되지 못하기 때문이다. 따라서 전술한 바와 같이 추가적인 REC 공급원의 확보 또는 공급의무자의 자체 신·재생에너지 설비 설치가 필요함을 의미한다.

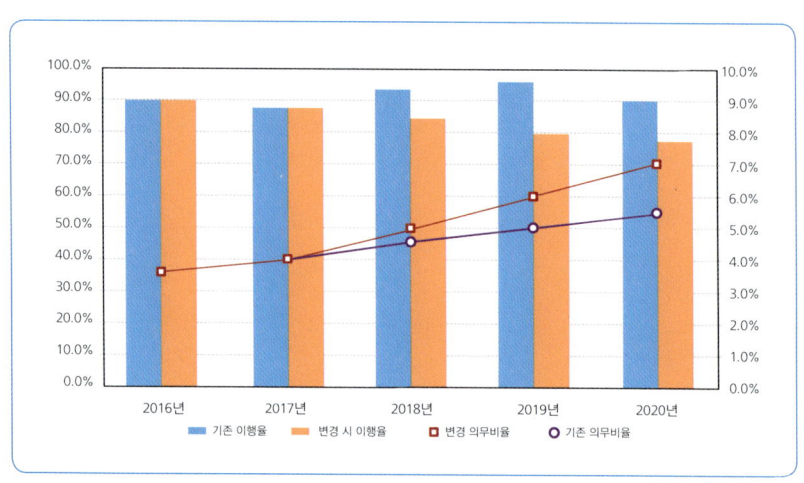

그림 신·재생에너지 의무공급자 이행율(출처 : 한국에너지공단)

문재인 정부, 2030년까지 RPS 의무비율 28%까지 상향조정을 추진한다

문재인 정부는 국정운영 5개년 계획[26]에서 신규 원전건설을 백지화하고, 현재 4.7%인 신·재생에너지 발전량 비중을 소규모 사업자의 참여 여건 및 기업 투자 여건 개선 등을 통해 2030년까지 20% 달성 목표를 제시했다. 특히 소규모 발전사업자의 안정적 수익 확보를 위해 고정가격 매입제도 도입과 현재 입지 선정에 가장 큰 걸림돌인 이격거리 규제 개선을 계획에 포함했다.

---

26) 국정기획자문위원회, 문재인 정부 국정운영 5개년 계획, 2017.7

이격거리 규제완화는 RPS 의무비율 확대 목표 달성을 위해서는 꼭 필요한 조치다. 문재인 정부는 현장의 문제를 인식하고 규제 완화 의지를 표명함으로써 태양광발전시장에 긍정적인 신호를 보내고 있다. 국정 운영계획이 반영되면 신·재생에너지 보급 확대를 위한 규제완화가 뒤따를 것으로 전망된다. 또한 국정운영 5개년 계획에는 'RPS 의무비율 목표를 현재의 2023년 이후 10%에서 2030년까지 28% 수준으로 상향조정하겠다'는 계획이 포함되어 있다. RPS 의무비율이 상향되면 18개 공급의무자들은 신·재생에너지 발전량 확보에 주력해야 하고, 결국 태양광발전의 수요가 증가하게 된다. 이는 결국 REC 시장에서 수요가 증가하면서 REC 가격이 상승할 수 있는 기회요소로 작용하게 될 것이다.

CHAPTER 02

태양광발전사업분야 및 비즈니스 모델

태양광발전소와 관련된 사업 분야는 크게 1) 태양광발전소 설계·감리회사, 2) 태양광발전소 시공사, 3) 태양광발전소 설계·구매·시공(Engineering, Procurement, Construction) 서비스를 원스톱으로 제공하는 EPC사, 4) 태양광발전소 운영·유지관리(O&M, Operation and Maintenance) 서비스사, 5) 태양광발전소를 개발해 분양하는 개발·분양회사, 6) 태양광발전소 거래중개회사, 그리고 7) 태양광발전소 컨설팅사, 8) 태양광 부품 제조사, 9) 기타 금융대출, 보험과 같이 태양광발전사업에 필요한 부가 서비스를 제공하는 회사 등으로 구분할 수 있다.

표 태양광발전 관련 사업분야

비즈니스 분야	주요업무 및 서비스내용	비고
설계·감리회사	• 태양광발전소 설계도 작성, 공사 감리	설계회사가 담당
시공사	• 태양광발전소 건설 및 시공	인허가부터 시공까지 참여
EPC사	• 턴키방식으로 태양광발전소에 대한 설계, 구매, 시공, PF까지 원스톱 서비스를 제공	종합건설사
O&M사	• 태양광발전소 건설 이후 설비진단, 모듈 청소, 잡초 제거 등과 같은 발전소 운영·유지관리 서비스 제공	
개발·분양회사	• 태양광발전소 인허가 후 태양광사업 희망자에게 태양광발전소를 분양하는 사업	일반적으로 시공까지 포함
거래중개회사	• 이미 운영 중인 발전소에 대한 거래·중개 서비스	
컨설팅사	• 정보제공 및 투자 컨설팅 서비스 제공	
부품 제조사	• 태양광발전에 필요한 지지대, 모듈, 인버터, 모니터링 시스템, CCTV, ESS 등을 제조하는 회사	
부가 서비스 제공사	• PF(은행권), 보험사, S/W 개발사 등	

　태양광발전 관련 사업 분야를 아홉 개로 구분했지만, 우리나라의 경우 태양광발전 역사가 상대적으로 짧기 때문에 부품제조회사와 같이 특화된 회사를 제외하고는 시공업체가 개발·분양, 시공, O&M, 거래중개 등 전 분야의 서비스를 제공하고 있는 실정이다. 한마디로 표현하면, 우리나라의 태양광산업계 구조는 시공업체(EPC사 포함) 중심으로 움직인다고 볼 수 있다. 향후 국내 태양광시장이 성장한다고 해도 시공사 중심의 시장지배 체제는 당분간 지속될 것으로 보인다. 그러나 태양광산업이 발전하면 할수록 전문화된 서비스 수요가 증가하게 되기 때문에 전문화된 서비스 제공업체의 출현이 예상된다.

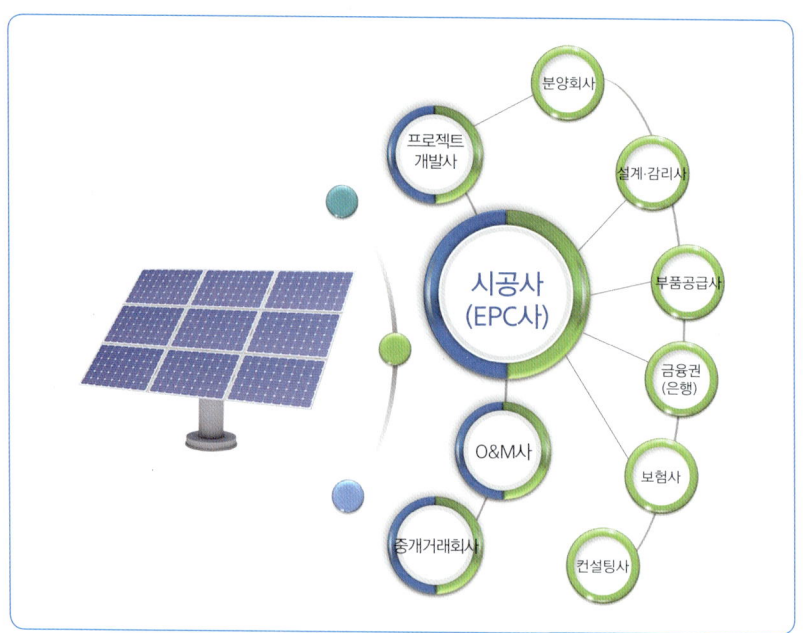

그림 우리나라 태양광발전 생태계 구조도

☀ 태양광발전 비즈니스 모델

태양광발전시장이 성장하면서 태양광발전과 관련된 다양한 비즈니스 모델이 등장하고 있다. 대표적인 태양광발전소 관련 비즈니스 모델로는 부지임대 사업모델과 ESS 임대 사업모델 등이 있다.

부지임대 태양광발전사업모델은 유휴지나 건물의 옥상 등을 임대해 장기계약을 한 후, 여기에 태양광을 설치한 후 투자금을 회수하는 비즈니스 모델이다. 이 모델의 장점으로는, 발전사업자의 입장에서는 초기 토지구입에 따른 비용부담을 줄일 수 있고, 발전량이 높은 지역이나 유휴지 등을 저렴한 비용에 임대해 사업을 시작할 수 있으며, 임대

주 입장에서는 유휴지를 임대함으로써 부수적인 수익을 창출할 수 있다는 점이다. 이 사업모델을 추진하고자 한다면, 임대기간은 최소 20년 이상, 임대료는 매년 지불하는 것으로 하며, 임대료는 평당(3.3㎡) 4,000원 이내로 추진하는 것이 좋다. 1kW당 5평이 필요하다고 가정하면, 100kW 설비기준으로 연간 200만 원 이내로 지불해야 투자 경제성을 확보할 수 있기 때문이다. 그러나 건물에 태양광설비를 설치할 경우 REC 가중치가 1.5로 높기 때문에 임대료 비용을 300만 원까지 지불해도 된다. 이는 임대료의 비율이 높을 경우 수익성이 낮아지기 때문이며, 보통 임대료의 비율이 연간 발전수익의 10%가 넘어서는 안 된다. 일부 지자체의 경우 100kW 당 연간 400만 원 정도를 요구하고 있으나, 수익을 확보하기 위해서는 100kW당 200만 원 이하가 되어야 한다. 여기서 주의해야 할 것은 부지를 임대해서 사업을 추진할 경우, 전기사업 신청 시 자기자본 비율 10% 이상을 증빙해야 한다는 것이다. 부지구입을 위한 계약금이나 구입비는 증빙에 포함되지만, 임대료는 포함되지 않는다는 점에 유의해 전기사업 신청을 해야 한다. 자기자본이 충분할 경우에는 임대보다는 부지를 구입해서 사업을 추진하는 것이 유리하다. 이는 개발행위가 완료되면 지목이 잡종지로 전환되어 지가가 상승할 수 있기 때문이다. 부지를 매입해 발전사업을 추진할 경우에는 평당 10만 원 이내가 적정한 것으로 알려져 있으며, 최적 구매가격은 2~5만 원 선이다. 평당 5만 원이 넘는 경우, 인접 도로 및 한전선로 확보에 문제가 없고, 음영이 없어 충분한 발전량이 예상된다면 부지 매입도 대안이 될 수 있다.

최근 눈에 띄는 사업모델로는 ESS(에너지 저장장치) 임대 사업모델이라는 것이 있다. 이 사업모델은 정부의 ESS 보급확산 정책(2017년까지 ESS 연계 시 REC 가중치 5.0 부여)을 기반으로 하고 있으며 두 가지 방식으로 추진이 가능하다. 첫 번째 방식으로는, 기존 운영 중인 발전소에 투자자가 일정 금액을 주고 임대해 운영권을 확보한 후, 여기에 ESS를 설치해 수익을 창출하는 방식이다. 이 경우 투자자는 임대요금과 ESS 설치에 따른 수익 차이를 계산한 후 사업에 참여하게 된다. 기존 사업자의 입장에서는 유지·관리에 신경을 쓰지 않고 고정 수익을 얻을 수 있어 유리하고, 투자자는 리스크는 존재하지만 일반 발전소를 처음부터 건설해 운영하는 것보다 수익률이 높기 때문에 선호할 수 있다. 두 번째 방식은 첫 번째 방식과 유사하지만 발전소에 대한 임대를 하지 않고, 기존 설비에 투자자가 ESS설비를 설치한 후 REC 가중치 차이를 나누는 방식이다. 보통 ESS 설치에 따라 REC 가중치가 약 3.5~4.0배 증가하기 때문에 이 차이를 나누게 되는 것이다. 태양광발전뿐만 아니라 ESS에 대한 전문지식, 그리고 시장상황에 대한 식견이 있는 사람만이 투자할 수 있는 사업모델이다.

다음으로 지분형 태양광사업 모델이 있다. 사업자는 태양광사업에 관심 있는 투자자를 모집한 후 개발, 시공에 들어간 비용에 대해 투자 액수에 따라 투자자에게 지분형태로 법인의 주식을 배분하는 방식이다. 투자자는 유지·관리비를 제외하고 지분에 따라 수익을 분배받는 구조다. 태양광발전소의 운영기간동안 유지·관리는 최초의 사업자가 또는 이사회를 통해 전문인을 선임해서 관리하게 된다. 이 사업모델은 사업자를 낼 수 없거나, 또는 자신을 드러내기를 원하지 않는 투자자가 선호하는 사업모델이다.

　마지막으로 시장에 존재하지 않는 비즈니스 모델이지만, 저자가 제안하는 사업모델로서 태양광 권리거래 모델이 있다. 2016년 말 기준으로 우리나라에는 약 22,049개 태양광발전소가 있다. 이 중 100kW미만 발전소가 전체의 82%인 약 16,000개다. 대부분의 태양광발전사업자들은 대출을 받아 발전소를 운영하고 있으며, 사업자들의 투자 목적은 투자금에 대한 적정한 수익보장이다. 따라서 지금과 같은 투자 형태에서 리스크를 줄이는 대신 이익률을 낮추는 방향으로 투자 상품을 제공하는 것이 권리거래 사업모델이다. 즉 10MW 이상의 대규모 태양광발전소를 건설한 후 투자자에게 지분을 매각하고, 각 투자자는 언제든지 시장 안에서 그 권리를 양도할 수 있도록 허용하는 방식이다. 구조적으로는 전술한 지분형 태양광사업 모델과 유사하지만, 권리를 언제든지 사고팔 수 있도록 한 것이 가장 큰 차이점이다. 이렇게 함으로써 태양광발전소의 자산가치에 대해 주식 거래와 같은 방법으로 거래하게 되어 투자자의 관심을 끌 수 있을 것이다. 이 모델에 현재 금융시장에서 출시되고 있는 태양광 펀드를 결합한다면 소액 투자자들이 참여할 수 있는 모델이 될 것이다. 또한 태양광 투자가 지금까지 직접 투자에 의존했다면, 이를 간접 투자로 이끌 수 있는 수단이기도 하다.

태양광발전소 개발, 분양, 거래의 장단점

지금까지 설명한 태양광발전소 사업 분야나 비즈니스 모델은 태양광발전사업 예비창업자에게는 다소 동떨어진 내용이다. 태양광발전사업 예비창업자가 알아야 할 태양광발전소 개발, 분양, 거래의 특징 및 장·단점을 알아보자.

태양광발전소 개발은 주로 태양광발전소 시공사 또는 전문 개발사에 의해 이루어진다. 태양광발전소 개발은 부지확보, 인허가, 설계, 그리고 시공업체 선정까지의 전 과정에 대해 개발사의 책임하에 이뤄지게 된다. 이러한 태양광발전소 개발은 개인이 참여하는 것은 현실적으로 쉽지 않다. 물론 본인 소유의 토지를 확보하고 있고, 충분한 시간이 있다면 인허가부터 시공사 선정까지의 전 과정을 경험해보는 것도 좋을 것이다. 태양광발전소 개발에 투자할 경우 고려사항으로는, 개발까지는 최소 1년 이상의 시간이 소요되기 때문에 자금 운용에 여유가 있어야 하며, 개발 전 과정에 대한 지식과 경험 등을 보유하고 있어야 한다는 것이다. 태양광발전소 개발 사업에 참여할 경우 투자 리스크는 분양, 거래와 비교해 상대적으로 높은 편에 속하지만, 반면 성공 시 개발에 따른 수익률은 상대적으로 높은 편이다.

태양광발전소 분양은 이미 개발된 발전소를 분양받아 태양광발전사업에 참여하는 투자 형태다. 발전소 분양은 MW급 이상으로 개발된 태양광발전소를 개인 투자자에게 100kW 단위로 분할해서 매각하는 과정이라고 생각하면 된다. 분양의 장점으로는, 첫째 태양광발전소 개발

과정에서 부지선정, 현장조사, 타당성 분석, 각종 인허가, 실시설계 등 복잡한 과정을 거쳤기 때문에 개발에 따른 리스크가 해소되었다는 점이다. 즉 투자자가 직접 부지를 찾거나 인허가, 민원 등을 해결할 필요가 없다. 둘째로는 태양광발전소 개발 시 소요되는 시간을 절약할 수 있으며, 또한 태양광발전에 대한 전문적인 지식 없이도 태양광발전소를 운영할 수 있다는 점이다. 대부분의 경우 대단위로 분양을 진행하기 때문에, 시공이나 운영과정에서 특별히 신경 쓸 일 없이 태양광발전사업을 추진할 수 있다. 또한 대부분의 경우 발전소 운영 시 유지·관리 등을 분양사에서 대행해주기 때문에(분양사와 유지·관리계약을 체결하는 경우에 한함) 설비운영에 따른 어려움이 없고, 발전된 전기는 공기업인 한국전력과의 거래 계약판매로 안정적인 수익 구조를 확보할 수 있다는 점이다. 이러한 이유로 태양광발전사업을 처음 시작하는 퇴직자 등이 선호하는 투자 유형이다. 분양단가는 100kW 기준으로 분양사마다 가격의 차이는 있지만 대략 토지를 포함해서 2.3억 원 정도이다.

마지막으로 운영 중인 태양광발전소를 구입해 태양광발전사업에 참여하는 투자 형태다. 태양광발전소를 구매해서 운영할 경우 장점으로는, 첫째는 개발, 건설과정의 리스크가 이미 제거되었고, 투자와 동시에 수익이 발생할 수 있다는 점이다. 두 번째 장점으로는 거래 시 발전소 운영 자료를 바탕으로 거래가격이 결정되었으므로, 운영 시 투자 수익률 등을 비교적 정확하게 예측이 가능하다는 것이다. 단점으로는 태양광발전소 거래시장은 매도자 중심의 시장이기 때문에 거래시장에 매도물량이 충분치 않아 구매에 어려움을 겪을 수 있다는 점이다.

태양광발전소 거래 시 주의할 점으로는 구매하고자 하는 발전소에 대한 객관적이고 정량적인 가치평가가 이루어졌는지, 안전거래시스템을 이용하고 있는지 등을 확인할 필요가 있다. 일반적인 태양광발전소 거래 절차는 예비평가, 현장조사, 가치평가, 거래, 그리고 행정처리순으로 진행된다. 여기서 현장조사는 필수항목이며, 현장조사 시 지금까지의 월별 발전량 자료, 유지·관리비용 자료, 매전 자료, 대출정보 등에 대한 자료 수집과 설비진단이 병행되어야 한다. 자료 수집은 거래 이후 정확한 발전량을 예측하는 데 사용된다.

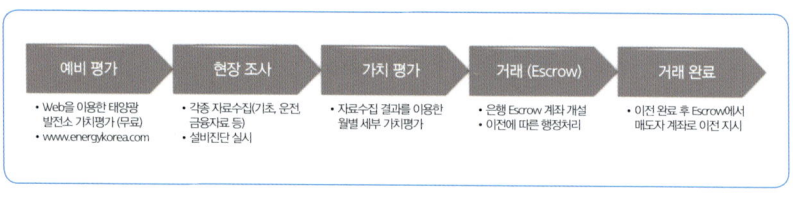

그림 태양광발전소 거래 절차 흐름도

거래 시에는 농협 등 금융권에서 제공하고 있는 에스크로(Escrow)계좌를 통해 거래해야 한다. 거래계약이 체결되면, 매수자는 거래금액을 결재은행의 에스크로 계좌에 입금하게 된다. 입금이 확인되면 이전에 따른 행정처리를 시작하게 된다. 이전 행정처리가 완료되게 되면 매수자가 결재은행에 지급을 지시하고, 결재은행은 매수자가 입금한 거래금액을 매도자의 계좌로 송금하게 된다. 즉 매수자의 결재지시에 의해서만 매도자의 계좌로 입금이 가능한 것이 에스크로 계좌다. 이러한 과정을 통해 거래에 따른 위험을 최소화해야 한다.

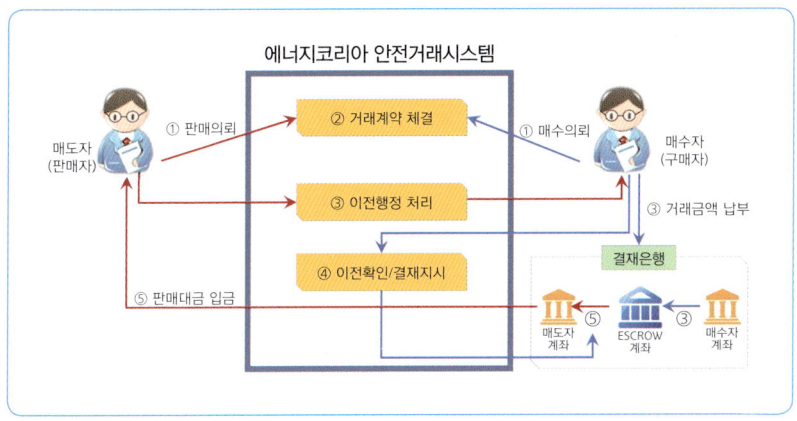

그림 에스크로 계좌를 이용한 태양광발전소 거래 절차
(출처 : 에너지코리아, www.energykorea.com)

표 태양광발전소 개발, 분양, 거래의 장·단점 비교

구 분	장 점	단 점	리스크 분석
태양광발전소 개발	• 개발 경험을 활용해 사업으로 발전시킬 수 있음 • 투자비 절약 가능	• 발전소 운영까지 長期 소요 • 자재구매 및 시공사 등 선정과정에서 어려움	수익율 高 (약 15%) 투자 리스크 高
태양광발전소 분양	• 개발에 따른 리스크 없음 • 개발 소요시간 단축 • 전문지식 없이도 운영 가능 • 안정적인 수익구조 확보	• 투자 수익이 상대적으로 낮음 • 발전소 운영까지 中期 소요	수익율 中下 (약 10%) 투자 리스크 中
태양광발전소 거래	• 개발, 분양에 따른 리스크 없음 • 입증된 발전소 구매로 투자 수익 예측 가능	• 매도 물량이 많지 않음 • 투자자 주변 매물 확보 어려움	수익율 中 (약 12%) 투자 리스크 底

CHAPTER 03
태양광발전시스템

태양광발전시스템은 태양빛을 이용해서 전기를 생산하는 시스템이다. 태양광발전의 장점으로는 환경오염물질의 배출 없이 햇빛만 있으면 어디서든지 전력을 생산할 수 있고, 다른 발전설비에 비해 상대적으로 사회적 수용성이 우수하다는 점을 들 수 있다. 사회적 수용성이란 신규 발전소를 건설한다고 가정했을 때 주민들이 갖는 거부감을 나타낸 수치로, 반발이 없는 경우를 100으로 가정했을 때, 태양광발전소가 97로 가장 높게 나타났다. 풍력 93, 수력 91, 천연가스 80, 석탄화력 48, 그리고 원자력발전은 38로 가장 낮게 나타났다.[27] 최근 우리나라에서도 태양광발전설비 설치에 따른 인근주민의 민원으로 어려움을 겪고 있기는

---

27) LPSOS, 2011.5

하지만, 다른 발전원에 비해 상대적으로 수용성이 높은 것은 사실이다. 반면 단점으로는 타 발전 설비에 비해 태양광발전은 태양빛을 받아 전기를 생산하기 때문에 넓은 설치면적이 필요하다. 또한 햇빛이 없는 밤에는 발전이 불가능하고 기상조건에 영향을 많이 받게 된다. 풍력이나 수력발전의 경우에는 밤과 낮에 상관없이 바람이 불고 물이 흐르면 발전을 할 수 있다. 이와 같이 밤과 낮 구분 없이 전력을 생산할 수 있는 경우를 운전가능(Dispatchable)이라 하고, 태양광과 같이 낮에만 전력을 생산할 수 있는 경우를 운전불가능(Non-dispatchable)이라 부르기도 한다. 태양광발전량에 영향을 주는 기상요소로는 일사량, 기온, 풍속 등이 있다.

태양광발전시스템 구성

태양광발전시스템은 태양광 모듈(어레이), 접속반, 인버터, 모니터링 시스템으로 구성된다. 태양전지 모듈(어레이)은 태양광발전시스템의 핵심부품으로 태양빛을 전기에너지로 변환시키는 장치다. 접속반은 모듈에서 생산된 전력을 직렬로 연결함과 동시에 역류를 방지하는 기능을 한다. 인버터는 모듈과 함께 태양광발전의 핵심 부품으로 직류 전원(DC)을 안정적인 상용 교류전력(AC)으로 변환하는 기능을 한다. 모니터링 시스템은 태양광발전 상태를 계측, 누적, 진단, 이상이나 고장 등을 감시하는 시스템이다.

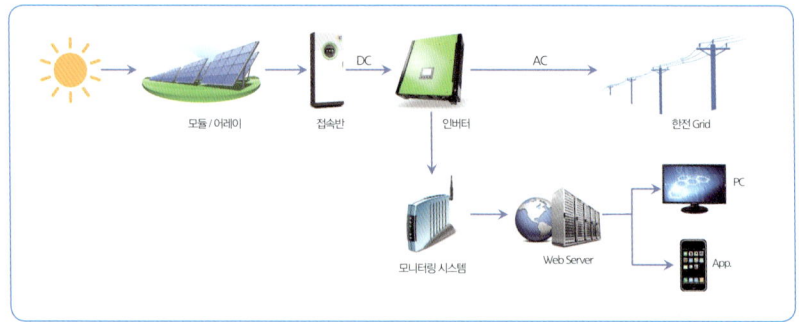

그림 태양광발전시스템 구성도

셀(Cell), 모듈(Module), 어레이(Array) 란?

태양광발전에서 가장 기본이 되는 태양전지를 셀이라고 부른다. 셀은 보통 대각선 방향으로 6인치(15.24cm)크기가 일반적이다. 셀은 단결정과 다결정 태양전지로 구분하는데, 여기서 결정질은 실리콘계 태양전지라는 의미다. 다결정 태양전지는 단결정에 비해 상대적으로 가격이 저렴한 대신 변환효율이 떨어진다. 반면 단결정 태양전지는 효율이 높은 대신 가격이 비싸다. 셀의 형태가 4각형이면 다결정, 8각형이면 단결정으로 생각하면 된다. 셀 안에 흰색선이 두 개이면 2 부스바 셀, 세 개이면 3 부스바 셀이라고 부르는데 최근에는 12 부스바 셀까지 출시되고 있다. 모듈(Module)은 셀을 가로로 6개, 세로로 10개 또는 12개로 만든 것이다. 그래서 60 셀, 또는 72셀이 하나의 모듈이 되고, 모듈 한 개의 무게는 대략 25kg 정도다. 이 중 70%는 유리 무게다. 다음으로 이러한 모듈의 묶음을 어레이(Array) 또는 스트링(String)이라 부른다.

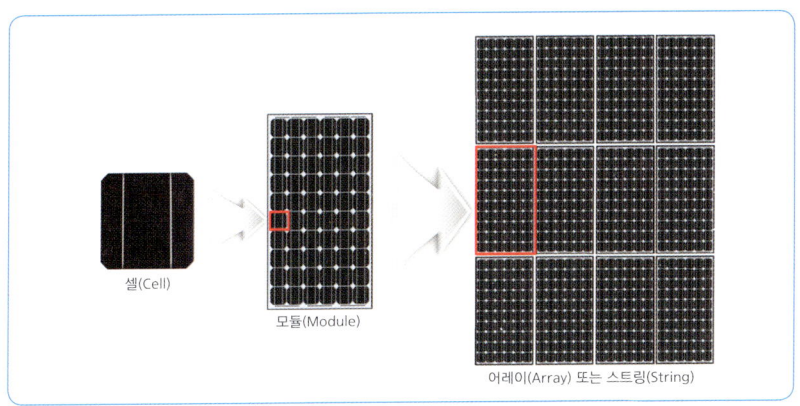

그림 태양광 셀, 모듈, 어레이

☀️ 어레이(Array)의 종류 및 특징

태양광발전 어레이는 형태에 따라 크게 고정식, 가변 고정식, 단축(單軸) 추적식, 양축(兩軸) 추적식으로 구분된다. 기존 연구결과에 의하면, 고정식의 발전효율이 1.0이라면, 가변 고정식은 1.035배, 단축 추적식은 1.125배, 그리고 양축 추적식은 1.225배의 발전량 증가가 있는 것으로 알려져 있다. 어레이 형태를 선정할 때는 발전효율뿐만 아니라 경제성(발전량 증가에 따른 투자비 증가 고려), 그리고 유지관리의 용이성 및 비용 등을 종합적으로 고려해서 신중하게 선정할 필요가 있다. 구동 부분이 많을수록 고장 확률이 높기 때문이다. 특히 추적식의 경우 액추에이터(Actuator)의 고장이 가장 흔한 것으로 알려져 있다. 추적식은 추적하는 방법에 따라 감지식 추적법(Sensor Tracking), 프로그램 추적법(Program Tracking), 혼합형 추적법(Mixed Tracking) 등으로 구분한다.

표 모듈 어레이 배치방법에 따른 구분

구분		특징	비고
고정식 (Fixed Array)		• 설치위치의 위도에 따라 연 평균 태양광 입사각이 가장 좋은 각도(우리나라의 경우 약 30~35도)로 어레이를 고정해서 설치하는 방법 • 단순하며 경제적이고 안정적인 구조 • 해안지역이나 도서지역 또는 바람이 강하게 부는 지역에 적합 • 발전효율은 낮지만 시설비가 저렴하고 유지관리 용이	
가변 고정식 (Semi-fixed Array)		• 계절별 또는 월별로 설치위치의 위도를 고려해 모듈 어레이의 각도를 수동으로 조절할 수 있도록 하는 방법 • 면적은 고정식에 비해 많이 필요하며, 비용은 중간 정도 • 계절별 각도는 보통 봄·가을 30도, 여름 15도, 겨울 45도로 조정	고정식 대비 3~4%의 발전량 증대효과 (1.035배)
추적식 (Tracking Array)	단축 추적식	• 계절에 따라 태양의 직사광이 모듈에 항상 직각으로 입사되도록 태양광 이동 경로를 추적하면서 발전할 수 있는 Tracking System을 적용 • 상하추적식(Y축 추적)과 좌우추적식(X-축 추적)으로 구분, 일반적으로 동서방향을 고정하고, 남북 방향으로 추적	고정식 대비 10~15%의 발전량 증대효과 (1.125배)
	양축 추적식	• 정남을 기준으로 동서방향(방위각)과 남북방향(모듈과 지면과의 각도차이, 경사각)을 동시에 추적하면서 발전할 수 있는 트레킹 시스템을 적용. 즉, 상하좌우로 구동되는 시스템으로 설치면적이 고정식의 약 4~5배가 필요하고, 강풍 등에 약하기 때문에 높은 신뢰성이 요구됨	고정식 대비 20~25%의 발전량 증대효과 (1.225배)

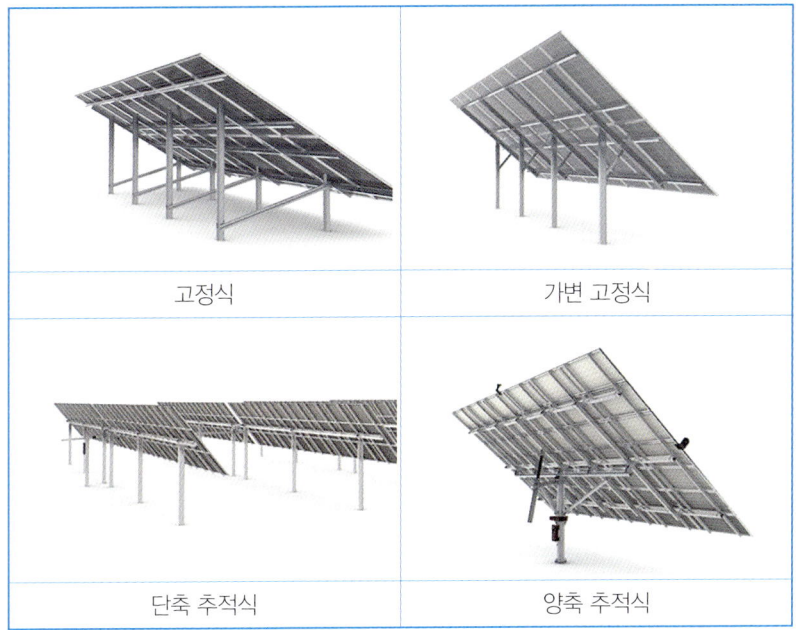

그림 고정식, 가변 고정식, 단축 추적식, 양축 추적식[28]

🌞 인버터의 기능

인버터(Inverter)는 태양광발전에서 모듈과 함께 핵심적인 부품이다. 인버터의 주요 기능으로는, 첫째, 태양전지 모듈에서 생산된 직류전력을 우리가 일상생활에서 사용할 수 있는 교류로 변환하는 기능을 한다. 교류 변환효율은 인버터의 핵심기술이다. 둘째, 계통의 안전을 담당하는 기능이 있다. 계통의 정전이 탐지되면 계통으로의 출력 유출을 강제로 차단(Anti-islanding)하고, 일정 시간 경과 후 자동으로 확인하고 연결해주는 기능이다. 여기서 단독운전(Islanding) 방지 기능이란 분산전

---

28) 이미지 출처 : www.paru.co.kr

원의 상위 배전선로가 보호 장치에 의해 차단되었을 때, 계통과 분리된 상태로 분산전원이 전력공급을 지속하는 현상을 차단하는 것을 의미한다. 예를 들면 일출과 함께 일사량이 증가하면 자동으로 발전을 시작하고 해가 지면 자동으로 운전을 정지하는 기능, 또는 태양광발전이 이루어지지 않는 상태에서 그리드로부터 전력이 역송전되는 것을 방지하는 기능이다. 셋째, 태양전지의 최대 출력을 제어하는 기능이 있다. 발전량은 일사량과 모듈 표면의 온도 등에 따라 변하게 되는데, 인버터는 태양전지가 최대 출력을 얻을 수 있도록 제어하는 기능을 가지고 있다. 마지막으로 모니터링 기능이다. 인버터는 직류전압, 전류, 전력의 계측, 교류전압, 전류, 전력의 계측, 그리고 기타 센서류(일사센서, 온도센서, 풍속센서 등) 출력 계측을 수행하고 이러한 데이터를 송신하게 된다.

인버터의 변환효율은 발전사업자의 수익과 직결되기 때문에 중요하다. 만약 그림과 같은 변환효율 특성을 가진 두 종류의 인버터가 있다고 가정하자. 태양광발전소를 설치하고자 하는 지역은 주변에 높은 산이 있어 상대적으로 아침과 저녁에 발전량이 낮다면 어떤 인버터를 선택하는 것이 유리할까? 우선 두 인버터의 특성을 살펴보면, A인버터의 경우, 최대 출력부분에서는 변환효율이 낮지만 20~30% 부근에서 변환효율이 최대가 된다. 반면 B인버터는 최대출력의 30% 이상에서 100%까지 출력이 일정하게 유지됨을 알 수 있다. 즉 최대 출력의 60%까지는 A인버터가 변환효율이 높고, 그 이상에서는 B인버터의 변환효율이 높다. 따라서 아침저녁으로 발전량이 낮다면 A인버터가 유리함을 알 수 있다. B인버터는 최대 출력의 60%이상을 발전하는 경우에 안정적인 효율을 보여주고 있기 때문에 태양광 조건이 좋은 지역에서 선택하면 유리하다.

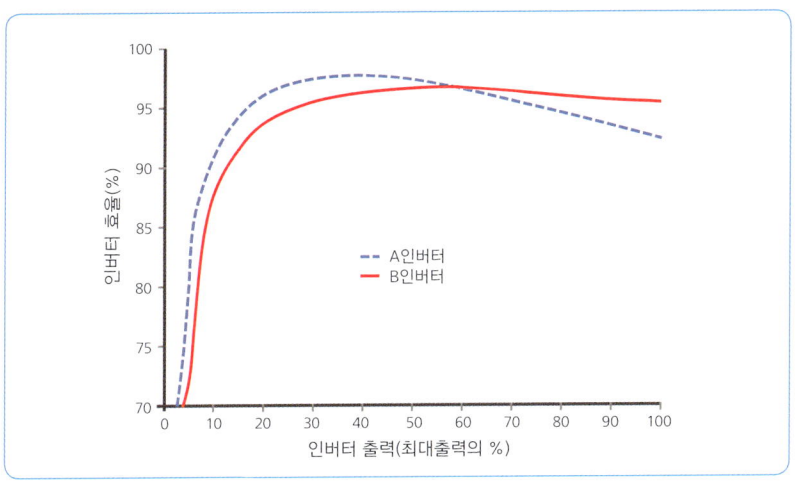

그림 인버터 변환효율(x축 : 최대 출력의 %, y축 : 변환효율 %)

다음으로 인버터의 효율을 높이기 위해서는 태양전지 모듈의 출력 특성을 추적해야 하는데, 이를 MPPT(Maximum Power Point Tracking : 최대 전력점 추적)이라 하며, 이는 효율 향상과 직접적으로 관련이 있다. 일반적으로 MPPT 알고리즘은 일사량과 온도에 따라 변동하는 최대 전력점(Maximum Power Point) 찾아가는 과정이다. 이 추적 알고리즘이 태양광 인버터의 핵심 요소기술이다. 또한 계통 연계형 인버터는 분산형 전원으로 계통연계 기준에 적합해야 한다. 따라서 실제 태양광발전을 위한 인버터의 명칭은 계통연계형 태양광 인버터라 하며, MPPT와 분산형 전원으로써의 기능을 갖추어야 한다.

인버터는 두 가지 방식으로 그리드(Grid, 전력망)에 연결할 수 있다. 첫 번째 방식은 각 어레이로부터 생산된 직류 전력을 콤바이너(Combiner)를 통해 모으고, 이를 중앙 인버터를 통해 교류로 변환한 뒤 그리드로 보내는 방식(중앙집중식)이다. 두 번째 방식은 각 어레이가 생산한 직류 전력을 각각의 스트링 인버터(String Inverter)에서 교류로 전환한 뒤, 이를 그리드로 보내는 방식(분산형)이다.

따라서 인버터를 구매할 때 계통 구성을 어떻게 할지를 결정하고 이에 적합한 인버터를 선정해야 한다.

중앙집중식은 하나의 인버터만 필요하기 때문에 인버터의 유지·보수 횟수가 줄어들고 효율이 상대적으로 높아 경제적이지만, 어느 한 어레이에 고장이 발생할 경우 전체 시스템에 영향을 주는 단점이 있다. 반면 분산형은 개별 스트링 인버터를 설치해야하기 때문에 비용이 많이 드는 반면, 어느 한 어레이에 문제가 생겨도 전체 시스템에는 영향을 주지 않게 된다. 특히 아침, 저녁, 흐린 날과 같이 저출력하에서도 발전이 가능해서 효율을 높일 수 있다는 장점이 있다. 또한 스트링 인버터의 경우 접속함을 생략할 수 있어 시설비용을 절감할 수 있다. 따라서 인버터 배치 선택 및 전략은 사업주가 판단해서 어느 방식이 좋을지를 결정해야 한다.

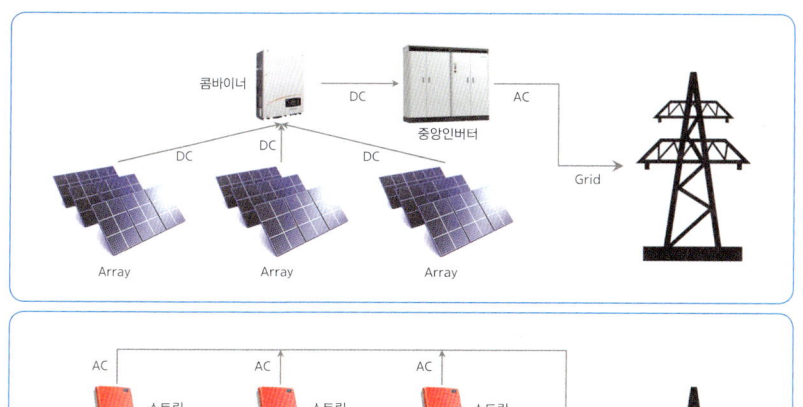

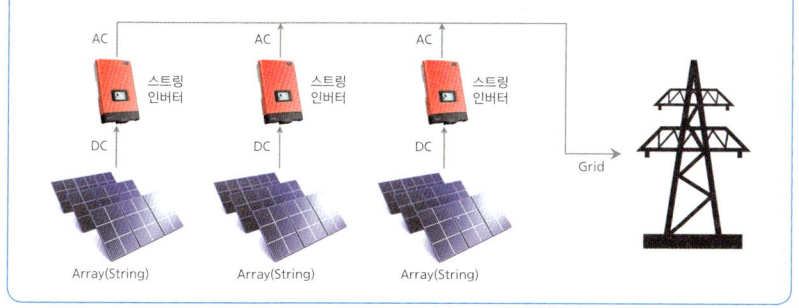

그림 인버터 배치방법(그림 위: 중앙집중식, 아래: 분산형)

 인버터 보증기간은 과거 5년이 대부분이었으나 최근에는 7년, 10년 보증기간을 제시하는 제품도 출시되고 있다. 인버터는 한번 고장 나게 되면 수리비용이 많이 들어가기 때문에 초기에 비용이 다소 들어가더라도 성능, 내구성, 수명, 보증기간, 서비스, 그리고 변환효율이 높은 인버터를 선택해야 한다. 이는 결국 발전소 운영과정에서 O&M 비용을 줄일 수 있기 때문이다.

CHAPTER 04

신·재생에너지 공급의무화제도(RPS)

　신·재생에너지 공급의무화제도(RPS, Renewable Portfolio Standard, 이하 RPS 제도라 함)를 살펴보기 전에 지금까지 우리나라에서 시행된 태양광발전과 관련 정부 보조금 제도를 알아보자. 우리나라 최초로 발전사업자들이 생산한 전력을 정부가 직접 구매해준 제도는 발전차액지원(FIT, Feed in Tariff)제도다. FIT제도는 신·재생에너지 투자 경제성을 확보하기 위해서 신·재생에너지 발전에 의해 공급한 전기의 전력거래 가격이 지식경제부 장관이 고시한 기준가격보다 낮은 경우, 기준가격과 전력거래와의 차액(발전차액)을 지원해주는 제도[29]다. 이 제도는 2002년 3월 도입 시행(2001년 10월 11일 소급적용)되어 초기 신·재생

---

29) 2016 신·재생에너지 백서, 2017, 한국에너지공단 신·재생에너지센터

에너지 투자 및 보급을 확대하고 산업화 기반을 마련했지만, 운영과정에서 과도한 재정 부담과 사업자간 가격경쟁 또는 시장 메커니즘 부재 등의 문제점을 노출함에 따라 2011년 12월 종료되었다. FIT 제도하에서 발전사업자는 계약기간을 15년, 20년 중 선택할 수 있었으며, 고정가격을 적용했다. 이후 2012년에 시장 기반의 RPS 제도가 도입되기에 이르렀다.

발전차액지원제도(FIT, Feed in Tariff)란?

2001년 10월 신에너지와 재생에너지의 개발과 이용 그리고 보급을 촉진하기 위해 마련된 제도. 발전차액 지원제도는 정부가 일정기간 동안 정해진 가격으로 전력을 매입해 수익을 보장하기 때문에 투자의 안전성을 높이고 중·소규모의 발전이 가능하게 하는 역할을 했다. 2010년 3월 18일 신·재생에너지 의무할당제(RPS)를 규정한 '신에너지 및 재생에너지 개발·이용·보급 촉진법' 개정안이 국회 본회의에서 통과되면서 2011년까지만 존속되었고, 이후 폐지되었다. FIT하에서 2010년과 2011년 kWh당 매입단가는 다음 표와 같다.

표 FIT하에서 kWh당 매입단가(원/kWh)

적용 시점	설치 장소	적용 기간	30kW이하	30kW 초과 200kW 이하	200kW 초과 1MW 이하	1MW 초과 3MW 이하	3MW 초과
'10년	일반부지	15년	566.95	541.42	510.77	485.23	408.62
		20년	514.34	491.17	463.37	440.20	370.70
	건축물 활용	15년	606.64	579.32	546.52	–	–
		20년	550.34	525.55	495.81	–	–
'11년	일반부지	15년	484.52	462.69	436.50	414.68	349.20
		20년	439.56	419.76	396.00	376.20	316.80
	건축물 활용	15년	532.97	508.96	480.15	–	–
		20년	483.52	461.74	435.60	–	–

신·재생에너지 공급의무화제도(RPS) 개요

RPS제도는 국가의 중·장기 신·재생에너지 보급 목표 달성을 위한 목적으로 발전차액지원제도(FIT)를 대체해 2012년 도입되었다. 2012년 이전 태양광발전사업자는 전술한 바와 같이 FIT를 통해 수익을 창출했다.

RPS는 일정규모(500MW) 이상의 발전설비(신·재생에너지 설비는 제외)를 보유한 발전사업자(공급의무자)에게 총 발전량의 일정비율 이상을 신·재생에너지를 이용해서 공급토록 의무화한 제도다. RPS 제도는 신에너지 및 재생에너지 개발·이용·보급 촉진법 제12조의 5(신·재생에너지 공급의무화 등)에 법적기반을 두고 있다. 제도 시행과 관련된 규정으로는 신·재생에너지 공급의무화제도 및 연료혼합의무화제도 관리·운영지침(산업부 고시 제 2017-2호)과 공급인증서 발급 및 거래시장 운영에 관한 규칙(신재생센터 공고 제2017-6호) 등이 있다. 2017년 기준으로 총 18개의 공급의무사[30]가 있으며, 이들 18개사는 의무적으로 발전량의 일정량에 대해 REC(신·재생에너지 공급인증서)를 구입해야 한다.

표 연도별 의무공급량 비율(신에너지 및 재생에너지 개발·이용·보급·촉진법 시행령 별표3)

해당연도	'12	'13	'14	'15	'16	'17	'18	'19	'20	'21	'22	'23이후
의무비율(%)	2.0	2.5	3.0	3.0	3.5	4.0	5.0	6.0	7.0	8.0	9.0	10.0

---

30) 한국수력원자력, 남동발전, 중부발전, 서부발전, 남부발전, 동서발전, 지역난방공사, 수자원공사, SK E&S, GS EPS, GS 파워, 포스코에너지, 씨지앤율촌전력, 평택에너지서비스, 대륜발전, 에스파워, 포천파워, 동두천드림파워

공급의무자의 연도별 의무공급량(GWh)은 다음 식에 의거 계산한다.

의무공급량(GWh) = 공급의무자의 총발전량(신재생에너지발전량 제외)(GWh)
× 의무비율(%)

주) 의무공급량은 소수점 넷째 자리에서 반올림

18개 의무공급사는 인증서를 확보한 후 공급인증기관에 제출함으로써 의무이행 사실을 증명해야 한다. 의무공급사가 의무공급량을 이행하지 못한 경우에는 공급인증서 평균거래가격의 150% 이내에서 불이행사유, 불이행 횟수 등을 고려해 과징금 부과하고 있다. 또한 의무 이행량의 20% 범위 내에서 3년 분할 연기가 가능하다.

의무공급사의 인증서(REC) 확보방법은 신·재생에너지발전소를 건설해서 자체 조달하는 방법과 인증서 거래시장을 통해 구매하는 외부 조달방법이 있다. 태양광발전사업자는 공급 인증기관인 한국에너지공단으로부터 공급인증서를 발급받아 거래시장(전력거래소)을 통해 거래할 수 있다. 공급인증서 거래시장은 배출권거래제하에서 상쇄배출권(Offset)을 생산하고 거래하는 배출권거래시장 시스템과 유사한 구조이며, 배출권 대신 인증서를 거래할 수 있도록 설계된 시장이라고 할 수 있다. RPS 제도 운영 절차는 다음 그림과 같다.

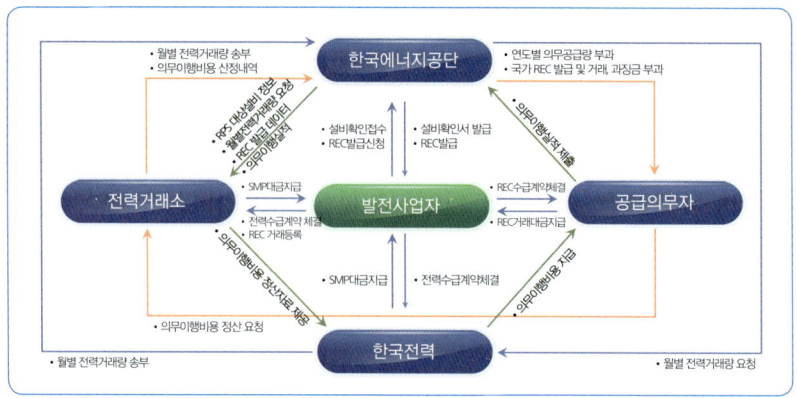

그림 RPS제도의 기관별 역할 및 운영 절차(출처 : 한국에너지공단, 재구성)

☀ 신·재생에너지 공급인증서(REC)

신·재생에너지 공급인정서(REC, Renewable Energy Certificate, 이하 REC라 함)는 발전사업자가 신·재생에너지 설비를 이용해서 전기를 생산·공급했다는 사실을 증명하는 인증서다. 또한 REC는 공급인증서의 발급 및 거래단위로서, 공급인증서 발급대상 설비에서 공급된 MWh 기준의 신·재생에너지 전력량에 대해 가중치를 곱해서 발급하게 된다. 신·재생에너지 공급인증서 가중치에 대한 자세한 계산방법은 Chapter 05 'SMP 가격 결정요인 및 REC 가중치 계산'을 참고하라.

☀ 발전사업자의 RPS제도 참여 절차

태양광발전사업자의 RPS제도 참여 절차는 아래 그림과 같다.

우선 REC발급대상 설비는 2012년 1월 이후 상업운전을 시작한 신·재생에너지 발전설비이며, 설비확인 신청기한은 사용 전 검사 완료 후

1개월 이내에 한국에너지공단에서 운영하고 있는 RPS 종합지원시스템(rps.energy.or.kr)을 통해 신청해야 한다. 기한을 초과해 신청한 경우 REC는 설비확인서 접수일부터 발급하게 된다. 따라서 사용전 검사 완료 후 1개월 이내에 신청해야 손해를 줄일 수 있다. 접수된 설비확인신청서는 통상 1개월 이내에 처리된다.

REC 발급은 RPS 대상 설비로부터 공급된 전력거래량을 대상으로 발급하며, REC 발급신청 기한일은 전력공급일이 속한 달의 익일부터 90일, 즉 3개월 이내에 신청해야 한다. 기한 내에 발급신청을 완료하지 않는 경우 기한일의 익일 자동 말소되기 때문에 이 점을 주의해야 한다. REC 발급 역시 한국에너지공단의 신·재생에너지센터 RPS 종합지원시스템을 통해 온라인으로만 신청이 가능하다. 전술한 바와 같이 REC는 전력거래량(MWh)×가중치를 기준으로 REC가 발급되며, 소수점 이하 잔여량은 다음 달로 이월해 합산해서 발급하게 된다. RPS관련 서식은 Part 05 부록을 참고하면 된다.

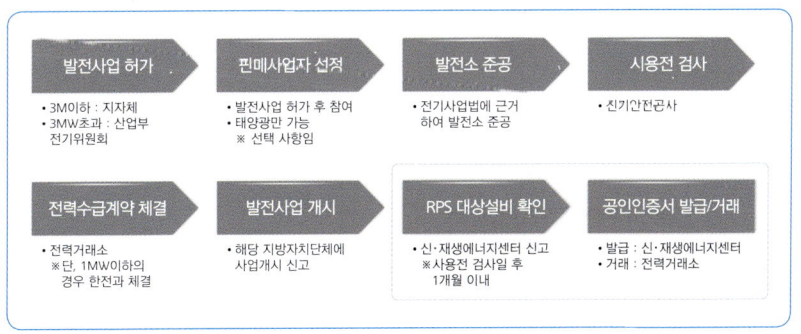

그림 태양광발전사업자의 RPS제도 참여 절차 (출처 : 한국에너지공단, 재구성)

위 그림의 RPS 대상설비 확인에서 REC 거래까지에 대한 세부 절차는 다음 표와 같다.

표 발전사업 개시 후 REC 거래 절차까지 과정

구분	관련규정	담당부서/수행자
1. 설비확인 신청	• 설비확인 신청은 사용전 검사 후 1개월 이내에 신청(초과 시 발전량 소급적용 불가) • 접수 후 1개월 소요	KEA[31] 신·재생에너지센터
2. 발전량 확인 및 REC 신청	• KEA 발전량 취득(매달 23일 이후) • 발전량 업로드(매달 26일 이후) • REC발급 신청(발급신청 기한일 엄수)	발전사업자
3. REC 발급	• 설비용량 100KW미만 발전소는 3일 이내 발급 가능(수수료 면제 발전소) • 설비용량 100KW이상 발전소는 수수료 입금 확인 후 발급 가능(수수료 : 55원/REC, 부가세 포함)	KEA 신·재생에너지센터
4. REC 거래	전력거래소 등을 통해 거래	전력거래소

설비용량이 100KW이상인 발전소는 신청 시 발급수수료 55원/REC(부가세 포함)을 납부해야 한다. 발급된 REC의 유효기간은 발급일로부터 3년이다. REC 발급은 '공급인증서 발급 및 거래시장 운영에 관한 규칙'(신·재생에너지센터 공고 제 2017-6호)에 근거해 다음과 같은 절차를 거쳐 발급한다.

---

31) 한국에너지공단(KEA, Korea Energy Agency)

```
┌─────────────────────────────────────────────────────────────────────┐
│  ┌──발전량 확인──┐   ┌─공급인증서 발급 신청─┐  ┌─공급인증서(REC) 발급─┐  ┌─공급인증서 거래─┐  │
│  • 신·재생에너지센터      • 신·재생에너지센터       • 신·재생에너지센터       • 전력거래소        │
│   (RPS 종합지원시스템)    (RPS 종합지원시스템)     (RPS 종합지원시스템)    (거래시스템)       │
│  - 전력거래량 확인       - 발급수수료 납부        - 발급된 공급인증서 확인   - 공급인증서 거래    │
└─────────────────────────────────────────────────────────────────────┘
```

그림 REC발급 및 거래절차(출처 : 한국에너지공단, 재구성)

REC 거래시장

 REC 거래시장은 공급의무자가 의무공급량을 이행하는 방법에 따라 구분된다. 2015년까지는 태양광 의무공급량을 별도로 할당해서 제도를 운영했으나, 2016년부터 태양광과 비태양광을 통합해서 운영하고 있다. REC 시장은 크게 현물시장과 계약시장으로 구분할 수 있으며, 이외에 한국에너지공단에서 연 2회 추진하는 판매사업자 선정제도가 있다. 현물시장은 수요와 공급에 의해서 매매가 체결되는 시장이고, 계약시장은 매매 당사자끼리 계약을 체결하는 시장이다. 2016년 기준으로 공급의무자가 의무공급량을 이행한 결과를 살펴보면, 자체 신·재생에너지 발전소를 건설해 이행하는 물량이 약 40%, 계약시장을 통해 구매 후 이행하는 물량이 약 30%, 그리고 현물시장을 통해 구매하는 물량이 약 15~16%를 차지하는 것으로 알려져 있다.

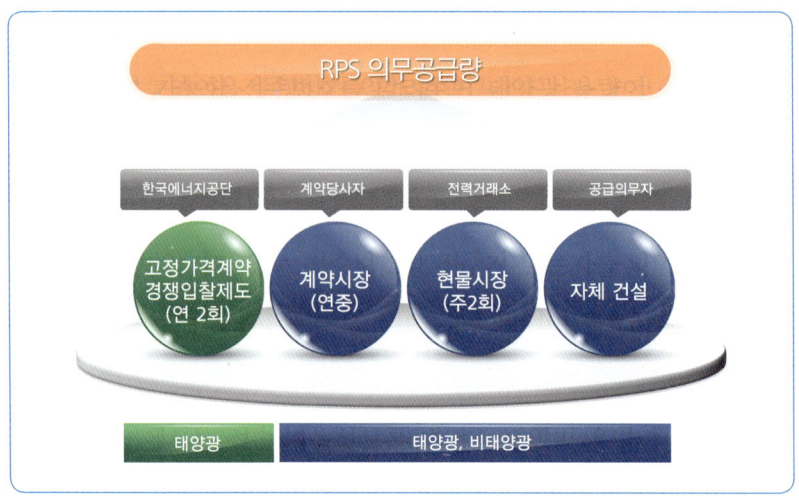

그림 REC 거래시장 구조[32]

☀ REC 거래시장 현황

전력거래소를 이용해 REC를 거래하는 회원 수는 약 16,890개사 (2016년 12월 기준)이며, RPS 제도가 시작된 2012년 697개사를 시작으로, 2013년 2,360개사, 2014년 5,957개사, 2015년 12,458개사, 그리고 2016년 16,890개사로 급격히 증가하고 있다. 이 중 REC를 매도하는 신·재생에너지 사업자는 16,872개사이고, 매수자인 공급의무사는 18개사다. 매도자 중 100kW 미만의 소규모 발전사업자는 15,028개사로 전체의 88%를 차지하고 있다. 전체 설비용량은 651만 kW로 이 중 태양광이 323만 kW(49.6%), 비태양광 328만 kW(50.4%)를 차지하고 있다.

---

32) 전력 시장 및 REC 거래시장, 전력거래소, 2017

2012~2016년까지 현물시장에서 거래된 연도별 태양광(육지) REC 거래현황을 살펴보면, 평균 REC 가격이 지난 5년 동안 최저 92,675원/REC에서 최고 186,558원/REC로 가격변동 폭이 ±40% 수준으로 상대적으로 크게 나타났다. 2016년의 월별 평균가격 역시 101,000원/REC~170,000원/REC로 약 60%의 변동폭을 보여주고 있다. 이러한 변동폭은 REC 가격에 따라 수익구조가 달라지는 태양광발전사업자 입장에서 투자 불확실성을 가중시키는 원인이 되고 있다.

표 REC 거래현황 요약

구분	2012년	2013년	2014년	2015년	2016년
회원 수(개)	697	2,360	5,957	12,458	16,890
설비용량(만kW)	41	272	344	477	651
평균가격(원/REC)	167,233	186,558	103,986	92,675	140,791

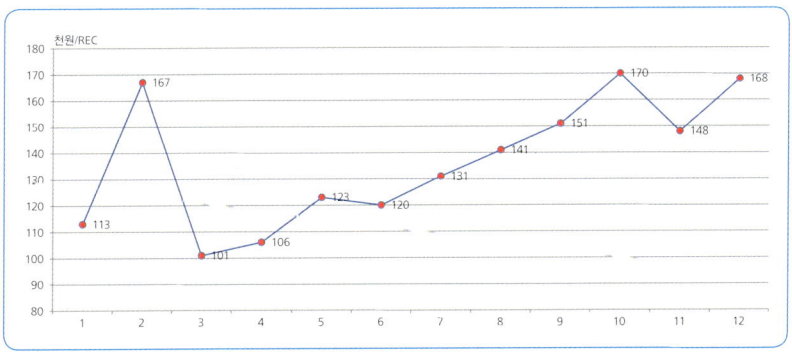

그림 2016년 1월 ~12월 REC 거래가격 동향

☀ REC 현물시장 거래방식

2016년 이전 전력거래소를 통한 현물시장의 거래방식은 경매 방식이었다. 즉, 사전에 매도자(신·재생에너지사업자)가 매물을 등록하고, 매수자(공급의무자)가 필요한 수량 및 가격을 입찰해 최고가로 입찰한 발전사에 낙찰되는 방식이다. 낙찰된 매수자와 매도자는 개별접촉을 통해 세금계산서 발급, 대금지급을 위한 통장사본 등을 교환한 후 당사자 간 대금결재를 하는 과정을 거치는 불편함이 있었다. 이러한 행정 처리에 따른 불편함을 해소하고자 2017년 3월부터 양방향 거래방식을 도입하게 되었다. 양방향 입찰방식은 매도자와 매수자가 합치되는 주문에 대해 실시간으로 거래가 체결되는 주식거래 형태와 유사한 방식이다. 매도자와 매수자가 실시간으로 입찰이 가능하고, 거래 가격에 대한 정보를 제공해 투명성을 높였으며, 재응찰이 가능하다. REC 관련 현물시장거래 정보는 http://rec.kmos.kr, 시장정보는 http://onerec.kmos.kr을 참고하기 바란다.

표 현물시장 운영방식 비교(경매 거래방식 VS 양방향 거래방식)

구 분	경매 거래방식	양방향 거래방식
시장 개설일	주 1회	주 2회 (화, 목)
개설 시간	10~16시(6시간)	10~16시(6시간)
가격 제한	없음	급등락 방지를 위한 상·하한선 설정
매매체결방식	최고가 낙찰방식	합치가격 낙찰방식
매매체결 우선순위	최고가(선주문) 우선	매도는 낮은 가격, 매수는 높은 가격
전산/결재	당사자 간	전력거래소를 통한 대금 지급

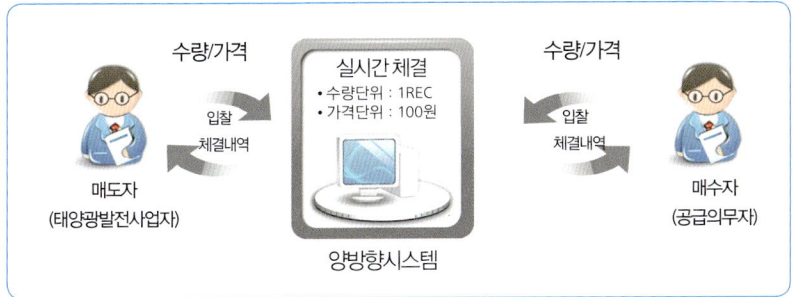

그림 양방향 실시간 입찰 시스템 개요도

☀ REC 현물시장 양방향 거래방식에서 거래 체결 예

 양방향 거래방식의 매매체결 원리는 다음과 같다. 첫째, 매도가(賣渡價)보다 매수가(買收價)가 같거나 높을 경우에는 먼저 접수된 가격으로 매매를 체결한다. 둘째, 매도는 낮은 가격이 매수는 높은 가격이 우선한다. 다음은 현물시장 양방향 매매체결 예이다.

 예를 들어, 2017년 12월 1일 양방향 거래시장이 열렸다고 가정하자. 시장이 열리자 첫 번째로 104,000원에 100 REC 매수주문이 올라왔다. 이후 두 번째 매수주문이 105,000원에 200 REC, 3번째 매수주문이 97,000원에 100 REC가 연이어 올라왔다. 잠시 후 네 번째로 매도자가 96,000원에 250 REC 매도주문을 올렸고, 마지막으로 다섯 번째 매도자는 94,000원에 300 REC 매도주문을 올렸다. 이 경우 거래 체결은 어떤 순서로 이루어지는지 알아보자.

위 조건을 가격기준으로 정리하면 다음 표와 같다. 여기서 ①~⑤는 시간에 따른 주문 순서다.

표 매도 및 매수주문 요약

매도	가격(원)	매수
	105,000	② 200
	104,000	① 100
	97,000	③ 100
④ 250	96,000	
⑤ 300	94,000	

첫 번째 매매체결은 매수가격이 가장 큰 ②번 매수주문과 매도측에서 가장 먼저 접수한 ④번 매도주문 사이에 105,000원에 200 REC 계약이 이루어진다. 다음으로 매수가격이 높은 ①번 매수주문과 ④번 매도주문 사이에 남은 50 REC가 104,000원에 계약이 이루어진다. ①번 매수주문은 나머지 50 REC에 대해 ⑤번 매도주문 사이에 104,000원에 거래가 이루어진다. 다음으로 ③번 100 REC 매수주문은 ⑤번 매도주문과 97,000원에 100 REC에 대해 계약이 이루어지게 된다. 결국 총 매수량은 400 REC이고 매도 주문은 550 REC이기 때문에 ⑤번 매도주문 150 REC는 거래가 이루어지지 않게 된다. 지금까지의 설명을 요약하면 다음 표와 같다.

표 매매체결 결과

매도	가격(원)	매수
	105,000	● ② 200
	104,000	● ① 100
	97,000	● ③ 100
④ 250 ●	96,000	
⑤ 300 ●	94,000	

매매체결 결과는 첫 번째로 ②번 매수자와 ④번 매도자 사이에 200 REC가 REC 당 105,000원에 계약되었고, 두 번째는 ①번 매수자와 ④번 매도자사이에 50 REC가 104,000원에 계약이 체결되었고, 세 번째는 ①번 매수자와 ⑤번 매도자 사이에 50 REC가 104,000원에, 그리고 ③번 매수자와 ⑤번 매도자 사이에 100 REC가 97,000원에 계약되었다. ⑤번 매도주문 중 150 REC는 계약이 체결되지 않았다.

이러한 과정을 거쳐 양방향 거래시장에서 매매계약이 체결되면, 대금을 지급해야 한다. 대금지급 절차는 다음과 같다. 매수자는 REC매매를 위한 증거금을 결제은행에 납부해야 한다. 결제은행은 우리은행을 통해 진행된다. 매수자가 납부한 증거금 범위 내에서만 매수가 가능하다. 대금이체는 매매계약 체결 후 KPX 계좌에서 매도자의 계좌로 송금하게 된다. 이는 지급에 대한 안전성을 담보하는 ESCROW 계좌와 유사한 형태다.

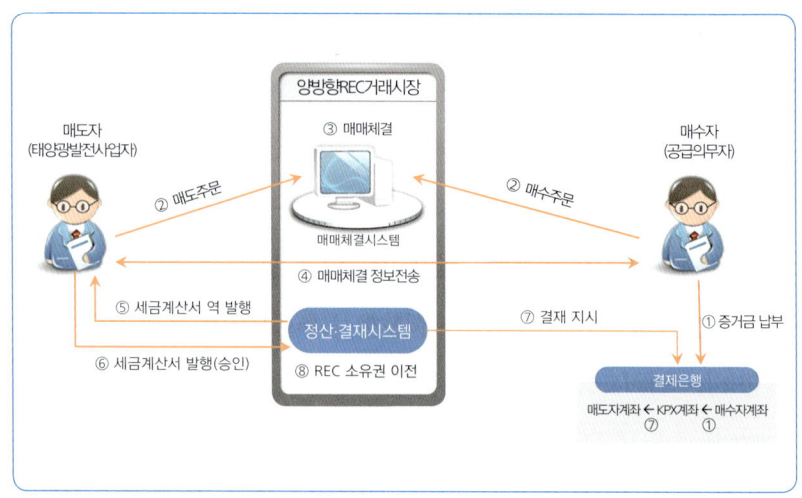

그림 현물시장(양방향거래) 거래 및 대금지급 절차도

고정가격 경쟁입찰 제도

고정가격 경쟁입찰 제도(SMP+REC 통합입찰)는 20년 장기계약방식으로 2017년 상반기 입찰부터 적용되기 시작한 제도다. 즉 한국에너지공단에서 운영하고 있던 판매사업자 선정제도가 2017년에 기존 REC 고정가 입찰방식에서 SMP+REC 합산가격 입찰방식으로 변경되었다. 기존 REC 고정가 제도하에서는 태양광발전사업자의 주 수익원인 SMP의 가격변동이 발생하게 되면 수익의 변동으로 안정성이 떨어지는 문제가 있었다. 동시에 수익예측이 불가능하기 때문에 금융권에서 대출 등 금융 조달에 어려움을 겪고 있어, 이를 보호하고 태양광발전시장에 투자에 대한 시그널을 제공함으로써 투자를 활성화할 목적으로 제도가 보완된 것이다. 입찰가격은 SMP와 REC 가격을 합한 가격으로 입찰에 참여해야 하며 SMP는 1MWh 기준이다. 고정가격 경쟁입찰에 참여한 발전사업자는 계약기간이 종료되는 20년 후에는 현물시장에서 SMP와 REC를 거래할 수 있다.

표 고정가격 경쟁입찰 제도 변화

구 분	기존 (2016년)	변경 (2017년)
에너지원	태양광	태양광(단계적으로 비태양광 확대)
입찰대상	소규모(3MW 이하) (100kW 미만 50% 이상 우선선정)	제한 없음 (100kW 미만 50% 이상 우선선정)
입찰주기	연 2회	연 2회 이상
입찰방식	REC 입찰	SMP+REC 합산가격 입찰
REC계약	낙찰가격으로 REC 12년 고정계약	낙찰가격으로 20년 장기 고정계약
선정물량	400MW('16년)	500MW 내외 (사전 수요조사 후 적정 수준 조정)
선정가 결정	저가 낙찰방식	저가 낙찰방식
기 타	-	농민 등 주민참여 발전소 우대

출처 : RPS제도의 대상설비 확인 및 REC 발급, 한국에너지공단, 2017

입찰 후 선정되었다면 두 가지 계약방식 중 하나를 선택해야 한다.

1 SMP 가격 + 1REC 가격 × 가중치방식
2 SMP 가격 + 1REC 가격(고정가격으로 계약)

첫 번째 방식의 경우 SMP 기준가격은 육지의 경우 101,550원/MWh, 제주의 경우 119,830원/MWh이 적용된다. 이 경우 SMP 가격이 고정가격이므로 REC 가격도 고정된다. 따라서 발전사업의 사업성 예측이 가능하다는 장점이 있다. 반면 REC 가격이 상승할 경우 상대

적으로 손해를 보게 된다. 두 번째 방식은 태양광발전사업자가 입찰한 고정가격으로 계약하는 것은 같지만, SMP 가격이 매월 변동되기 때문에 REC 가격은 (계약가격-SMP 가격)으로 결정된다. 이는 SMP 가격의 등락에 따라 발전수익이 변동하게 되는 구조다. 이 경우 사업성 예측이 어렵다는 단점이 있는 반면 SMP 가격이 하락할 경우 발전사업자에게 유리한 계약방식이다. 두 경우 모두 계약기간은 20년이고, 여기에 ESS를 추가로 설치했다면 계약기간은 ESS에 대해 15년이 적용된다. 계약일 이전에 상업운전을 개시했다면 계약기간은 계약일부터 20년이고, 계약일 이후 상업운전을 개시했다면 상업운전 개시일부터 적용된다. 즉 계약일부터 적용된다는 의미다.

두번째 방식인 SMP+REC 고정가격으로 계약할 경우 SMP와 REC 중 어떤 가격에 큰 영향을 받는지 살펴보자. 우선 SMP+REC 고정가격을 180원에 계약했다고 가정하고, SMP 가격과 REC 가격이 각각 60~120원/kWh로 변동한다고 가정하자. 이 경우 수익에 영향을 주는 변수는 REC 가중치가 된다. 그렇다면 고정가격 계약 시 REC 가중치가 어떤 영향을 주는지 살펴보자. 예를 들어 첫 번째 경우인 가중치 0.7에 대해 계산해보면, SMP 가격 120원, REC 가격이 60원인 경우 수익은 120원+60원×0.7=160원이 된다. 반대로 SMP 가격이 60원이고 REC 가격이 120원인 경우에는 수익은 60원+120원×0.7=144원이 된다. 따라서 가격 차이는 18원의 차이가 발생하게 된다. 같은 방법으로 가중치 1.0, 1.2, 1.5에 대해 계산하면 다음 표와 같다.

표 고정가격 계약 시 REC 가중치에 따른 수익 차이

REC SMP	가중치 0.7		가중치 1.0		가중치 1.2		가중치 1.5	
	60	120	60	120	60	120	60	120
120	162		180		192		210	
60		144		180		204		240
가격차이	−18		0		12		30	

여기서 고정가격으로 계약할 경우 SMP와 REC 중 수익에 더 큰 영향을 주는 요소는 가중치 1.0 미만인 경우에는 SMP 가격이고, 1.0 이상인 경우에는 REC 가격이 수익을 결정 짓는 요소다. 따라서 가중치가 낮은 사업자는 SMP 가격을, 가중치가 1.0 이상인 사업자는 REC를 관심 있게 살펴봐야 할 것이다.

이 계산을 바탕으로 추산하면 100kW 발전사업자(가중치 1.2)는 REC 가격변동에 민감한 수익구조를 가지게 된다. 100kW 발전사업자가 고정가격으로 계약할 경우, REC 가격 변동에 따라 1년 동안 발생할 수 있는 수익의 차이는 연간 1,533,000원이 발생하고, 20년 동안 약 3,000만 원의 차이가 발생하게 된다.

− 시설용량(100kw)×발전시간(3.5시간/일)×365일/년 = 127,750kWh/년
− Case 1) 연간 예상수익(원) = 127,750kWh/년×(60원/kWh + 120원/kWh×1.2) = 26,061,000원/년
− Case 2) 연간 예상수익(원) = 127,750kWh/년×(120원/kWh + 60원/kWh×1.2) = 24,528,000원/년

고정가격 경쟁입찰 제도 추진 절차는 다음과 같다.

표 고정가격 경쟁입찰 추진 절차

단계	내용	비고
1. 의뢰	• 공급의무자별 입찰수요량 조사	한국에너지공단 → 의무공급자
2. 공고	• 신·재생에너지센터 홈페이지 공고	www.knrec.or.kr
3. 입찰	• 입찰서 및 관련 증빙서류 제출	사업자 → 한국에너지공단
4. 평가	• 접수된 입찰서 및 사업 내역서 평가 • 산·학·연 전문가, 인증서 구매자 등 5인 이상의 평가위원회	한국에너지공단
5. 선정	• 계량평가 및 사업내역서 평가점수의 합이 높은 순서로 공고용량 범위에서 선정	한국에너지공단
6. 배분	• 선정된 발전사업자를 선정 의뢰한 공급의무자에게 배정	한국에너지공단
7. 계약	• 선정된 발전사업자와 공급의무자 간 20년 이상의 계약 체결	의무공급자 ↔ 사업자

대부분의 시장 참여자는 고정가격 경쟁입찰제도가 소규모 발전소보다는 대규모 발전소에서 유리하다고 한다. 물론 고정가격 경쟁입찰 제도를 바탕으로 미래에 대한 수익예측이 가능하기 때문에 PF를 일으키는 데 유리하다. 전술한 바와 같이 REC 가격은 (입찰금액 - SMP 가격)으로 결정되기 때문에, 대규모 발전사업자의 입장에서는 SMP 가격이 오를수록 REC 가격은 떨어져 상대적으로 유리한 환경이 조성될 수도 있다. 이 경우에는 REC 가중치가 상대적으로 대규모 사업자가 낮기 때문이다. 그러나 SMP 가격이 향후에 오를지 내릴지는 누구도 예측하지

못한다. 오히려 RPS제도하에서 REC의 공급이 부족하게 되면 SMP 가격이 하락해 소규모 발전사업자에게 유리한 제도가 될 수도 있다는 의미다. 이러한 유·불리는 대규모 발전사업자의 기준을 어떻게 규정하는지에 따라 달라진다. 예를 들어 1, 3, 5MW 발전설비의 경우 REC 가중치는 각각 1.020, 1.006, 그리고 0.884가 된다. 이 경우 3MW 발전소까지는 REC 가격이 높을수록 매전단가가 높아지게 되지만, 즉 REC 가격에 의존하는 수익구조, 5MW 발전소에서는 SMP 가격이 높을수록, 즉 SMP 가격에 의존하는 구조다. 아래 표와 그림에서 나타낸 바와 같이 발전 용량이 클수록 kWh당 매전단가는 REC 가중치로 인해 낮아지고, 수익은 고정가격 계약 시 SMP 가격에 더 크게 영향을 받는 것으로 나타남을 알 수 있다.

표 고정가격 계약 시 발전설비용량에 따른 수익 차이

REC / SMP	1MW 발전소 (가중치 1.020)		3MW 발전소 (가중치 1.006)		5MW 발전소 (가중치 0.884)	
	60	120	60	120	60	120
120	181.20		180.36		173.04	
60		182.40		180.72		166.08
가격차이	1.2		0.36		−6.96	

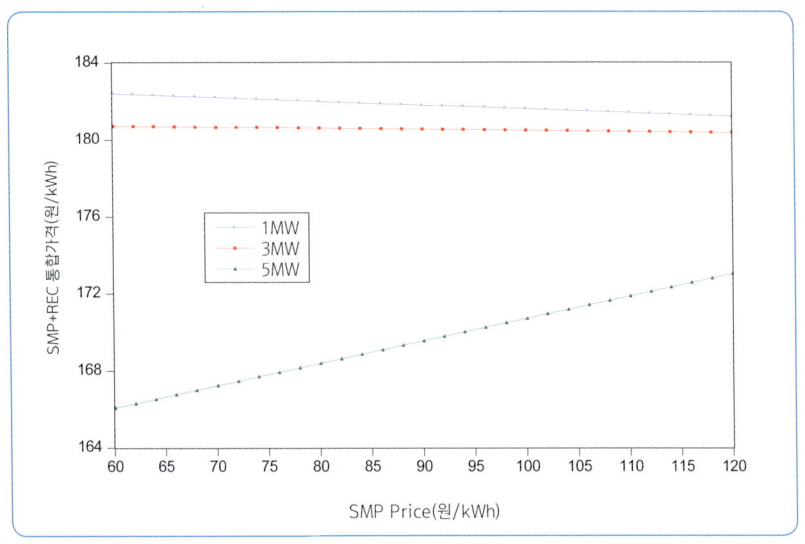

그림 설비용량별 SMP 가격 변동에 따른 SMP+REC 통합계약 가격 변동

CHAPTER 05

SMP 가격 결정 요인 및 REC 가중치 계산

계통한계가격(SMP, System Marginal Price, 이하 SMP라 함)은 발전사업자의 수익과 직접적으로 연관되어 있으며, 다음과 같이 정의된다.

> **전력 시장운영규칙 제1.1.2조**(용어의 정의)
>
> 3. "계통한계가격"이라 함은 거래 시간별로 적용되는 전력량에 대한 전력 시장가격(원/kWh)을 말하며 육지 및 제주지역으로 구분된다.

SMP 가격은 시간대별로 예측된 전력수요량을 바탕으로 전력 시장에서 거래되는 발전단가다. 다시 말하면, 민간발전사업자들은 거래일 전날 공급 가능한 발전 용량에 대해 입찰을 하고, 전력거래소는 시간대별 수요를 파악한 후 가장 저렴한 비용을 제시한 발전기와 발전량을 결정하게 된다. 이때 가장 높은 발전기의 발전단가가 해당 시간대의 계통한계가격이 된다. SMP 가격 결정과정, 가격에 영향을 주는 요인, 그리고 판매방법에 대해 자세히 살펴보자.

전력수요 예측

한전은 일 간격으로 기존 통계자료와 기상상태 등을 종합적으로 고려해서 내일의 시간대별 전력수요를 예측하고 이를 홈페이지에 공개한다. 아래 그림은 홈페이지에 공개한 2017년 7월 31일 시간대별 전력수요 예측 값을 나타낸 것이다. 전력수요는 오전 7시부터 서서히 증가해 밤 10시를 정점으로 다시 감소하는 형태를 보여준다.

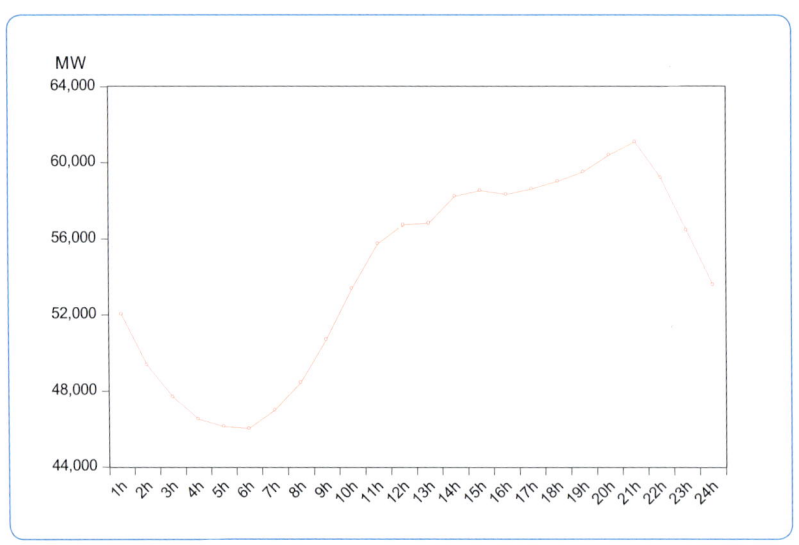

그림 한전에서 발표하는 시간대별 전력수요(x축 : 시간, y축 : 전력수요량(MW))

2010년부터 2016년까지 시간대별로 예측된 전력수요 값을 월별로 나타내면 그림과 같다. 지난 7년간 전력수요는 꾸준히 증가하고 있으며, 이는 생활수준 향상과 전력수요가 비례한다는 것을 보여주는 것이다.

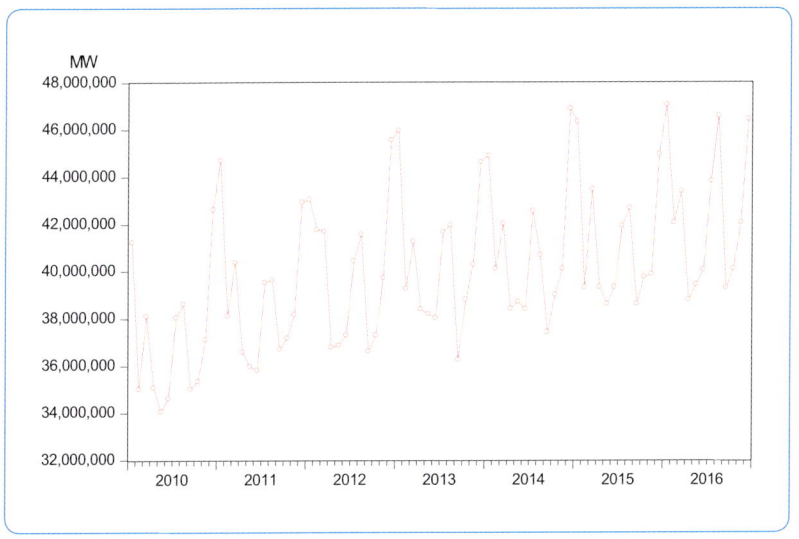

그림 2010~2016년까지 월별 전력수요 그래프(x축 : 년, y축 : 전력수요량(MW))

SMP 가격 결정방법

　전술한 바와 같이, SMP 가격은 한전에서 하루 전에 예측한 시간대별 전력수요와 각 발전사에서 제시한 발전원별 발전가격이 만나는 지점에서 시간대별로 가격이 결정된다. 즉, 비용이 낮은 발전기 순으로 수요량을 채우게 되고 점차 발전단가가 높은 발전소로 이동하게 되어 결국 전력수요량과 만나는 발전단가가 그 시간대의 SMP 가격이 되게 된다. 예를 들면, 우리나라에 총 18기의 발전기가 있고, 종류별로는 원자력발전소 4기, 석탄화력발전소 6기, LNG발전소 6기, 그리고 유류발전소 2기가 있다고 가정하자. 각 발전원별 kWh당 발전단가가 다르기 때문에 각 발전사는 다음 날 생산된 전기를 한전에 팔기 위해 입찰에 참여하게 된다. 입찰과정에서 원자력 2호기, 석탄화력 3호기, LNG 5호기가 정비를 이유로 입찰에 참여할 수 없다면, 실제 입찰하는 발전소는 총 15기가 된다. 총 15기가 제시한 입찰 가격을 바탕으로 시간대별 예측 수요와 만나는 점, 즉 최고 높은 가격이 그 시간대의 SMP 가격이 된다. 아래 그림의 경우 새벽 3시에는 SMP 가격이 32.0원/kWh, 오후 2시에는 104.6원/kWh이 되게 된다.

그림 시간대별 SMP 가격 결정과정(1)

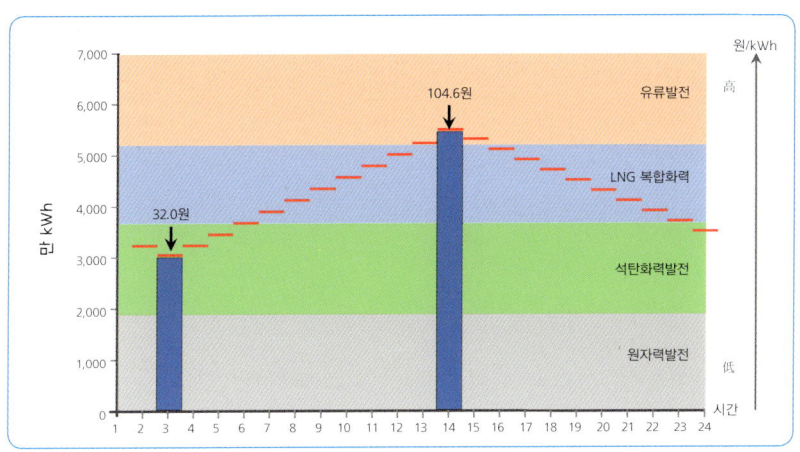

그림 시간대별 SMP 가격 결정과정(2)

2011~2016년까지 지난 6년 동안 연료원별 SMP 가격 결정 횟수를 살펴보면, 총 52,608회 중 LNG발전소가 88.6%, 유류발전소가 8.4%, 그리고 무연탄 화력발전소가 1.3%, 유연탄 화력발전소가 1.8%로 나타났다. 이는 대부분의 경우 SMP 가격이 LNG 발전소의 발전단가에 의해 결정됨을 알 수 있다.

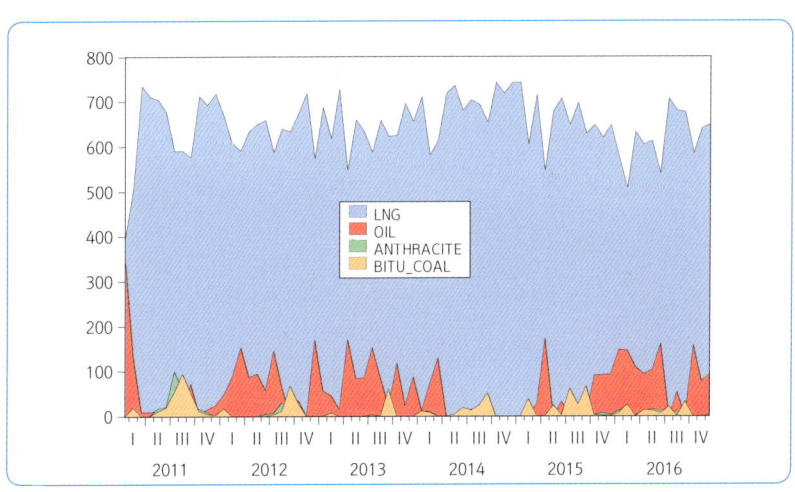

그림 2011~2016년까지 연료원별 SMP 가격 결정 횟수(y축 : 결정 횟수)

연도별 SMP 가격 변동

SMP 가격 변동에 영향을 주는 요인으로는 수요측면에서는 계절별 또는 일별로 바뀌는 전력수요가 있으며, 반대로 공급측면에서는 kWh당 발전단가를 결정짓는 연료비를 들 수 있다. 대부분의 경우 계절별 또는 일별 전력수요에는 큰 변화가 없으나, 공급측면에서 석탄, 석유, LNG와 같은 연료의 가격 변동이 SMP 가격에 영향을 미치게 된다. 지난 16년간 연도별 SMP 평균가격은 최저 47.5원/kWh에서 최고 160.8원/kWh까지로 나타나 변동폭은 약 340%이다.

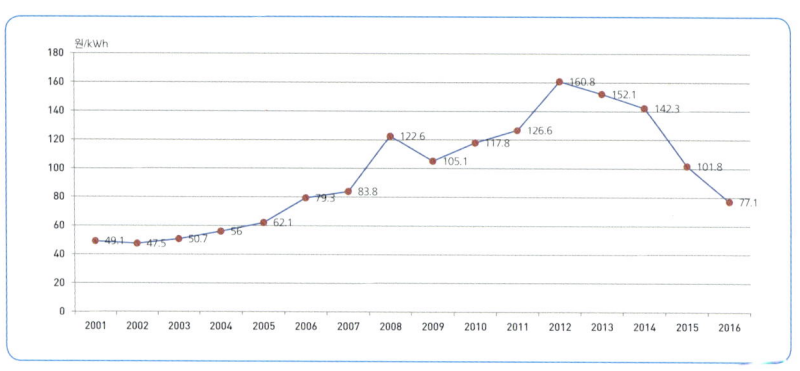

그림 지난 16년간 SMP 평균가격 변동

SMP 가격 결정에 영향을 주는 인자

SMP 가격은 LNG 가격과 국제유가에 의해 영향을 받는다고 알려져 있다. 전력거래소의 연구에 따르면, SMP 가격을 결정[33]하는 주요 인자

---

33) 김철호, 태양광발전소 거래컨설턴트 교육 자료, 2017

는 LNG 가격이라고 밝히고 있다. 2015년 5월 전력 시장 운영실적 자료를 분석한 결과, LNG 가격이 SMP 가격의 95.3%를 결정하고, 국제 유가는 LNG 가격에 5개월 후에 영향을 주기 때문에 국제 유가는 SMP 가격에 영향을 주는 간접적인 요인이라는 것이다. 반대로 국제 유가가 SMP 가격을 결정하는 주요 인자[34]라는 보고도 있다. 한국에너지공단에서 분석한 결과에 의하면, SMP 가격이 국제 유가와 밀접하게 연관되어 있다고 밝히고 있다.

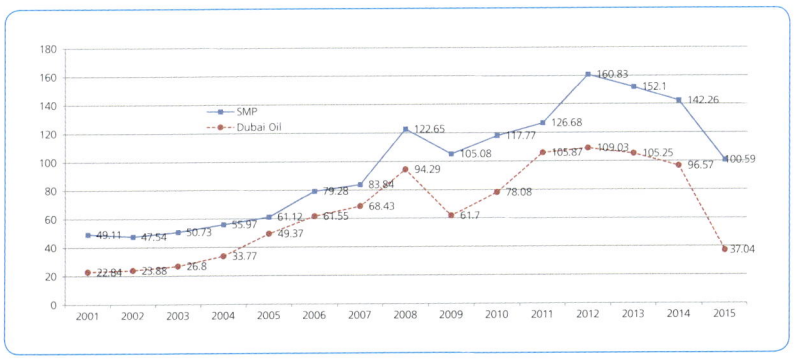

그림 국제 유가와 SMP 가격과의 관계(한국에너지공단, 2016, 재인용)

지자가 분석한 결과에 의하면, SMP 가격에 영향을 주는 주요 변수(Main Factor)는 유가이고, 그다음으로 LNG 가격이 영향을 주는 것으로 나타났다. 전력거래소에서 제시한 결과와 다른 결과가 도출되었는데, 이는 분석기간의 차이 때문이다. 이에 대한 자세한 설명은 Part 04의 '4.10 향후 SMP, REC 가격은 오를 것인가?'를 참고하기 바란다.

---

34) 한국에너지공단, 국제유가와 SMP 가격과의 관계(재인용, 성락준, 태양광발전소 거래컨설턴트 교육 자료, 2017)

☀ SMP 판매방법

SMP는 전력 시장에서 판매하는 방법과 한전에 직접 판매하는 방법으로 구분할 수 있다. 전기사업법 제31조(전력거래) 제1항에 의하면 "발전사업자 및 전기판매사업자는 제43조에 따른 전력 시장운영규칙으로 정하는 바에 따라 전력 시장에서 전력거래를 해야 한다. 다만, 도서지역 등 대통령령으로 정하는 경우에는 그러하지 아니하다"라고 규정되어 있다. 또한 전기사업법시행령 제19조(전력거래) ① 법 제31조 제1항 단서에서 "도서지역 등 대통령령으로 정하는 경우"란 다음 각 호의 경우를 말한다. 2. 「신에너지 및 재생에너지 개발·이용·보급 촉진법」 제2조제5호에 따른 신·재생에너지 발전사업자가 1,000kW 이하의 발전설비용량을 이용해 생산한 전력을 거래하는 경우로 규정하고 있다. 전력을 판매하는 방법을 정리하면 다음 표와 같다.

표 전력 판매방법

단계	전력 시장 판매 (전력거래소)	한전 직접 판매
대상	• 1,000kW 초과 발전 설비(의무) • 1,000kW 이하 발전설비 중 시장 참여 희망 설비(선택)	• 1,000kW 이하 발전설비 중 한전 판매 희망 설비
참여업체 수	• 약 1,387개사(1MW 이상 발전사) (2016년 말 기준)	• 약 2만여 개 신·재생에너지 발전사(2016년 말 기준)
SMP 가격	• 시간대별 SMP	• 월평균 SMP (가중 평균치)
등록비	• 20,000kW 이하 : 없음 • 20,000kW 초과 : 10만 원	• 해당 없음
연회비	• 20,000kW 이하 : 없음 • 20~50MW : 120만 원	• 해당 없음

계량기	등급	• 0.5급	• 0.5급, 1.0급
	가격	• 450만 원 내외	• 250만 원 내외
검침		• 시간대별 자동검침	• 월별 수동검침
통신		• 가입비 : 23,000원 • 통화료 : 16,000원/월	• 해당 없음
거래수수료		• 0.098원/kWh	—
적용 규정		• 전력 시장 운영규칙	• 한전 PPA 계약

☀ REC 가중치 계산방법

REC는 공급인증서의 발급 및 거래단위로 태양광발전설비에서 공급된 MWh기준의 신·재생에너지 전력량에 대해 가중치를 곱해서 부여하는 단위다. REC 가중치는 태양광발전설비의 설치 유형과 용량에 따라 차등 부여한다. 태양광을 포함한 신·재생에너지원별 가중치는 "신·재생에너지 공급의무화제도 및 연료 혼합의무화제도 관리·운영지침[35]" 별표2에 제시되어 있으며, 주민참여형 농촌태양광발전사업에 대한 가중치는 "공급인증서 발급 및 거래시장 운영에 관한 규칙[36]"에 제시되어 있다.

---

35) 산업통상자원부 고시 제2017-2호, 신·재생에너지 공급의무화제도 및 연료 혼합의무화제도 관리·운영지침, 2017.1.6
36) 신·재생에너지센터 공고 제2017-6호, 공급인증서 발급 및 거래시장 운영에 관한 규칙, 2017.3.21

REC는 기본적으로 전력생산량 1MW에 대해 1 REC를 발급하는 것을 원칙으로 한다. 그러나 신·재생에너지 공급의무화제도 및 연료 혼합의무화제도 관리·운영지침 제7조(공급인증서 가중치)에서는 "기술개발 수준, 신·재생에너지 보급 목표, 운영 실적과 그 밖의 여건 변화 등을 고려해 공급인증서 가중치를 3년마다 재검토해야 하며, 필요한 경우 재검토 기간을 단축할 수 있다"고 명시하고 있다. 즉, REC 가중치는 환경, 기술개발 및 산업 활성화에 미치는 영향, 발전원가, 부존잠재량, 온실가스 배출저감에 미치는 효과 등을 종합적으로 고려해서 산업통상자원부장관이 조정할 수 있다는 의미다.

신·재생에너지 중 REC 가중치가 가장 높은 것은 ESS 설비(태양광설비 연계)이며, 가장 낮은 것은 IGCC, 부생가스로 0.25이다. 태양광발전의 경우 발전설비의 설치 장소와 용량에 따라 차별화된 REC 가중치를 부여한다. 일반부지에 3MW이상을 설치할 경우 가장 낮은 0.7을 받고, 태양광설비에 ESS를 연계한 경우에는 5.0을 부여한다.

REC 발급량은 발전량(MWh)×가중치로 계산한다. 예를 들어, 수상태양광설비를 통해 3MWh의 발전이 이루어졌다면, 수상태양광 가중치는 1.5이므로 총 4.5 REC(3MWh×1.5=4.5 REC)를 발급받게 된다. 신·재생에너지 공급인증서(REC) 가중치 중 태양광발전에 해당하는 가중치 기준은 다음과 같다.

표 신·재생에너지 공급인증서(REC) 가중치 중 태양광발전에 해당하는 가중치

구분	공급인증서 가중치	대상에너지 및 기준	
		설치유형	세부기준
태양광에너지	1.2	일반부지에 설치하는 경우	100kW미만
	1.0		100kW부터
	0.7		3,000kW초과부터
	1.5	건축물 등 기존 시설물을 이용하는 경우	3,000kW이하
	1.0		3,000kW초과부터
	1.5	유지 등의 수면에 부유해 설치하는 경우	
	1.0	자가용 발전설비를 통해 전력을 거래하는 경우	
	5.0	ESS설비(태양광설비 연계)	'16년, '17년

1. "건축물"이란 발전사업 허가일 이전(단, 건축물의 용도가 버섯재배사 등 식물관련시설의 경우에 발전사업 허가일로부터 1년 이전)에 건축물 사용승인을 득해야 하며(단, 전원개발촉진법 제5조에 따른 전원개발사업구역 내 설치된 경우 제외), ㉠ 지붕과 외벽이 있는 구조물이며, ㉡ 사람이 출입할 수 있어야 하며, ㉢ 사람, 동·식물을 보호 또는 물건을 보관하는 건축물의 본래의 목적에 합리적으로 사용되도록 설계·설치된 구조물을 대상으로 「건축법」 등 관련규정 준수여부 및 안전성 등을 확보할 수 있도록 공급인증기관의 장이 정하는 세부 기준을 충족하는 설비를 의미한다. 다만, 관련 법령 등에 의한 공공건축물의 외벽 등은 해당 기준을 적용할 수 있다.

2. "기존 시설물"이라 함은 「도로법」에 의한 도로의 방음벽 등 고유의 목적을 가진 시설물을 대상으로 「건축법」 등 관련규정 준수여부

및 안전성 등을 확보할 수 있도록 공급인증기관의 장이 정하는 세부 기준을 충족하는 설비를 의미한다.

3. 태양광에너지 가중치와 관련해, 일반부지에 해당하는 가중치를 적용받는 발전소 중 인근지역(설치장소의 경계가 250m 이내의 지역을 의미한다)내 동일사업자의 발전소는 해당 발전소 합산용량에 해당하는 가중치를 적용하며, 공급인증기관의 장은 다음 각 호의 어느 하나에 해당하는 경우는 해당 발전설비의 일부 또는 전부에 대해 가중치 적용을 제한할 수 있다.
   ① 사업자 등이 태양광에너지 발전설비 설치를 위해 일정 토지를 취득 또는 임대하고, 가중치 우대를 목적으로 해당 토지를 분할하거나 발전사업 허가용량을 분할해 다수의 발전설비로 분할 설치하는 경우는 해당 발전설비의 일부 또는 전부에 대해 합산용량에 따른 가중치를 적용한다.
   ② 태양광에너지 발전설비의 실질 소유주가 가중치 우대를 목적으로 타인 명의로 태양광에너지 발전소를 준공해 운영하는 것이 명백하다고 인정되는 경우는 동일사업자 규정을 적용한다.

4. 태양광에너지 가중치는 전체용량에 대해 부여하되 소수점 넷째 자리에서 절사하며, 설치유형별 용량기준순으로 구분해 구간별 해당 가중치를 다음과 같이 적용한다.

① 일반부지에 설치하는 경우

설치용량	태양광에너지 가중치 산정식
100kW미만	1.2
100kW부터 3,000kW이하	$\dfrac{99.999 \times 1.2 + (용량 - 99.999) \times 1.0}{용량}$
3,000kW 초과부터	$\dfrac{99.999 \times 1.2}{용량} + \dfrac{2,900.001 \times 1.0}{용량} + \dfrac{(용량 - 3,000) \times 0.7}{용량}$

② 건축물 등 기존 시설물을 이용하는 경우

설치용량	태양광에너지 합성가중치 산정식
3,000kW이하	1.5
3,000kW초과부터	$\dfrac{3,000 \times 1.5 + (용량 - 3,000) \times 1.0}{용량}$

5. "유지 등의 수면에 부유(浮游)해 설치하는 경우(이하 수상태양광)"는 다음에 해당하는 경우에 한하며, 안정성, 환경성 등을 확보할 수 있도록 공급인증기관의 장이 정하는 세부 기준을 충족하는 설비를 의미한다.

① 「댐건설 및 주변지역지원 등에 관한 법률」 제2조에 따른 댐
② 「전원개발촉진법」 제5조에 따라 전원개발사업구역으로 지정된 지역의 발전용댐
③ 「농어촌정비법」 제2조에 따른 농업생산기반 정비사업에 따른 저수지 및 담수호와 농업생산기반시설로서의 방조제 내측
④ 「산업입지 및 개발에 관한 법률」 제6조, 제7조, 제8조에 따른 산업단지 내의 유수지

⑤ 「공유수면 관리 및 매립에 관한 법률」 제2조에 따른 공유수면 중 방조제 내측

다음은 임야에 2,700kW 용량의 태양광발전소 건설에 따른 REC 가중치 계산 예이다.

임야는 일반부지에 해당되기 때문에 설치유형을 일반부지 식을 이용해서 계산해야 한다.

설치용량이 2,700kW이므로 이 경우 계산식은 다음과 같다.

▷ REC 가중치 $= \dfrac{99,999 \times 1.2}{2,700} + \dfrac{(2,700-99,999) \times 1.0}{2,700} = 1.0074$

좀 더 간략하게 계산하는 방법은

▷ REC 가중치 $= \dfrac{100 \times 1.2 + (2,700-100) \times 1.0}{2,700} = 1.0074$

두 경우 모두 소수점 넷째 자리에서 절사할 경우 큰 차이가 없음을 알 수 있다.

CHAPTER 06

태양광발전사업 투자·수익 구조

 태양광발전사업을 고려하고 있는 예비 투자자에게 투자와 수익 구조를 이해하는 것은 중요한 부분이다. 태양광발전사업의 비용 요소로는 시공비를 포함한 초기 투자비, 운영·관리비가 있으며, 수익 요소로는 전력 판매 수익(SMP)과 REC 판매 수익으로 구분할 수 있다.

 좀 더 자세히 살펴보면, 비용 요소 중 초기 투자비로는 행정비용(발전사업 허가, 개발행위 허가 등 각종 인허가과정에서 발생하는 비용 또는 인허가 대행 비용), 농지전용 부담금, 개발행위 부담금, 계통연계비, 설계 및 지반 공사비(설계·감리비용, 지반공사 비용 등), 그리고 태양광발전설비 설치를 위한 시공비(지지대, 모듈, 인버터 구입비, 전기공사비용 등)이다. 운영 중 발생하는 운전·유지비용(O&M Cost)으로는 안전관리자 선임 등 인건비, 부지를 임대해 사업을 할 경우 임대료, 보험료, 인터넷 이용료 등을 포함한 모니터링 비용, 그리고 대수선비, 보수비용 등이 있다. 기타 비용으로는 각종 세금, 이자 비용 등이 있다. 태양광발전사업자의 수익은 전력 판매 수익(SMP)과 REC 거래 수익으로 구분할 수 있다.

표 태양광발전사업의 비용 요소와 수익 요소

구분	세부 구분	내 용
비용 요소	초기 투자비	• 행정비용 : 발전사업 허가, 개발행위 허가 등 각종 인허가에 소요되는 비용 • 농지전용 부담금, 개발행위 부담금, 계통연계비 등 • 설계 및 지반 공사비 : 설계감리비, 지반공사 비용 등 • 시공비 : 지지대, 모듈, 인버터, 모니터링, 전기공사 비용 등 • 토지매입(임차) 비용
	운영·유지비	• 인건비(안전관리자 선임 비용 등) • 임대료(부지를 임대해 사업할 경우 해당) • 보험료 • 모니터링 비용(인터넷 비용 포함) • 대수선비, 보수비용 등
	기타 비용	• 세금 • 금융비용(대출 시 이자)
수익 요소	전력 판매 수익	• 전력 판매 수익(SMP)
	REC 거래 수익	• REC 판매 수익
	기타 수익	• 지가 상승에 따른 수익

태양광발전사업자의 연간 수익은 연간 매출액에서 연간 소요되는 비용을 빼면 실제 수익이 된다.

태양광발전사업자의 연간 수익=전력 판매 수익(SMP)+REC 판매 수익
여기서 **전력 판매 수익**=연간 발전량(kWh)×SMP 가격(원/kWh)
　　　REC 판매 수익=연간 발전량(kWh)×가중치×REC 가격(원/kWh)
　　　연간 발전량=설치 용량(kW)×일 발전시간(보통 3.6시간)×365일
따라서 **연 매출액**=연간 발전량(kWh)×{SMP 가격(원/kWh)+REC 가격(원/kWh)
　　　×가중치}로 추산할 수 있다.

전력 판매 수익(SMP)은 전력 시장 운영규칙에 따라 전력 시장 또는 한전과의 직거래를 통해 얻을 수 있는 수익이다. 100kW 규모 태양광발전소의 경우 한전을 통해 판매하며, 보통 월평균 가격을 적용해서 월별로 정산하게 된다. REC 거래 수익은 현물시장과 장기계약시장에서 RPS 공급의무자와의 거래를 통해 얻는 수익이다. REC 거래 가격은 양자 간 계약, 판매사업자 선정가격, 그리고 현물시장 등에 따라 결정된다.

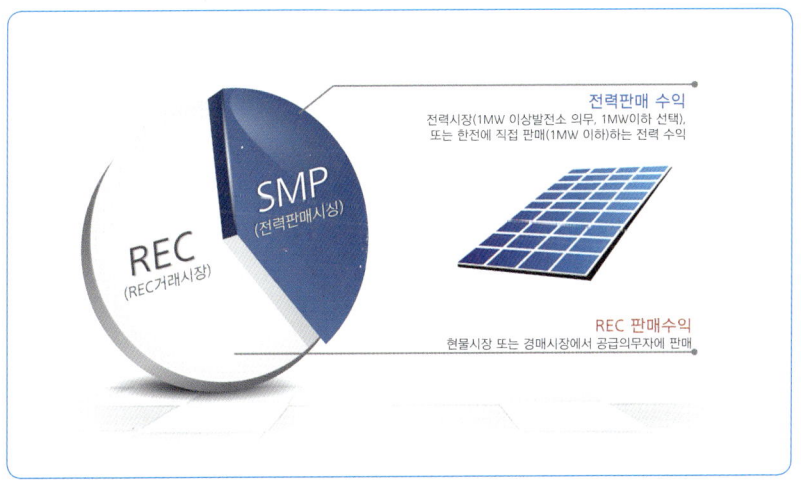

그림 태양광발전사업자의 수익 구조

CHAPTER 07
농촌태양광사업

지금까지 대부분의 태양광발전소가 농촌지역을 중심으로 설치·운영되고 있음에도 불구하고 태양광발전을 통한 수익은 농민이 아니라 농촌에 실제 거주하지 않고 경제적으로 여유가 있는 외지인에게 돌아갔다. 이러한 상황은 태양광발전사업이 농민들의 소득증대에 크게 기여하지도 못하고 태양광발전에 대한 농촌사회의 부정적 인식을 심화시키는 원인을 일정 부분 제공했다고 볼 수 있다. 이러한 상황의 개선책 마련 없이는 정부의 신·재생에너지 3020 보급목표의 달성이 어려울 수밖에 없다는 현실을 정부가 직시하고 그간의 태양광사업의 보급방식을 개선해 농촌지역 주민들의 농가소득 증대는 물론 신·재생에너지 정책목표의 달성이 용이한 새로운 정책프로그램인 농촌태양광사업을 추진하게 되었다. 이는 기존의 자본력에 기반한 양적인 신·재생에너지보급

방식에서 발전소 인근지역에 거주하고 있는 주민이 신·재생에너지 관련 사업에 직접 참여하는 '주민참여형 신·재생에너지보급사업'으로 신재생에너지 정책의 페러다임의 전환을 의미한다고 볼 수 있다. 산업통상자원부는 2020년까지 농촌태양광 1만 호를 보급하겠다는 목표를 세웠으며, 그의 일환으로 2017년 1,000가구를 목표로 농촌태양광사업을 시작했다.

사진 99kW급 농촌태양광 설치 사례[37]

농촌태양광 참여조건

농촌태양광사업에 참여가 가능한 농업인은 농촌태양광 예정부지와 5km이내이거나, 농촌태양광 예정 부지가 농업인이 거주하고 있는 지역(읍·면·동) 또는 연접한 지역(읍·면·동)으로 한정하고 있다. 여기서 농업인(어업인, 축산인)은 해당 지역에 1년 이상 주민등록상 주소지로 되어 있어야 한다. 이는 태양광발전을 통한 경제적 이득의 주체가 농업인이 될 수 있도록 하기 위한 조치의 하나이며, 농촌 외부 즉 농업인이 투자의 주체가 되지 않을 경우 그 수익이 해당 지역에 거주하고 있지

---

37) blog.daum.net/desk502/341

않은 외부인에게로 갈 수 밖에 없는 현실을 고려한 것이라 할 수 있다.

다음 표는 농업인을 증명하기 위한 법적근거를 나타낸 것으로 농업인, 어업인, 축산인 등이 농업인 범주에 포함된다. 농촌태양광발전사업의 참여를 위해서는 해당되는 법에 따라 농업인 증빙서를 제출해야 한다.

표 농업인 분류 및 법적 근거

분류	법적근거
농업인	"농지법 제2조 제2호 및 시행령 제3조(농업인의 범위)"에 해당하는 자 또는 "농지법에 의한 농업인이 농업경영체 등록(또는 농지원부)을 한자"
어업인	"수산업·어촌 발전기본법" 시행령 제3조 제2항에 해당하는 자
축산인	"축산법"에 따른 축산업허가(등록)증을 득한 자 (축산업허가(등록)증에 신고된 축사 또는 관련 축산시설에 설치하는 경우 포함)

농촌태양광사업 유형

농촌태양광사업의 유형은 사업에 참여하는 농업인의 수 및 주요 투자자에 따라 단독형, 공동형, 조합형, 지분형으로 구분할 수 있다. 첫 번째, 단독형은 농업인 1인이 농촌태양광사업에 단독으로 투자하는 형태이며 가장 일반적인 유형이다. 농업인 개인의 자금여력 또는 담보여력이 있을 경우 가장 선호하는 유형이다. 두 번째, 공동형은 단독형과는 달리 2인 이상 4인 이하가 공동으로 농촌태양광사업에 투자하는 형태를 말한다. 단독형과 같이 모든 참여자는 농업인으로 구성되어야 한다. 공동형은 동일 발전소에 대해 참여자간 투자비 비율이 동일 또는 상이할 수 있는 특징이 있다. 세 번째, 조합형은 단독형과 공동형과 같이 모든 참여자가 농업인으로 구성되어 있으며 조합을 구성한 후 해당 발전소를 대표할 수 있는 대표자를 선임해서 발전소를 운영하게 되며 발전소의 수익배분은 자체 협의에 따라 배분하게 된다. 마지막으로 지분형은 외지인이 참여 가능한 유일한 사업 유형으로 외지인 투자 유치가 목적이며, 정책자금 지원의 대상에서 제외되며, 농업인이 총 사업비의 4~6% 수준으로 투자해서 수익을 얻을 수 있는 사업이라 할 수 있다. 또한, 주민 5인 이상이 사업에 참여함으로써 주민수용성 제고는 물론 외지인의 투자에 대한 지역주민의 반감을 최소화할 수 있는 장점이 있다.

표 농촌태양광사업 형태에 따른 구분

사업 형태	내용	비고
단독형	농업인 1인이 단독으로 발전소 건설	금융지원 가능
공동형	농업인 2~4인이 공동으로 발전소 건설	
조합형	5인 이상의 농업인이 조합설립(협동조합기본법 등) 후 발전소 건설	
지분형	5인 이상의 농업인과 외지인(농업인이 아닌 자)이 발전소 건설. 농업인 1인 최대 참여지분 30% 미만	금융지원 불가

농촌태양광 정책자금(융자) 지원

농업인이 농촌태양광사업에 참여하는 데 가장 큰 애로사항으로는 사업에 대한 이해 및 정보 접근성의 한계, 설치자금의 재원부족 등이 있다. 이러한 문제점을 해소하기 위해 지역농협과 한국에너지공단이 농촌태양광사업의 전 과정에 대한 상시 사업컨설팅 및 홍보 서비스를 제공하고 있다. 더불어, 농촌태양광 설치자금을 위해 연이자율 1.75%(변동금리)의 저금리 정책융자를 용량 500kW 미만의 설비에 대해서 90% 이내에서 지원하고 있다. 농촌태양광 정책자금 지원 신청서류는 다음 표로 설명했으며, 자금 지원 신청에 관한 자세한 내용은 한국에너지공단의 홈페이지[38]를 참조하라.

표 농촌태양광 정책자금(융자) 지원 신청 서류

신청 서류	발급 기관
각 서	신재생에너지센터(http://www.knrec.or.kr) → 사업안내 →금융지원 → (하단)관련자료서식 다운로드
계약서 (전년도 10월1일이후 작성분)	시공업체와 작성
시설명세서	시공업체와 작성
사업자등록증	관할 세무서
시공업체 사업자등록증	시공업체
융자금 대출심사가능 확인서	신재생에너지센터(http://www.knrec.or.kr)→사업안내→금융지원→(하단)관련자료서식 다운로드
부지(또는 건물)관련 확인서류 (등기부등본/임대차계약서)	• 사업자 소유일 경우 : 등기부등본 • 임대일 경우 : 임대차계약서(또는 사용승낙서), 소유주 인감증명서, 소유주 등기부등본
발전사업허가증	지자체 주례에서 정한 용량 기준에 따라 시청(군청) 또는 도청
개발행위허가서	지자체 조례에서 정한 기준에 따라 시청 또는 군청
농업인확인서 (어업인확인서, 축산업등록증)	• 농업인확인서 : 국립농산물품질관리원 • 어업인확인서 : 지방해양수산청 • 축산업등록증 : 시청(군청)
주민등록등본	관할 주민센터
보급량 산출근거	신청자 작성

---

[38] http://www.knrec.or.kr/knrec/13/KNREC130110.asp?idx=2573

신·재생에너지 설비 인증서	설비 공급업체
중소기업 지원사업 통합관리 시스템, 정보활용 동의서	신재생에너지센터(http://www.knrec.or.kr)→사업안내 →금융지원→(하단)관련자료서식 다운로드
중소기업확인서	중소기업청(개인사업자는 해당 없음)

또한, 시중은행은 대출심사 시 금융 리스크 최소화 여부가 주요 검토 항목인 점을 고려할 때 장기간의 '농촌태양광 고정소득'의 입증이 매우 중요하다. 이러한 현실을 감안해서 정부는 신재생에너지공급인증서(REC)와 SMP를 20년 동안 고정가격으로 판매할 수 있도록 농촌태양광에 한해서 우대하고 있으며, 농업인 5인 이상이 참여하는 '주민참여형 농촌태양광사업'의 경우 REC 가중치를 10~20% 가산해주는 등 농촌태양광의 수익구조 개선을 위한 방법을 제공하고 있다.

표 농촌태양광 가중치 적용 기준

구분		가중치 적용 기준	
		지분비율 10%+총사업비 2% 이상	지분비율 20%+총사업비 4% 이상
일반 부지에 설치하는 경우	100kW 미만	1.2	1.2
	100kW부터 3MW 이하	$\dfrac{99.999 \times 1.2 + (용량 - 99.999) \times 1.1}{용량}$	$\dfrac{99.999 \times 1.2 + (용량 - 99.999) \times 1.2}{용량}$
	3MW 초과부터	$\dfrac{99.999 \times 1.2}{용량} + \dfrac{2,900.001 \times 1.1}{용량} + \dfrac{(용량 - 3,000) \times 0.8}{용량}$	$\dfrac{99.999 \times 1.2}{용량} + \dfrac{2,900.001 \times 1.2}{용량} + \dfrac{(용량 - 3,000) \times 0.9}{용량}$
건축물 등 기존 시설물을 이용하는 경우	3MW 이하	1.5	1.5
	3MW 초과부터	$\dfrac{3,000 \times 1.5 + (용량 - 3,000) \times 1.1}{용량}$	$\dfrac{3,000 \times 1.5 + (용량 - 3,000) \times 1.2}{용량}$
수상 태양광		1.6	1.7

주민참여형 농촌태양광사업의 참여주민은 해당 발전소로부터 반경 1km 이내에 소재하는 읍면·동에 1년 이상 주민등록이 되어 있어야 하며, 주민의 1인당 투자금은 전체 주민 투자금의 30% 미만이어야 한다. 농업인이 농촌태양광 정책자금 지원신청 또는 REC 발급을 받기 위해서는 먼저 지자체 또는 기초자치단체의 각종 인허가(발전사업허가, 개발행위허가, 농지전용 등) 승인을 받아야 한다.

농촌태양광 정책자금지원은 통상 매년 1월 사업공고를 하고 신청을 접수받으며, 접수받은 신청 사업을 대상으로 자금추천심사위원회를 통해 총 시설 투자비의 지원규모를 결정한 후 자금추천서를 발행하게 된다. 이후 자금추천서를 농업인이 시중은행(제1금융권)에 제출해서 대출심사를 별도로 받은 후 은행으로부터 농업인이 자금을 인출할 수 있다. 추천한 자금의 총액이 해당년도 예산보다 적을 경우 격월 또는 분기별 책정된 예산범위 내에서 정책자금 지원 공고를 추가로 할 수 있다. 금융기관에서 대출은 담보 설정 등 금융기관의 대출규정에 적합해야 대출이 가능한 점을 유의해야 한다.

농촌태양광사업은 발전사업허가를 받아 추진되는 사업으로 사업추진 단계별 고려해야 하는 내용이 복잡하고 절차가 단순하지 않다. 따라서 태양광사업에 대한 전문지식을 가지고 있는 시공사 또는 한국에너지공단 및 지역농협의 도움을 받아 추진하는 것이 필요하다.

농촌태양광발전사업 추진 절차

농업인이 농촌태양광사업에 참여하는 절차를 이해하는 것은 평상시 태양광발전사업에 관심을 가지고 있지 않고서는 사업추진 절차에 대한 이해가 쉽지 않다. 하지만, 기존의 태양광 보급사업에 많은 시공업체들이 사업에 참여했으며, 이들 시공업체는 태양광발전소의 설치를 통해 비즈니스를 하는 주체로 태양광발전사업의 각종 인·허가 및 추진절차 등에 대해 전문지식을 갖추고 있다. 따라서 태양광발전사업에 참여하고자 하는 농업인이 이들 시공업체의 도움을 받아 사업참여에 필요한 각종 정보를 간접적으로 도움을 받을 수 있을 것이라 판단된다. 농촌태양광사업 참여 절차는 다음과 같다.

1) 시공업체 선정 및 인허가 추진

먼저 농업인은 시공업체를 선정하고 농촌태양광사업을 위한 각종 인허가 사항을 추진해야 한다. 시공업체는 사업에 참여하고자 하는 농업인의 지자체 인허가 가능여부, 전력계통 접속 가능여부, 개발행위 허가에 대한 타당성 검토 등을 통해 사업성 검토를 하게 된다. 이 과정은 매우 전문적인 지식과 판단을 요하는 과정으로 농업인은 복수의 시공업체 등과 상기 사항에 대한 검토를 통해 사업성 검토를 하는 것이 보다 타당한 방법이라 생각된다. 사업성 검토 후 적격한 것으로 판단될 경우 농업인은 시공업체와 시공계약을 하고 시공업체 주도로 각종 인허가 사항을 추진하게 된다.

2) 정책자금 신청 및 발전소 건설

인허가 사항이 모두 해소된 이후, 농업인은 사업추진에 필요한 자금의 신청을 한국에너지공단이 '신·재생에너지 금융지원사업 공고[39]'를 할 경우 신청할 수 있으며 이 경우 사업신청자는 직접 공단에 방문해 정책자금을 신청해야 한다. 이후 공단은 농업인이 신청한 정책자금에 대해 적정할 경우 자금추천서를 발행하게 되며, 자금추천서를 농업인이 일반 금융기관에 신청하고 일반 금융기관은 정책자금 지원을 신청한 농업인의 담보력 등을 별도로 심사한 후 지원 자금 규모를 최종 결정해서 농업인에게 대출하게 된다. 그렇게 대출을 받은 농업인은 농촌태양광발전소를 시공업체의 도움을 받아 발전소 착공을 하게 된다.

3) 사용 전 검사 및 REC 거래

발전소의 상업운전 이전에 농업인은 한국전기안전공사의 사용 전 검사를 받아야 하며, 전력거래소 또는 한전과 전력수급계약을 체결해야 한다. 특히, 농촌태양광 사업의 경우 REC 판매가 주 수입원으로 반드시 앞서 제시한 사용 전 검사 후 1개월 이내에 RPS 설비확인 신청을 하고 공단의 신·재생에너지센터로부터 REC 가중치 부여를 받아야 한다. 참고로, 정부는 입찰시장 및 자체계약을 통해 발전사업자의 보다 안정적 수익의 보장을 위해 SMP 및 REC의 20년 고정가격 계약제를 '17년부터 시행하고 있으며, 농촌태양광은 입찰시장 참여 시 계약체결에 우선적으로 고려하고 있다.

---

39) 2017년도 제2차 신재생에너지 금융지원사업 지원공고 참조

표 농촌태양광사업 추진 절차

추진절차	세부내용	추진(지원)주체
사전 사업성 검토	• 지자체 인허가, 전력계통 접속 가능여부, 설치 장소 적정성, 수익성, 자금력 등 검토	농업인/ 시공업체
시공계약	• 사업성 확보된 사업에 대해 시공계약 체결	농업인 ↔ 시공업체
인허가	• 인허가 취득 　* 발전사업, 개발행위, 농지·산지전용허가 등	농업인/ 시공업체
정책자금 신청	• 신·재생에너지 금융지원사업 신청	농업인→ 에너지공단
발전소 건설	• 발전소 시공	농업인/ 시공업체
사용전검사	• 사용 전 검사(한국전기안전공사) • 전력수급계약(전력거래소 또는 한전)	농업인/ 시공업체
RPS 설비확인 신청	• 사용 전 검사 후 1개월 이내 설비확인 신청 • 가중치 부여(신·재생에너지센터)	농업인/ 시공업체 → 에너지공단
REC 장기계약	• 입찰시장, 자체계약을 통해 'SMP+REC' 20년 고정가격 계약체결(사업자(농업인) - 공급의무자) 　* 입찰시장 참여 시 농촌태양광 우대	농업인/ 에너지공단

※ 농협이 선정한 시공사를 통해 사업추진을 희망할 경우, 지역농협에 문의

PART
02

수익성 높은
태양광발전소 만들기

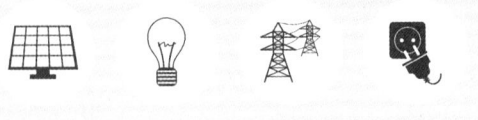

CHAPTER 01

태양광발전사업 추진 절차

🌞 태양광발전사업 추진 절차

태양광발전사업 추진 절차는 총 12단계로 이루어진다. 단계별 추진 절차와 검토사항은 다음과 같다.

그림 태양광발전사업 추진 절차

표 태양광발전사업 추진 절차 및 검토사항

단계	구분	검토사항/담당부서	관련 규정
01	부지선정 및 사업타당성 검토	• 발전사업 가능지역 여부(개발제한구역 등) • 지자체 개발행위 조례, 지침, 규정 확인 • 후보지 인근 주민 성향, 도로 인접 여부 확인 • 음영 분석, 경사도 25도 이상일 경우 배제 • 한전 3상 전주 위치 등	• 지자체개발행위 허가지침 • 옥상에 설치하는 태양광발전설비의 설치기준 등
02	발전사업 허가	• 3MW이하 지자체(시·도지사) • 3MW이상 산업부 전기위원회	전기사업법 제7조
03	개발행위허가	• 산지전용(농지전용), 환경영향평가, 재해영향평가 등 • 해당지자체(시, 군청)	국토의 개발 및 이용에 관한 법률 및 시행규칙, 개발행위 운영지침
04	사업자 등록	• 사업자 등록 후 각종 면허세 납부 • 관할 세무서에 신청	
041	발전회사 등록	• 전력거래소 시장운영팀	전기사업법 제31조, 동법 시행령 제19조 등

05	전력수급계약 (PPA)신청	• 현장 확인 및 인입점 결정(발전허가 전 확인) • 인입공사비 납부(한전 해당지점)	
051	건축허가 신고	• 시장, 군수, 구청장	건축법 제8조, 제12조, 제16조, 제18조 등
06	공사계획 신고	• 인가(산업부) : 10MW이상 발전소 • 신고(지자체) : 10MW미만 발전소 지자체는 도, 시, 군청	전기사업법 제61조, 동법 시행령 제42조 등
07	설치공사	• 토목공사, 구조물공사(Array등) • 모듈, 인버터 설치공사 • 전기공사	
08	사용 전 검사	• 한국전기안전공사	전기사업법 제 63조
09	전력 판매 계약	• 전력수급 계약 : 한전 또는 전력거래소 • REC 구매계약 : 공급의무사	
10	상업운전개시 신고	• 해당 지자체 : 도, 시, 군청	
11	설치확인	• 한국에너지공단, 전력거래소 가입	
12	REC 발급/거래	• 발급 : 한국에너지공단 • 거래 : 현물시장, 전력거래소 등	

Step 01_태양광발전소 입지 분석

태양광발전소 부지선정은 인허가 등의 문제 없이 태양광설비를 설치할 수 있는지에 대한 일차적인 조건 이외에도, 입지에 따라 공사비용이 결정되기 때문에 충분한 조사가 이루어져야 한다. 일반적으로 입지 선정을 위한 조사 및 분석은 다음 항목을 포함해서 철저하게 이루어져야 한다.

표 태양광발전소 입지 분석 절차 및 조사·분석 내용

분석 절차	조사 및 분석 내용	비고
1단계	현황 및 위치 분석	• 지형도상의 위치 • 진입도로 및 배수로 확인 • 주변 민가 여부
2단계	경사도 분석	• 경사도에 따른 인허가 가능성 검토 (일부지역의 경우 일정이상 경사도 개발 불가) • 경사도에 따른 지반공사비 추정/사업성 검토
3단계	토지이용 계획 확인원 분석	• 개발가능 구역 검토 • 건설 인허가 신청 시 체크사항 검토
4단계	지적공부 확인	• 지적도(임야도)와 토지대장(임야)상의 면적검토 • 임야에서 토지로 전환 시 면적 가감 검토 • 공시지가 확인
5단계	인근개발지(면적) 확인	• 사업부지 연접 토지의 개발 상황 검토 • 향후 확장성을 고려한 연접관련 법 조항 저촉여부 검토
6단계	산사태위험지도[40] 확인	• 사업부지의 자연재해위험 노출 리스크 검토

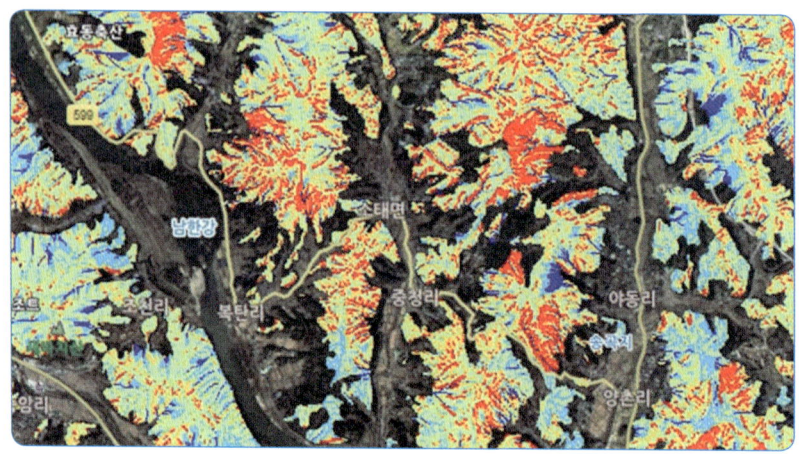

그림 산림청 산사태위험지도를 이용한 사업부지 산사태 위험도 확인 예)

---

40) 산림청 산사태정보 시스템, http://sansatai.forest.go.kr/forecast/GISMapView.ls

☀ Step 02_발전사업 허가

3,000kW 미만 발전사업 허가는 사업지역의 시·도지사에게, 3,000kW 이상은 산업통상자원부 전기위원회의 허가를 받아야 한다. 그러나 허가권자가 각 시도별로 사무위임을 할 수 있기 때문에 해당 지자체에 문의해야 한다. 예를 들어 전라북도의 경우 100kW 이상은 도지사, 100kW 미만은 시장, 군수로 지정되어 있다. 발전사업 허가 시 제출서류는 다음과 같다.

표 태양광발전소 허가를 위한 제출서류

구 분	200kW 이하	3,000kW 이하
신규 허가	• 사업허가 신청서 • 사업계획서 • 송전관계 일람도	• 사업허가 신청서 • 사업계획서 • 송전관계 일람도 • 발전원가 명세서 • 기술인력 확보 계획
변경허가	• 사업허가 변경신청서 • 변경내용을 증명할 수 있는 서류	

※ 송전관계 일람도 : 계량기, 인버터, 모듈 등이 나타난 일종의 계통도로 전문 전기공사업체에 요청하는 것이 좋음

발전사업 허가 시 유의사항으로는 자금계획에 자기자본 10% 이상을 증빙해야 한다. 또한 발전사업 허가를 받았어도 한전의 기술검토 결과 발전소 연계가 불가능할 수 있으므로, 제출서류가 준비되면 한전에 PPA(전력수급계약) 신청서를 접수하는 것이 좋다. 발전사업 허가 후 3년 이내에 태양광발전소를 설치하지 않거나 사업을 시작하지 않으면 허가가 취소된다.

☀ Step 03_개발행위허가 절차

개발행위허가는 건축물의 건축, 공작물의 설치 등을 하고자 하는 자가 '국토의 계획 및 이용에 관한 법률'에 의거 시장 또는 군수의 허가를 받는 행위를 말한다. 태양광발전소가 토지에 설치되는 경우 반드시 토지개발 허가를 받아야 한다. 개발행위허가 절차는 6단계로 이루어지며, 개발행위에 따른 단계별 추진 절차와 주요 검토사항은 다음과 같다.

표 태양광발전소 개발행위 단계별 추진 절차

단계	주요 내용	비고	주체
1	신청서를 해당 시·군에 제출	• 접수 후 15일 이내 처리	개발행위자
2	개발행위허가 기준 검토	• 해당 시·군 도시계획 조례 검토 • 단일 시설 면적 범위 추가 시 개발행위 심의 대상	허가권자 (시장·군수 등)
3	의견청취 및 관련 인허가 등의 협의	• 경사도 25도 이상 불허(산지법) • 산림조사 등은 해당 시·군 도시계획 조례 참고	
4	허가, 불허가, 조건부허가처분	–	
5	개발행위	–	개발행위자
6	의제사항 준공협의 및 준공검사	• 준공검사 신청서 및 사진 제출	허가권자

신청 시 구비서류는 개발행위 허가서, 토지의 소유권 또는 사용권을 증명하는 서류, 배치도 등 공사 또는 사업관련 도서, 건축물의 용도 및 규모를 기재한 서류, 그리고 위해 방지·환경오염 방지·경관 조경 등을 위한 설계도서 및 내역서 등이다.

표 태양광발전소 개발행위 허가 시 허가권자의 주요 검토사항

구 분	주요 검토 사항
입지의 적정성	• 환경적으로 보전가치가 있는 지역인지? 보전이 필요한 지역인지? (조수류, 수목 등 집단 서식지, 절대 농지 등 보전 필요성 여부 등) • 당해 개발행위에 따른 주변지역 피해 여부(최근 민원발생 여부 등)
기반시설 계획	• 개발에 따른 진입도로 및 내부 동선 적정성 • 개발행위에 따른 우수 배수로 설치의 적정성
주변지역 환경 및 경관 보호	• 개발행위가 주변의 자연경관 및 미관 훼손 여부 • 녹지 및 산림 연결축 단절 여부, 완충, 경관녹지 확보의 적정성 등
안전 및 방재계획	• 배수시설 설치 여부 및 설치의 적정성 여부 • 경사도가 있는 산지에서 토사 붕괴 및 안전조치 계획 적정성 등

태양광발전소를 토지 위에 설치하기 위해서는 농지보전 부담금을 납부해야 하는데, 농지보전 부담금은 공시지가의 30%이며, 농어촌공사에 납부해야 한다. 개별 공시지가는 국토교통부 홈페이지[41]에서 주소를 입력하면 확인할 수 있다.

그림 국토부 개별공시지가 확인 웹페이지(www.realtyprice.kr)

---

41) http://www.realtyprice.kr/notice/main/mainBody.htm

☀ Step 04_전력수급계약(PPA) 신청

전력수급계약(PPA, Power Purchase Agreement)은 전력 시장을 통하지 않고 한전과 계약을 체결해 전력을 거래하기 위한 계약서다. PPA 신청과 관련한 문의는 지역별 한전지사의 수요관리팀 또는 고객지원팀에 문의하고, 설계 및 기술관련 문의는 전력공급팀을 통하면 된다. 연계선로의 용량이 부족할 경우에는 PPA 접수가 불가능하다. 신청 시 제출서류는 다음과 같다.

표 PPA 신청 구비서류 목록

구비서류	비고
PPA 신청서	한전 표준양식
발전사업자 허가증 사본	자가용은 공사계획 신고필증 대체
내선설계 도면	동일인입여부 확인
발전설비(인버터) 시험성적서 사본	설비의 적정성 여부 판단
사업자등록증 사본	사업자 등록여부 확인

※ 고압 고객의 경우에는 변압기 사양서 추가 제출

PPA 신청 시 태양광발전소 내 소비전력을 함께 신청해야 한다. 소내 소비전력은 발전소 운영과 관련해서 직·간접적으로 전력이 필요할 때 사용하기 위한 것이다. 예를 들면 인버터 대기전력, CCTV, 모니터링 설비, 전등 등에 사용하는 전기다. 태양광발전의 경우 소내 소비전력은 태양광발전을 통해 생산된 전력을 우선 사용하고 그리드에 송신하는 구조다. 소내 소비가 적을 경우 주택용 3kW를 신청하면 된다. 신청 서류는 전기사용 신청서, 발전사업 허가증 사본, 사업자등록증 사본이다.

계약 단위는 PPA 체결의 기준이 되는 계약으로 '1발전구역, 1발전허가, 1계약'을 원칙으로 계약하게 된다. 즉 발전사업 허가 당 1계약을 체결하게 된다. 여기서 발전구역이란 '담, 울타리, 도로, 건물 등으로 구분되는 하나의 구역'이다. 구역 구분을 위해 울타리를 설치할 경우 사람이 쉽게 출입하지 못하도록 일정 높이로 설치해야 한다.

PPA 계약은 다음과 같은 경우 취소된다.
- 신청자가 PPA 신청 취소를 요청하는 경우
- 발전사업자의 접속협의 지연에 의한 취소
- 접속공사비 미 입금으로 인한 취소
- 장기간 미 계약 상태일 때
- 발전사업 허가가 취소되거나 무효가 된 경우 등이다.

시설부담금 납부는 발전사업자가 신청한 PPA에 대해 한전의 기술검토 결과를 바탕으로 한전 배전선로에 접속하기 위해 배전설비를 새로이 설치하거나 기존의 배전설비를 보강하는 경우에 소요되는 경비다. 발전사업자가 시설부담금을 납부하게 되면, 이후 한전에서 배전선로 접속공사를 시작하게 된다.

☀ Step 05_공사 계획 신고

전기사업법 제61조(전기사업용전기설비의 공사계획의 인가 또는 신고), 동법 시행령 제42조(공사계획의 인가)에 의거 공사계획을 신고해야 한다. 공사계획 신고는 10MW이상발전소는 산업통상자원부, 10MW미만발전소는 지자체에 신고해야 한다. 지자체의 경우 해당 도, 시, 군청이다.

☀ Step 06_설치 공사

태양광설비의 설치는 양지바른 정남향이 이상적이며, 그늘을 피해서 설치해야 한다. 모듈의 각도는 30도가 적당하며, 가변형의 경우에는 봄·가을 30도, 여름철 15도, 겨울철 45도가 좋다. 설치 시 구조물의 안정도를 확보해야 한다. 지상 적설 하중의 기본 값은 75kgf/m², 풍하중의 기본 풍속은 40m/sec를 적용해야 한다.

☀ Step 07_사용 전 검사

사용전 검사는 한국전기안전공사를 통해서 받아야 한다. 검사 기준은 전기설비의 설치 및 변경공사 내용이 인가 또는 신고를 한 공사계획에 적합해야 하고, 산업통상자원부 장관이 정하는 검사 절차 또는 전기설비 검사항목 등의 기준에 적합해야 하며, 또한 기술 기준에 적합해야 한다. 검사 수행 절차는 검사 신청, 검사 전 회의, 검사 수행, 검사 후 회의, 그리고 결과 통보의 순으로 진행된다.

☀ Step 08_전력수급계약(PPA) 체결

PPA 계약체결은 한전에 직접 전기를 팔고자 하는 1,000kW 미만의 발전사업자가 신청해서 체결하는 것이다. 계약 체결 시 제출서류는 다음과 같다.

표 PPA 계약 체결을 위한 제출서류

구 분	구비서류	비 고
발전소 준공 시	사용 전 검사필증	사용 전 검사 통과여부 확인
	안전관리자 선임필증	대상자만 수취
	계기 시험성적서	계기설비 적정성 여부 판단
계약 체결 시	표준전력수급계약서	계약서 2부 작성, 날인 후 각각 보관
	발전기 병렬운전조작 합의서	2부 작성, 날인 후 각각 보관
	계좌이체 거래약정서*	대금지급을 위한 서류

*전력거래대금 지급용 계좌이체약정서, 인감증명서, 통장사본 필수 제출

1) PPA 사업자 변경 시 신규계약 체결

PPA 발전사업을 양도·양수해 양수인이 사업을 계속하는 경우(매도 시)에는 발전사업 허가기관으로부터 새로 발전사업 허가를 받고 PPA 계약 및 병렬운전조작 합의서를 신규로 체결해야 한다. 구비서류는 다음과 같다.

표 PPA 사업자 변경 시 신규계약 체결 구비서류

구 비 서 류	비 고
양도·양수 계약서 사본	양도 및 양수사실 확인
발전사업허가증 사본	사업허가사실 확인
PPA 계약서	양수인과 신규 체결

병렬운전조작 합의서	양수인과 신규체결
사업자 등록증	
계좌이체 약정서	부속서류 포함

양도·양수 시 유의사항으로는 양도자가 제출할 서류는 없으며, 양수인은 발전사업허가증, 사업자등록증 등을 먼저 신청해서 받은 후 기타 필요한 서류를 준비해 사업자 변경 신규계약을 신청해야 한다. 또한 계약 월에 발생한 전력 판매 대금은 익월 지급되므로 발전량과 관련해 양도·양수 계약 시 충분히 협의해 문제의 소지를 없애는 것이 좋다. 또한 매월 10일 이후 양도·양수 시 당월 변경이 불가할 수 있다는 점을 알아야 한다.

이하 REC 발급 및 거래 등은 Part 01의 신·재생에너지공급의무화제도(RPS)를 참고하라.

CHAPTER 02

수익성 높은 태양광발전소 건설을 위한 Action Plans

☀ 최적 방위각과 모듈의 경사각을 찾아라

태양광 모듈의 경사각은 발전량과 직접적으로 관련이 있기 때문에 위도별로 적정한 각도로 설치해야 한다. 특히 고정식의 경우 연중 발전량이 가장 큰 경사각을 설정해서 설치해야 한다.

한국태양에너지학회의 연구결과에 의하면 방위각이 남향일 때 가장 많은 발전량을 기록했으며, 북향일 경우 남향에 비해 58% 수준의 발전이 이루어지는 것으로 보고하고 있다. 즉, 태양광발전량은 정남향일 때 효율이 가장 좋다. 정남향에서 동서 방향으로 방향이 틀어지면 효율이 감소하기 시작하는데, 남서·남동향으로 설치할 경우 효율은 94%로 남향에 비해 약 6% 정도 떨어지게 된다. 일반적으로 출력이 93% 이하인 방향은 가급적 피하는 것이 좋다.

표 방위각에 따른 발전량 비교

구분	남향	남서/남동향	서향	북서향	북향	북동향	동향
발전량	100%	94%	80%	65%	58%	65%	80%
감소율	0	6%	20%	35%	42%	35%	20%

다음으로 고려할 것은 모듈의 경사각이다. 설치 지역별, 계절별로 최적 모듈의 경사각에 차이가 있기는 하지만, 일반적으로 우리나라의 경우 30° 범위가 우수한 것으로 알려져 있다. 경사각이 15° 이하일 경우 95% 이하의 발전량을 나타내기 때문에 이 각도 이하는 역시 피하는 것이 좋다.

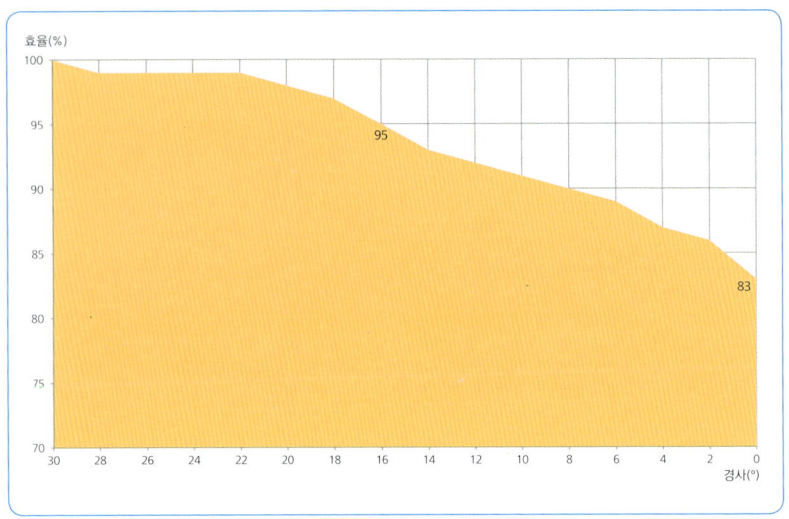

그림 모듈의 경사각에 따른 발전 효율

🌞 어레이의 최소 이격거리가 설비용량을 결정 짓는다

최적 어레이(Array) 이격거리는 동일한 면적에서 태양광설비용량을 극대화시킬 수 있는 방법이다. 최소 이격거리 계산식[42]은 다음과 같다.

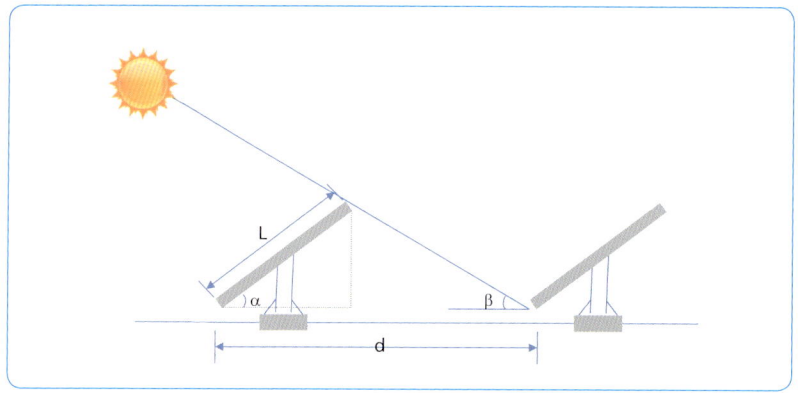

그림 어레이 간 이격거리 계산

$$d = L \times \frac{\sin(180° - \alpha - \beta)}{\sin\beta} \quad \cdots\cdots\cdots\cdots\cdots\cdots\cdots\cdots \quad (1)$$

여기서 d = 어레이의 최소 이격거리(m)

L = 어레이 길이(m)

α = 어레이의 경사각(tilt각, 양각, 도, °)

β = 그림자 경사각(동지 시 발전한계 시각에서의 태양고도, 도, °)

여기서 최소 이격거리(d)는 지면을 기준으로 어레이의 시작 지점에서 다음 어레이의 시작 지점까지로 정의된다. 보통은 동짓날 정오의 태양

---

42) 신·재생에너지 발전설비(태양광)기사·산업기사 필기, 엔트미디어, 2013, PP.368

고도를 기준으로 최소 이격거리를 계산하게 된다.

만약 북위 36°지방에서 어레이의 세로길이(L)가 2m, 어레이의 경사각(α)이 30도(°), 그리고 동짓날 태양광의 그림자 경사각(β)이 21도(°)라고 한다면 태양광발전소의 최소 어레이 이격거리는

$$d = L \times \frac{\sin(180° - \alpha - \beta)}{\sin\beta}$$

$$= 2(m) \times \frac{\sin(180° - 30° - 21°)}{\sin 21°} =$$

$$= 4.337m \cong 2L \text{ 가 된다.}$$

또 다른 최소 이격거리를 구하는 식으로는

$$d = L \times [\cos(\alpha) + \sin(\alpha) \times \tan(90 - \beta)][m] \cdots\cdots\cdots (2)$$

$$d = L \times [\cos(\alpha) + \sin(\alpha)/\tan(\beta)][m] \cdots\cdots\cdots (3)$$

$$d = L \times \frac{\sin(\alpha + \beta)}{\sin\beta}[m] \cdots\cdots\cdots (4)$$

등이 있으며, 식(2), 식(3), (4)을 이용해 계산해도 같은 값인 4.337m가 나온다.

설치지역의 위도를 알고 있을 경우, 다음 식을 이용해서 이격거리를 계산할 수 있다.

$$d = L \times [\cos(\alpha) + \sin(\alpha) \times \tan(lat + 23.5°)][m] \cdots\cdots (5)$$

예를 들어, A 지역에서(위도 36°48')에서 어레이의 폭(L) 4.5m, 어레이의 경사(α) 30°로 설치하고자 한다면, 이때 이격거리는

$$d = 4.5 \times [\cos(30) + \sin(30) \times \tan(36.48 + 23.5°) = 7.79\,[m]$$

가 된다.

적정 설치용량을 산출하자

설치 장소의 면적과 이격거리가 계산되었다면 설치용량을 계산할 수 있다. 보통 평지기준으로 kW당 약 3.0~5.0평이 필요하며, 태양광모듈의 최소 이격거리는 위도에 따라 다르지만 약 4.5m다. 따라서 설계사의 도움 없이도 대략적인 설치용량을 추산할 수 있다. 경험식에 의하면 모듈면적의 약 두 배의 부지가 필요하다. 이는 전술한 이격거리 계산에서 대략 2L이 필요한 것과 같은 개념이다.

모듈의 효율을 알고 있다면 다음 식을 이용하며 태양광 모듈의 용량을 계산할 수 있다. 여기서 실제 면적의 90%만 설치가 가능하다고 가정했다.

태양광 모듈 용량(W) = 부지면적(㎡)×90% ÷ 2.1×모듈 효율
　　　　　　　　　×1,000(W/㎡)

발전시간 예측은 공개된 정보나 전문 소프트웨어(예. PV Syst, RETScreen 등) 등을 이용해서 추산할 수 있다. RETScreen은 캐나다 자원국에서 개발한 소프트웨어로 에너지 효율, 재생에너지 및 열병합 발전 프로젝트의 타당성 분석이 가능하다. 프리미엄 버전인 RETScreen Expert를 다운로드받아 사용해볼 수 있다. RETScreen을 활용해 전문가나 의사 결정권자가 신속히 잠재적 청정에너지 프로젝트의 기술적·재정적 실현 가능성을 파악·평가·최적화할 수 있다.

소프트웨어를 이용해서 발전시간을 예측하는 것보다 주변에 설치된 태양광발전소를 방문해 실제 발전시간을 알아봄으로써 좀 더 현실적인 발전시간을 얻을 수 있다. 발전시간은 수익과 직결되는 부분이기 때문에 시간이 걸리더라도 현장 주변 발전소를 방문해 상황을 파악해보는 것이 중요하다.

☀ 설치 지역의 특성을 설계에 반영하라

태양광발전량은 그늘이 없는 동일한 조건에서 설치한다고 하더라도 일사량이나 기온 등 여러 요소에 의해 영향을 받게 된다. 태양광발전소의 위치는 사업자가 선택할 수 있지만, 설치 지역의 기상조건은 사업자가 어떻게 할 수 없는 부분이다. 그렇기 때문에 같은 조건에서 발전량을 극대화할 수 있는 방법을 강구하고 이를 설계에 반영해야 한다. 예를 들면, 태양광 어레이의 방위각, 경사각, 이격거리, 지지대의 높이, 효율적인 O&M 등이 그것이다. 즉, 지역적인 특성을 설계에 반영해 발전량을 극대화해야 한다는 것이다.

　지지대의 높이가 낮을 경우 여름철 잡초에 의해 발전량이 감소하거나, 장마철에 이물질이 모듈표면에 부착해 발전량을 저해하는 요인이 될 수 있다. 또한 겨울철에는 눈이 쌓여 발전량이 감소할 수도 있다. 실제로 강원도 지역에 설치된 발전소의 경우 지지대의 높이가 낮아 겨울철 폭설이 내리게 되면 태양광 모듈을 덮어 장시간 발전을 못 하는 경우가 있다. 지지대의 높이를 눈이 많이 내리지 않는 남쪽 지역을 기준으로 설계하다 보니 이러한 문제가 발생하게 된다. 눈이 많이 오게 되면 지지대뿐만 아니라 태양광모듈 전체가 눈에 파묻히게 된다. 이럴 경우 눈을 치울 수도 없는 상황이 되어 어쩔 수 없이 눈이 녹을 때까지 기다려야 한다. O&M 측면에서 보면 지지대 높이가 낮은 경우 여름철 제초작업에 더 많은 인력을 투입하게 되어 O&M 비용 증가를 가져온다. 다음으로 해안지역이나 바람이 많이 부는 지역에 태양광발전소를 설치한다면 폭풍이나 바람의 영향을 고려해서 지지대의 설계기준을 강화해 설치해야 한다. 강한 바람으로 태양광 패널이 파손되면 피해가 발생하기 때문이다.

CHAPTER 03

좋은 부지 선정방법

태양광발전소의 입지 선정에 따라 투자 비용과 발전량에 차이가 발생하게 되고 결국 수익성에 영향을 주기 때문에 입지 선정은 발전사업자의 입장에서 가장 중요하게 고려해야할 요소다. 태양광발전소의 입지를 선정할 때 고려해야 할 사항은 다음과 같다.

1) 한전 계통연계 가능성 : 전력계통 접근성 및 주변 3상 전주와의 거리 등
2) 입지 선정 : 일사량 및 일조량, 부지 접근성, 주변 환경 등
3) 인허가 용이성 : 인허가 관련 각종 규제
4) 공사비용 : 입지 조건에 따른 부지매입 비용을 포함한 공사비 등

좋은 부지를 선정하기 위해서는 기본적으로 태양광발전사업이 가능한 토지인지를 판단해야 한다. 개발행위가 가능한지를 살펴봐야 하고, 개발행위 허가가 가능하다고 판단될 경우 다음으로 인근 선로와 잔여 선로용량을 확인하는 과정을 거쳐야 한다. 개발행위가 불가능한 지역으로는 대표적으로 개발제한구역, 군사보호구역, 문화재보호구역 등이 있기 때문에 해당 지자체나 관련 부서에 정확하게 알아봐야 한다. 그 외에 건물의 옥상이나 버섯재배사와 같이 지붕에 설치할 경우, 태양광 전체 구조물의 무게를 견딜 수 있는지 확인해야 한다. 발전사업 예비창업자가 무게를 견딜 수 있는지를 판단하는 것은 쉽지 않다. 따라서 이 경우에는 전문가의 도움을 받아서 설치하는 것이 좋다. 참고로 공공건물에 태양광을 설치할 경우에는 구조안전진단이 의무사항이다.

☀ 태양광발전에 좋은 부지란?

첫째, 3상 배전선로가 가까울수록 좋은 부지다.

한전 계통연계를 위해서는 우선 계통연계 여유 용량을 확인해야 한다. 태양광발전소에서 생산한 전력을 한전으로 보내야 하기 때문에 선로용량 확인이 필요하다. 여유 용량이 있다면 다음으로 연계가 가능한지를 확인해야 한다. 분산형전원 용량조회는 한전의 홈페이지[43]를 통해 온라인으로 확인이 가능하다. 또는 사업부지 주소지의 관할 한전 전력

---

43) http://home.kepco.co.kr/kepco/CO/H/A/COHAPP001/COHAPP00101_1.do?menuCd=FN040602

공급팀 태양광발전 담당자(지역번호+123)에게 설치 예정 장소에 대한 주소와 연결 가능한 전주번호를 알려주면 태양광 용량이 충분한지 확인이 가능하다.

다음으로 변압기가 있는 전주나 3상 전주가 있는지를 확인해야 한다. 고압 전주와 같이 3상 전주가 안 되는 경우 확인이 필요하다. 1MW 이하 한전 연계접속이 무료라고 잘못 알고 있는 경우가 있다. 엄밀하게 말하면 한전에서는 접속 가능하도록 변전소 변압기 용량만 확보해주는 것이다. 이를 뱅크(Bank)라 부른다. 변압기 1개의 용량은 25MW이다. DL용량이 없는 경우 변전소에서 발전소 부지까지 간선비용은 사업주가 부담해야 한다. 사업주가 부담해야하는 비용은 전용선로 비용, 변압기, 고압 인입점 차단기, 인버터까지의 인입비용 등이다. 한전은 기술적으로 필요한 분기점 차단기 등에 대해서만 지원해준다. 1개 DL당 용량은 10MW이다.

한전 선로용량이 남아 있는 경우에는 발전사업 허가 후 4개월 이내에 신로 본 계약(PPA)을 해야 하며, 개발행위 접수 후 허가를 얻고, 공사계획 신고를 도청, 시청, 군청에 제출한 후 공사를 시작해야 한다. 그러나 개발하고자 하는 지역에 한전 선로용량이 없는 경우에는, 우선 발전사업허가 접수를 하고 접수증을 가지고 한전에 사전 접수해 발전사업 허가를 받는다. 다음으로 개발행위 허가를 완료한 후 한전 PPA를 접수하면, 한전은 이를 바탕으로 증설계획을 수립하게 된다. 용량에 따라 다르지만 1~6년 후면 선로용량을 확보할 수 있다.

3상 전주가 주변에 없다면 가입자가 이를 부담해야 하기 때문에 추가적인 비용이 발생하게 되어 투자비를 증가시키는 원인이 된다. 연계선로 설치비는 100m당 대략 1,500만 원 정도 소요되기 때문에 3상 배전선로가 가까울수록 비용이 절감된다. 또한 100kW 미만의 단독 발전소인 경우 주변에 한전 주상변압기가 있으면 태양광발전소용 주상변압기 설치비용도 줄일 수 있어 경비 절감에 도움이 된다.

계통 연계가 가능한 경우, 발전사업 허가를 득한 후 계통연계 신청서를 한전에 접수하면, 한전에서 기술검토를 하고 이를 바탕으로 견적서를 사업자에게 발급하게 된다. 보통 30일 이내에 금액을 납부하면 된다.

둘째, 접근도로가 가까울수록 좋은 부지다.

태양광발전소를 건설하기 위해서는 공사기간 동안 차량의 출입이 이루어져야 한다. 부지 인근에 접근도로가 있으면 좋고, 3m이상의 도로가 있다면 공사비용을 줄일 수 있다. 진입도로는 도시·군 계획도로 또는 시·군도, 농어촌 도로에 접속하는 것을 원칙으로 하며 이러한 도로에 접속하지 않을 경우 진입도로를 새로 개설해야 한다. 부지에 접근하는 도로가 없다면 도로 개설을 위한 토지 구매 비용, 공사비용 증가와 추가적인 민원의 소지가 될 수 있다. 임야의 경우 가격이 싼 반면 접근도로 여부와 한전 선로 접근성이 문제가 될 수 있다. 따라서 임야에 설치하고자 하는 경우 도로와 인접하지 않거나 남향이 아닌 경우 포기하는 것이 유리하다.

셋째, 음영이 없는 부지가 좋은 부지다.

후보지 주변에 높은 산, 나무, 수목, 전주, 건물 등이 있다면 철저한 분석을 수행한 후 최종 부지로 선정해야 한다. 주변 지형지물은 최대 높이의 약 세 배 길이만큼 영향을 준다고 알려져 있기 때문에 이를 바탕으로 적절성 여부를 판단해야 한다. 음영 분석 시에는 후보지의 동쪽, 서쪽, 그리고 남쪽에 있는 지형지물을 살펴야 한다. 동쪽과 서쪽은 일출, 일몰과 관련이 있기 때문에 중요하고, 남쪽은 계절에 따른 태양의 고도와 관련이 있기 때문에 살펴보아야 한다.

넷째, 향후 개발 가능성이 높은 부지가 좋은 부지다.

지가 상승이 있을 수 있는 지역이라면 좋은 부지다. 개발행위가 완료되면 토지의 지목을 잡종지로 전환할 수 있다. 지목이 전, 답, 임야, 목장용지, 과수원이라면 잡종지로 전환되어 지가가 상승되고 여기에 도로에서 접근성이 좋다면 향후 개발 가능성이 높기 때문에 투자 가치가 있다고 할 수 있다. 불과 10년 전 초기 태양광사업자들이 이러한 방법을 통해 태양광발전소를 건설한 후 지목을 변경하고 태양광발전소는 폐쇄해 자익을 얻은 사례가 있어 사회문제가 된 경우가 있었다. 이렇게 비합법적인 방법으로 지가상승을 노리고 태양광발전소를 이용하는 것은 부당하지만, 같은 돈을 투자해서 미래의 더 큰 효용가치를 창출할 수 있다면, 즉 발전사업 기간 동안에는 안정적인 발전 수익을, 그리고 발전사업 후에는 부동산으로써 가치를 확보한다면 좋은 부지다.

☀️ 예정 부지의 일조량 파악하기

예정 부지가 결정되었다면, 다음으로 일조량이 좋은지를 파악해야 한다. 일조량은 태양광발전량을 결정하는 가장 중요한 요소다. 입지 예정부지의 일조량은 국립기상과학원[44]에서 제공하고 있는 기상 자원 지도, 한국에너지기술연구원(KIER)[45]의 신·재생에너지자원도, 그리고 에너지코리아[46]에서 제공하고 있는 에너지자원도 등을 통해 확인할 수 있다. 태양광발전소 지도와 자원 지도에 대해서는 Part 04에서 자세히 다루도록 한다.

| 국립기상과학원의 기상 자원 지도 | KIER의 신·재생에너지 자원 지도 | 에너지코리아의 에너지 자원 지도 |

그림 일조량 예비 판단을 위한 홈페이지

---

44) www.greenmap.go.kr

45) http://kredc.kier.re.kr/kierflex/#app=3008&7b48-selectedIndex=0

46) www.energymap.co.kr

CHAPTER 04
개발 인허가 전략

태양광발전사업에서 인허가는 필수적이며 사업 추진의 출발점이다. 인허가 과정에서 시간을 단축할 수 있다면, 예정된 사업을 성공적으로 진행할 수 있게 된다. 개발 인허가 전략은 사전에 충분히 조사하고, 검토하고, 확인하는 과정을 거치는 것이다. 개발 인허가 시간을 줄이기 위한 전략은 다음과 같다.

개발 인허가 전략

첫째, 근거법령을 충분히 숙지하라.

우선 근거법령을 충분히 숙지해서 무엇이 필요한지, 어떤 절차를 따라야 하는지, 담당부서는 어디인지를 파악해야 한다. 모든 사업이 그렇지만 태양광발전사업 역시 법령에 기반해 운영되고 있는 사업이다. 급한 궁금증은 주변 지인이나 업체에 물어볼 수 도 있지만, 실제 개발허가를 추진하는 과정에서는 반드시 본인이 관련 법령을 숙지해야 한다. 태양광발전사업은 전기를 생산하고 판매하는 사업이기 때문에 '전기사업법'의 지배를 받는다. 발전 수익이나 매전 방법은 신·재생에너지 관련 법 등을 살펴봐야 한다. 요즘은 인터넷이 발달되어 있어 관련 법령을 인터넷으로 검색하고 원문을 볼 수 있기 때문에 궁금한 사항이 있으면, 지인에게 물어보는 것보다 관련 법령을 읽어보는 것이 도움이 된다. 국가법령정보센터(www.law.go.kr)를 참고하라. 근거 법규에는 법률뿐 아니라 하위 단계의 좀 더 구체화된 내용을 담고 있는 시행령과 시행규칙, 예규, 지침, 고시 등도 있다. 그 외에 태양광발전과 관련된 중앙부처, 예를 들면 산업통상자원부, 건설교통부, 농림부, 환경부 등 홈페이지에 나와 있는 관련 법령 질의응답, 민원 상담, 선례 등을 참조해야 한다.

예를 들면, 발전사업허가를 받고자 한다면, 전기사업법 시행규칙 제4조를 보면 '전기 사업을 하고자 하는 자는 전기사업 허가 신청서를 작성해 산업통상자원부 장관에게 제출'이라고 나와 있고, 더 구체적으로는 3,000kW 이상 태양광발전의 경우에는 산업통상자원부 전기위원회에, 그리고 3,000kW 이하의 경우에는 시·도지사에게 제출 신청 등으로 나와 있기 때문에 해당부처에 연락해서 안내를 받으면 된다.

둘째, 예외, 유보조항 등을 확인하라.

태양광발전사업이 금지되었거나 제약사항이 있을 경우, 예외 조항과 유보 조항이 있는지를 찾아보는 게 좋다. 이러한 사례는 일반법에서는 제한을 하지만, 특별법으로 허용하는 경우가 있기 때문이다. 예외·유보 조항 이외에 신·재생에너지 관련 세법 등을 찾아보면 도움이 될 수 있다. 또한 지자체별로 조례 등을 신설해 태양광을 규제하는 경우가 많기 때문에 이에 대한 확인과정도 필요하다.

셋째, 주민들과 충분히 소통하라.

대부분의 태양광발전소 예비창업자들은 단기간에 사업을 추진하고자 하는 조급한 마음에서 주민과의 소통없이 인허가 등의 대관 업무를 추진하게 된다. 인근 주민들과의 접촉을 통해 그들을 이해시키고 설득시키기 위한 노력을 소홀히 할 경우, 즉 주민 수용성 문제를 간과하게 되면 주민들의 반발로 사업추진이 어려울 수 있다. 특히 최근 태양광발전소를 건설하면서 가장 많이 부딪치는 문제가 인허가 시, 혹은 공사 시 발생하는 민원문제다. 민원 문제는 Part 04 '개발 인허가시 주민 민원은 어떻게 해결할 것인가?'에서 자세히 다루도록 하겠다.

태양광발전소 관련 법령

전술한 바와 같이, 태양광발전사업은 발전사업 허가부터 운영까지 전반적으로 전기사업법의 지배를 받는다. 개발 및 공사단계에서는 국토이용계획법, 산지관리법, 농지법, 건축법 등을 따라야 한다. 소규모 태양광발전소를 기준으로 태양광발전사업 시 알아야 할 관련법을 정리하면 다음 그림 및 표와 같다.

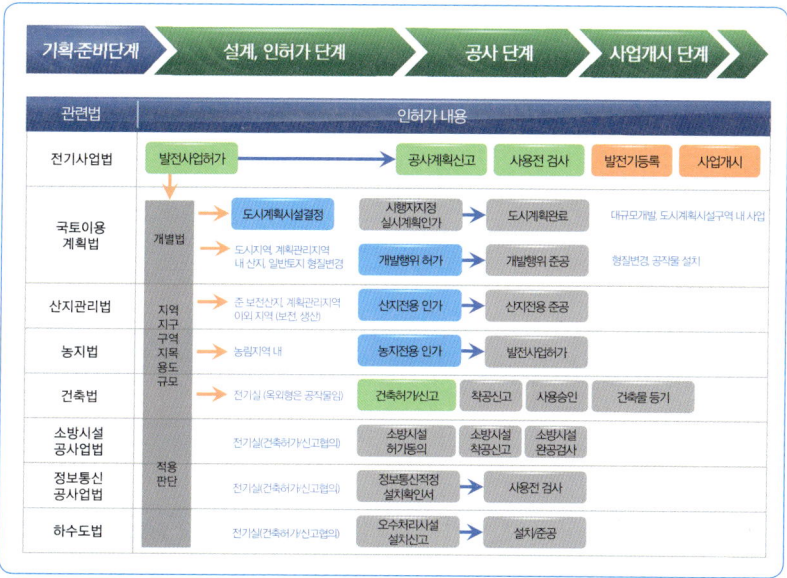

그림 발전사업 준비~사업 개시까지 고려해야 할 법령 및 절차도

표 발전사업을 위한 주요 절차별 관련 규정

구분	관련 규정	허가권자/신고부서
발전사업 허가	전기사업법 제7조(사업의 허가)	3MW 이하 지자체(시·도지사) 3MW 이상 산업부 전기위원회
건축허가/ 신고	건축법 제8조(건축허가), 제11조(건축허가 등의 수수료), 제12조(건축허가의 제한), 제16조(착공신고 등), 제18조(건축물의 사용승인), 제33조(대지와 도로의 관계)	시장, 군수, 구청장
공사계획신고	전기사업법 제61조(전기사업용전기설비의 공사계획의 인가 또는 신고), 동법 시행령 제42조(공사계획의 인가), 동법 시행규칙 제28조(인가 및 신고해야 하는 공사계획)	인가(산업부) : 10MW 이상 발전소 신고(지자체) : 10MW 미만 발전소
사용전 검사	전기사업법 제63조(사용전검사)	한국전기안전공사

| 발전회사 등록 | 전기사업법 제31조(전력거래), 동법 시행령 제19조(전력거래), 전력 시장운영규칙 (한국전력거래소) | 전력거래소 시장운영팀 |

 태양광발전 시공 시 관련 법령으로는, 설계 단계에서는 전력기술관리법 제11조(전력시설물의 설계도서의 작성 등), 감리 시에는 전력기술관리법 제12조(공사감리 등), 그리고 시공단계에서는 전기공사업법 제16조(전기공사의 시공관리)와 전기사업법 제61조(전기사업용전기설비의 공사계획의 인가 또는 신고)에 의거 공사계획신고를 해야 한다. 또한 시공 후에는 안전관리자 선임은 전기사업법 제73조(전기안전관리자의 선임 등)에 따라야 한다.

 공사가 준공된 이후에는 전기안전공사를 통해 사용 전 검사(준공검사)를 받아야 하며, 한전과 전력 수급계약을 하고, 허가 기관에 사업개시 신고의 절차를 거쳐야 한다. 이후 한국에너지공단에 설치 확인을 해야 하는데 이때 사업자의 공인인증서가 필요하며, 설치 확인은 사용전 검사 후 1개월 이내에 해야 한다.

CHAPTER 05

보수적인 투자 경제성 분석

태양광발전사업에 대한 투자 경제성 분석은 사업의 기획단계에서 이루어지며, 이를 바탕으로 투자를 결정하게 된다. 현실적인 투자 경제성 분석은 사업의 성패를 좌우하는 핵심요소다. 그럼에도 불구하고 대부분의 태양광발전소 예비창업자들은 어떻게 분석할지? 무엇을 분석할지? 등 막연한 두려움을 느끼게 된다. 일반적으로 사업에 대한 타당성 분석은 환경 분석, 시장 분석, 기술 분석, 경제성 분석, 리스크 분석 등의 과정을 거치게 된다.

표 투자 의사결정을 위한 분석방법

구분	주요내용
환경 분석 (Environment Analysis)	태양광발전과 관련된 정치, 경제, 사회·문화적 환경을 분석하고, 이를 바탕으로 사업 타당성을 판단하는 것 (예, 정부의 신·재생에너지 정책, 인허가 규제, 사회적 수용성 등)
시장 분석 (Market Analysis)	국제 기후변화협상 동향, 국내·외 태양광시장 현황/전망, SMP 가격 및 RPS 제도하에서 REC 가격 동향/전망 분석 등 수익에 영향을 줄 수 있는 인자에 대한 분석
기술 분석 (Technical Analysis)	모듈, ESS, 발전효율, 모니터링 기술 등 태양광과 관련된 기술현황 분석, 새로운 기술의 출현 전망 등
경제성 분석 (Economic Analysis)	투자비, 손익 계산, 현금 흐름 등 투자에 따른 경제성 분석. 순현재가치(NPV : Net Present Value), 내부수익률(IRR : Internal Rate of Return), 투자 회수 기간(Payback Year)등을 분석해 투자 여부 판단
리스크 분석 (Risk Analysis)	사업 추진 시 발생할 수 있는 정책 및 충격변수, 금융변수, 천재지변(산사태, 화재 등) 등에 대한 리스크를 분석하고, 이를 대비하기 위한 방안 분석

소규모 태양광발전소 예비창업자들에게 위의 다섯 가지 분석을 수행하고 이를 통해 투자 의사를 결정하는 것은 현실적으로 쉽지 않다. 대부분의 예비창업자들은 인터넷, 동호회, 카페 등을 통해 사업에 대한 정보를 습득하거나 또는 이미 사업에 참여한 지인을 통해 태양광발전 사업에 대한 환경, 시장, 기술, 리스크 등에 대한 정보를 얻게 되고, 경제성 분석은 시공사를 통해 얻는 것이 일반적이다.

225명의 태양광발전 예비창업자를 대상으로 "사업을 준비하면서 가장 궁금한 것이 무엇인가?"라는 질문에 약 50%인 113명이 경제성 분석이라고 답했다. 다음으로 인허가 등 행정 절차와 정부의 신·재생에너지정책이 81명으로 36%를 차지했다. 이렇듯 투자 경제성 분석은 가장 중요한 부분이지만, 가장 접근하기 어려운 부분이기도 하다.

경제성 분석은 여러 가지 가정을 바탕으로 수행되기 때문에 근본적인 한계는 분명히 존재한다. 계획단계에서는 고려하지 않았던 사업을 둘러싸고 있는 환경이 사업추진과정에서 갑자기 변하거나, 예기치 못한 돌발 상황이 발생할 수 있기 때문이다. 예를 들면, 주민들의 민원으로 공사가 지연되거나 또는 아예 공사를 할 수 없는 상황으로 바뀌었다든지, 공사 중에 자재비가 폭등해 시공비가 올라간다든지, 운영 중에 정부의 정책이 바뀌어 매전단가가 하락해 수익구조가 취약해졌다든지 등이 그러한 예다.

경제성 분석의 한계를 극복하고 오류를 최소화하기 위해서는 첫째, 현재 활용할 수 있는 가장 현실적인(Best Practices) 평가 툴을 사용해야 하고, 둘째, 평가의 현실성을 높이기 위해 가능한 한 많은 현장자료, 시장자료를 이용해서 평가해야 하며, 마지막으로 보수적으로 평가해야 한다. 여기서는 투자 경제성 분석에서 고려해야 할 사항과 이를 바탕으로 몇 가지 예를 들어 설명하도록 하겠다.

☀ 투자 경제성 평가 입력변수

경제성 분석을 위해서는 설비정보, 전력 판매 정보, 운영관리비 정보, 투자비 등이 필요하다. 이를 입력변수라 하고, 다음과 같이 세분할 수 있다.

1) 발전사업자의 선택 여부에 따라 달라지는 변수를 ×로 구분했다. 설치 유형, 설비용량, ESS 연계 여부, Array 형태, 자기자본금, 대출금 등이다.
2) 경제성 평가 결과에 영향을 주기는 하지만, 물가상승률이나 정부 정책에 따라 변하는 변수를 △로 구분했다. 토지, 매전 형태 및 기간, SMP, REC 가격, 이자율, 대출 조건 등이다.
3) 경제성 평가에 영향을 주기는 하지만 편차가 크지 않은 변수를 ○로 구분했다. 일 발전시간과 효율감소율이 여기에 해당된다. 일 발전시간의 경우 3.6시간을 기준으로 ±0.5시간 범위에서 평가에 사용하기 때문이다.
4) 경제성 평가결과에 영향을 많이 주는 변수를 ◎로 나타내었다. 유지·관리비용이 여기에 해당한다.

결국 경제성 평가에서 주의 깊게 살펴봐야할 입력변수는 일 발전시간, 발전 효율감소율, 그리고 유지·관리비용임을 알 수 있다. 나머지 조건이 같음에도 불구하고 세 가지 조건을 어떻게 입력했느냐에 따라 경제성 분석 결과가 달라지기 때문이다.

표 태양광발전소 경제성 평가를 위한 입력자료 예

구분	항목	입력내용	주요 영향 변수
설비 정보	설치유형	일반부지, 건축물활용, 수상 등	×
	설비용량	태양광 설치용량	×
	일 발전시간	일 발전시간	○
	발전효율	효율 감소율	○
	ESS 연계 여부	연계, 비연계	×
	Array Type	고정식, 경사가변, 단축추적, 양축추적	×
	토지정보	면적 및 실 거래가	△
전력 판매 정보	계약형태	RPS, 고정가격	△
	계약기간	계약형태에 따른 계약기간	△
	SMP 가격	SMP 가격	△
	REC 가격	REC 가격	△
운영·관리 비용	O&M 비용	인건비, 모니터링비용, 세금 등	◎
투자비	자기자본금	실 투자금	×
	대출금	금융권 융자금액	×
	이율	이자율/년	△
	대출조건	대출조건	△
	물가 상승률	3.0%	△

평가 시 고려사항

일 발전시간은 대부분 3.6시간을 적용해 분석한다. 100kW 용량을 기준으로, 일 발전시간을 0.1시간 증가시킬 때마다 실제 발전량에서는 연간 약 3,650kWh 차이가 발생하게 된다. 매전단가를 kW 당 200원으로 계산하면 연간 약 73만 원의 수익 차이가 발생하게 되며, 용량이

클수록 이러한 계산차이는 크게 발생하게 된다. 실제 발전에서는 4.0시간 이상이 나오기도 하지만 보수적인 관점에서는 3.6시간 이하로 계산하는 것이 좋다.

경제성 분석 시 입력변수 중에 출력감소율 또는 발전효율이라는 것이 있다. 태양광 모듈의 성능이 시간에 따라 감소하는 것을 고려해 발전량을 예측하는 데 사용되는 변수다. 경제성 분석에서 발전효율 감소율은 중요한 변수인데, 이는 실제 수익과 연관되어 있기 때문이다. 일반적으로 모듈제조사의 성능보증은 20년, 80%이다. 즉 설치 후 20년이 경과한 후 발전량을 설비용량의 80%까지 보증한다는 것이다. 이를 단순히 계산하면 연간 1%의 출력 감소가 있다는 의미다. 그러나 대부분의 경우 경제성 분석에서는 효율 저하율을 0.5%/년으로 계산하고 있다. 산업통상자원부 2010년 수행한 연구[47]에 의하면, 선진국의 태양광 모듈 발전성능이 0.5%/년으로 보고하고 있으나, 국내의 현장에 설치된 모듈을 대상으로 분석한 결과 연간 약 1%의 성능저하 현상이 발생되었다고 보고하고 있다. 따라서 경제성 분석 시 보수적인 관점에서 최소 0.8%/년 이상을 적용하는 것이 타당하다고 판단된다.

경제성 분석에서 발전수익을 플러스(+)라고 한다면 유지·관리비용은 마이너스(-)에 해당하는 부분이다. 즉 연간 수익은 (매전 수익 - 지출비용)이 된다. 유지·관리비용은 다양한 방법으로 계산하게 되는데,

---

47) 지식경제부, Field aged 태양전지모듈의 노화 조사 분석 및 내구성 확보 방안 연구, 2010

가장 정확한 방법은 지출이 예상되는 비용을 인건비, 보험료, 모니터링 비용, 인터넷비용, 잡초제거 비용, 세무 기장비, 소모품 등과 같이 해당되는 항목을 구체적으로 고려해주는 것이다. 여기에 간접비용으로 연간 소요되는 4대 보험과 각종 세금, 그리고 인버터 교체비 등을 포함하면 좋다. 다음으로 유지·관리 비용을 시공비나 전력 판매비의 일정 %로 계산해주는 방법이 있다. 이 경우 시공비의 1~2%, 연간 전력 판매비의 7~8%로 계산한다.

인건비는 주로 전기안전관리자 선임 또는 직원 고용과 관련된 것이다. 보통 250kW 이하의 경우에는 안전관리자를 선임해 운영하게 되는데 비용은 월 7만 원/100kW 수준이다. 1MW 이하인 경우에는 전기안전공사나 전기안전관리 대행업체에 위탁해서 관리해야 하며, 이에 따라 추가적인 비용이 발생하게 된다.

경제성평가 사례 1

우선 간단한 경제성 평가 예를 살펴보자. 이 방법은 대략적인 연간 수입과 지출을 계산하고 이를 바탕으로 연간 수익을 추산하는 것이다.

예를 들어, A씨는 본인 명의의 토지 1,650㎡(500평)를 보유하고 있고, 100kW 태양광설비를 설치하고자 한다. 태양광 업체에 문의한 결과 다음 표와 같은 견적을 받았다.

A씨는 대출 없이 사업비를 전액 투자하고자 한다. 이때 예상되는 연

평균 수익을 계산해보자.

가정 1) 발전시간은 3.6시간, SMP 가격=100원, REC 가격=80원, REC 가중치=1.2

3) 예상 지출액은 세금 및 경비=매출액의 2% 가정

표 업체로 받은 견적서 내용

구 분		견적가(원)	비 고
공사비	부지조성	5,000,000	
	설계감리비	5,000,000	위탁
	구조물	20,000,000	지지대
	모듈	50,000,000	
	인버터	17,000,000	
	접속반	2,500,000	
	모니터링	2,500,000	
	전기공사	25,000,000	
	울타리공사	5,000,000	500평(1,650㎡), 1.5m 높이 기준
소계		132,000,000	
기타비용	한전 계통연계비	8,000,000	
	농지전용 부담금	34,650,000	
소계		42,650,000	
총계		174,650,000	

- 연간 예상 발전량(kWh)=시설용량(100kw)×발전시간(3.6시간/일) ×365일/년=131,400kWh/년
- 연간 예상 수익(원)=131,400kWh/년×(100원/kWh+80원/kWh × 1.2)=25,754,400원/년

- 연간 예상 지출액(원) = 세금 및 경비(매출액의 2% 가정) = 515,088원/년
- 연간 예상 수익 금액 = 연간 수익 – 연간 지출 = 25,239,312원/년,
즉 월수입이 2,103,276원이 된다.

이 경우 첫해의 연간 투자 수익율은 14.45%이다.

여기서 고려하지 않은 부분은 연간 발전효율 저하에 따른 연 평균 수익 감소 부분과 안전관리자 선임 등 운영·유지비용 등이다. 이 경우 첫해에 대한 수익만 알 수 있을 뿐, 태양광발전소의 수명이 25년이라고 가정할 경우 전체 사업에 대한 수익률 등은 알 수 없다. 안전관리자 선임 비용은 100KW 기준으로 대략 7만 원/월 선이다. 이 비용만 고려해도 1년에 84만 원이 된다.

경제성평가 사례 2

A씨는 궁금증이 커지자 주변에서 태양광발전소를 운영하는 B씨를 찾아가서, 경제성 분석을 할 때 어떤 부분을 고려해야 하는지 물었다. 이에 B씨는 발전효율 감소율의 경우 25년까지 80%를 보증하기 때문에 연간 효율 저감율을 0.83%로 하고, 세금 및 기타 경비는 매출액의 1%로 계산하고, 대신 인버터 수리비등 유지·관리비(2만 원/kW/년)와 안전관리자 선임비용(7만 원/월)을 추가로 고려해서 계산하는 것이 좋을 것 같다는 이야기를 들었다. 이를 바탕으로 계산한 결과다.

표 경제성 분석 결과 예시

년차	효율저감율 (%)	연간 발전량 (kWh)	연간 발전수익 (원)	연간 지출액 (원)	연간 총 수익 (원)	수익율 (%)
1년차	100%	135,050	26,469,800	3,104,698	23,365,102	13.4%
2년차	99%	133,929	26,250,101	3,187,701	23,062,400	13.2%
3년차	98%	132,808	26,030,401	3,273,260	22,757,141	13.0%
4년차	98%	131,687	25,810,702	3,361,452	22,449,250	12.9%
5년차	97%	130,566	25,591,003	3,452,355	22,138,648	12.7%
6년차	96%	129,445	25,371,303	3,546,051	21,825,252	12.5%
7년차	95%	128,325	25,151,604	3,642,625	21,508,979	12.3%
8년차	94%	127,204	24,931,905	3,742,161	21,189,744	12.1%
9년차	93%	126,083	24,712,205	3,844,749	20,867,456	11.9%
10년차	93%	124,962	24,492,506	3,950,481	20,542,025	11.8%
11년차	92%	123,841	24,272,807	4,059,451	20,213,356	11.6%
12년차	91%	122,720	24,053,107	4,171,755	19,881,352	11.4%
13년차	90%	121,599	23,833,408	4,287,495	19,545,913	11.2%
14년차	89%	120,478	23,613,709	4,406,773	19,206,936	11.0%
15년차	88%	119,357	23,394,009	4,529,695	18,864,314	10.8%
16년차	88%	118,236	23,174,310	4,656,371	18,517,939	10.6%
17년차	87%	117,115	22,954,611	4,786,912	18,167,698	10.4%
18년차	86%	115,994	22,734,911	4,921,436	17,813,475	10.2%
19년차	85%	114,874	22,515,212	5,060,062	17,455,150	10.0%
20년차	84%	113,753	22,295,513	5,202,912	17,092,600	9.8%
21년차	83%	112,632	11,263,170	5,241,988	6,021,182	3.4%
22년차	83%	111,511	11,151,079	5,394,747	5,756,331	3.3%
23년차	82%	110,390	11,038,987	5,552,124	5,486,863	3.1%
24년차	81%	109,269	10,926,896	5,714,255	5,212,641	3.0%
25년차	80%	108,148	10,814,804	5,881,283	4,933,521	2.8%
합계			542,848,060	108,972,791	433,875,269	9.9%

여기서 발전수익은 20년간 SMP+REC 고정가격(180원/kWh, SMP=100원/kWh, REC=80원/kWh)으로 계약했다고 가정했으며, 20년 이후 잔여기간에 대해서는 보수적으로 SMP 가격만 고려했다. 또한 운영·유지비는 연간 3%의 물가 상승률을 고려했다.

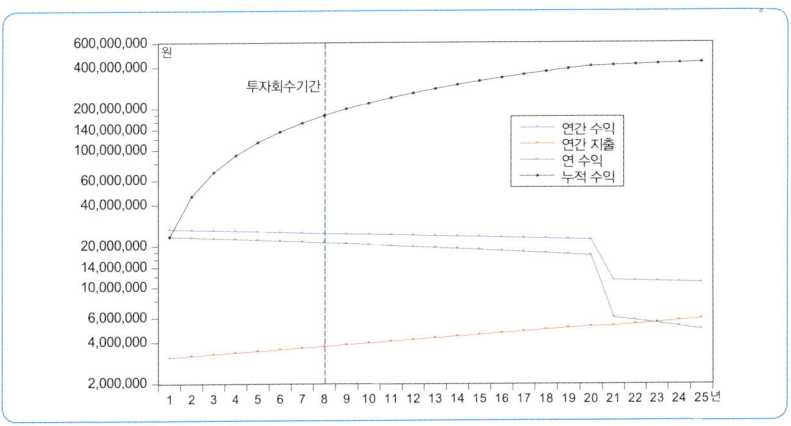

그림 투자 경제성 분석 결과

따라서 A씨는 총 1.75억 원을 태양광발전사업에 투자해서 25년간 4.33억 원의 수익을 얻었고, 투자 수익율은 9.9%이다. 초기 10년간은 월 평균 수익이 183만 원, 25년간 월평균 수익은 약 145만 원이며, 이 사업에 대한 투자 회수기간은 약 8년이다.

실제 투자 경제성 분석 시에는 고려해야 할 요소가 많아진다. 예를 들면 설치 장소, 어레이 형태, 매전 계약방식, 대출 금액 및 이율, 대출 조건, ESS 연계 여부, 물가 상승률 등이 그것이다. 따라서 투자 리스크를 줄이고 현실적인 기대 수익을 산출하기 위해서는, 경제성 분석 시 모든 인자를 평가에 반영하고, 동시에 보수적인 방법으로 평가해야 한다.

CHAPTER 06

ESS 연계 시 경제성 분석

산업통상자원부[48]는 ESS 확산보급을 목적으로 2017년까지 태양광 발전소에 ESS를 설치한 후 설비확인을 받은 경우에 한해 REC 가중치 5.0을 부여한다고 밝혔다. 2018년부터는 ESS 보급여건 등을 고려해 가중치를 조정할 것이라고 하며, 현재 인정받을 수 있는 발전량은 생산한 전기 중 오전 10시~오후 4시를 제외한 송전전력이다.

---

48) 산업통상자원부, "태양광발전소에도 ESS 설치 대폭 확대" 보도자료, 2016. 9.20

☀ ESS 개요

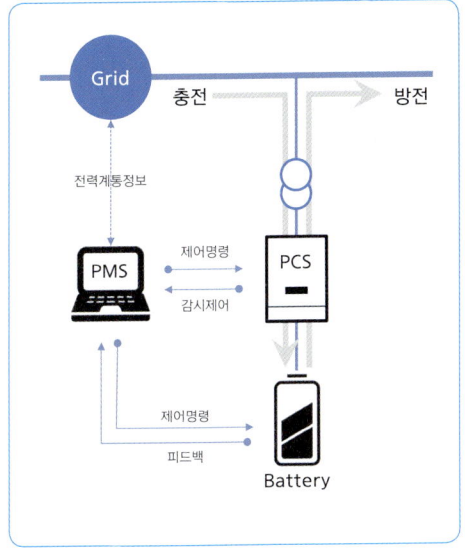

그림 ESS 시스템 개요

에너지 저장장치(ESS, Energy Storage System)에 대한 경제성 분석 전에 우선 ESS에 대해 알아보자. ESS는 태양광발전을 통해 생산된 전기를 임시로 저장하는 기능을 갖는 장치를 말한다. 즉 ESS는 생산된 잉여전력을 그 자체로, 또는 변환해 저장하고 필요할 때 사용할 수 있도록 전력을 임시로 저장하는 장치 또는 시스템을 말한다. ESS는 배터리, 전력변환장치(PCS), PMS로 구성되어 있다. 배터리는 계통으로부터 받은 전기에너지를 직류형태로 저장(충전)하거나 저장되어 있는 전기에너지를 계통에 출력(방전)하는 기능을 한다. PCS는 생산된 전력이 배터리에서 충전·방전하기 위해 전기의 특성(AC ↔ DC, 전압, 주파수) 등을 변환하는 역할을 수행한다. PMS는 배터리 및 PCS상태에 대한 모니터링과 PCS를 제어하는 역할을 한다.

☀️ ESS 설치 시 유의사항

ESS 업체가 제시하는 적정 ESS 용량은 태양광 Peak 발전을 기준으로 태양광 설치용량의 70~80%라고 한다. 즉 PV 용량 : PCS 용량 = 1 : 0.7~0.8이라는 것이다. 적정한 ESS 설계는 투자자의 수익 구조에 직접적으로 영향을 준다. 적정한 태양광 연계 ESS 구축을 위한 고려사항은 다음과 같다.

첫째, 과대용량의 ESS를 설치하지 말아야 한다. 필요 이상의 ESS 용량은 투자비를 증가시켜 수익을 저해하는 요인이 되기 때문이다. 따라서 현재 보유하고 있는 태양광설비의 발전량과 지역의 특성을 고려해 적정 PCS와 배터리 용량을 산정한 후 설치해야 한다.

둘째, 최적화된 ESS를 구축해야 한다. 이는 첫 번째 고려사항인 과대용량의 ESS 설치를 피해야 한다는 내용과 중복되는 것처럼 보이지만, 여기서는 한발 더 나아가 발전량뿐만 아니라 태양광발전시스템 성능 및 환경에 대한 충분한 이해를 바탕으로 최적화된 ESS 시스템을 구축해야 한다는 것이다. 이를 통해 운영 및 유지보수 비용을 절감할 수 있다.

셋째, 철저한 경제성 분석을 수행한 후 설치해야 한다. 계절별로 변하는 발전량에 따라 월별 수익이 변하게 되는데, 이와 같이 세부적인 경제성 분석을 통해 ESS 도입을 결정해야 한다. 전체적으로는 이익이지만 설치 초기에 월별로 자금압박을 받을 수도 있기 때문이다.

마지막으로, 설치 시 ESS 설비에 대한 보증을 받아놓는 것이 좋다. ESS 관련 보증에는 효율 보증, 수명 보증, 이용율(Availability) 보증 등이 있다. 설치를 결정하면 반드시 어떤 형태로든 보증서를 받아둬서 향후 법적 문제 발생 시 대응자료로 활용할 수 있도록 해야 한다. 이를 위해서는 발전사업자 역시, ESS에 대한 충분한 학습이 필요하다. 이러한 학습을 통해 설치하고자 하는 ESS 설비에 대한 기준(예를 들면 배터리는 15년 이상 운전 보증, 95% 이상의 고효율 보증, 열화율 1.5%/년 보증이 가능한 제품 등)을 제시할 수 있기 때문이다.

☀ ESS 설치 시 경제성 분석 사례 1

ESS 설치 업체에서 제시한 기존 태양광발전소에 ESS를 설치한 경우, 수익성 비교결과[49]는 다음 표와 같다. 여기서 SMP는 70원/kWh, REC는 130원/kWh로 가정했으며, 수익률은 ESS 인정기간이 15년이므로, 15년 동안 총 수익금을 투자비로 나누어 계산한 결과다.

표 태양광발전소 + ESS 규모별 수익성 비교

태양광 용량	구 분	내부수익률(%)	수익률(%)	투자 회수 기간(년)
99kW	PV Only	9.6	191	7.8
	ESS	12.8	221	–
	PV+ESS	11.2	206	6.8

---

49) ESS 연계 및 경제성 분석, 태양광발전소 거래컨설턴트 양성과정 교재, 2017, 강상진

500kW	PV Only	10.0	196	7.7
	ESS	22.0	327	–
	PV+ESS	15.6	256	5.8
1,000kW	PV Only	10.0	101	7.7
	ESS	21.6	426	–
	PV+ESS	15.6	720	5.7

표에서 알 수 있는 것처럼, 태양광발전소만 있을 경우보다는 태양광과 ESS를 연계했을 경우 수익률이 증가하고, 태양광발전소의 용량이 클수록 수익성이 좋아지는 것으로 나타났다. 그러나 500kW와 1MW 사이에는 큰 차이가 없는 것으로 나타났다. 향후 배터리의 가격이 인하될 것으로 예상되어, ESS 설치에 따른 수익성이 더욱 개선될 것으로 전망된다.

경제성 평가 사례 2

100kW, 500kW, 1,000kW에 각각 ESS를 설치할 경우에 대한 경제성을 분석해보자. 비교를 위해 태양광발전소는 2015년 7월에 일반부지에 건설했고, ESS는 2년 후인 2017년 7월에 설치했다고 가정했다. 세부적인 분석조건은 다음 표와 같다.

표 태양광발전소에 ESS 설치 시 수익성 비교를 위한 입력 조건

구 분		100kW	500kW	1,000kW
태양광 설비	설치 유형	일반부지		
	태양광 설치연월	2015년 7월		
	효율저하율	0.83%/년		
	일 발전시간	3.6시간/일		
	토지 구입비	500평×5만 원 =2,500만 원	2,500평×5만 원 =12,500만 원	5,000평×5만 원 =25,000만 원
	Array Type	고정식		
	인버터 보증기간	10년		
	전력 판매 형태	RPS (SMP=100원/kWh, REC=80원/kWh)		
	운영·관리비	매출액의 2%(태양광발전소), 5%(ESS 설비)		
	태양광 투자비	20,000만 원	90,000만 원	180,000만 원
	대출조건	50% 대출, 연 3.5%, 1년 거치 10년 분할상환 조건		
ESS 설비	ESS 설치연월	2017년 7월		
	ESS 투자비	18,000만 원	66,000만 원	132,000만 원
	대출조건	50% 대출, 연 3.5%, 1년 거치 10년 분할상환 조건		

이상의 조건으로 수행한 경제성 분석 결과는 다음과 같다.

표 태양광발전소와 ESS 설치 시 수익성 비교

태양광 용량	구 분	IRR(%)	연평균 수익(원)	연평균 수익률(%)
100kW	태양광만 있을 경우	5.0	14,968,411	14.97
	ESS 연계 시	6.3	29,906,014	15.74
500kW	태양광만 있을 경우	5.5	71,453,280	15.88
	ESS 연계 시	8.6	148,553,216	19.05
1,000kW	태양광만 있을 경우	5.4	141,907,056	15.77
	ESS 연계 시	8.0	285,002,944	18.27

분석 결과 전체적으로 ESS 설치 시 기존 태양광설비만 있을 경우에 비해 약 두 배 정도의 수익이 발생하는 것으로 나타났다. 연 평균 수익률이 가장 높은 경우는 500kW에 ESS를 설치했을 경우로 19.05%이다. 내부 수익율(IRR) 결과가 업체에서 제시한 사례 1과 차이 나는 이유는, 본 분석에서는 투자자의 목표 수익률을 10%로 설정해서 계산했기 때문이다. 계산 결과는 참고 자료로만 활용하기 바란다.

CHAPTER 07

효과적인 자금 조달 방안

태양광발전사업을 추진하는 과정에서 자금 조달(프로젝트 파이낸싱, Project Financing, 이하 PF라 함)은 핵심 이슈다. PF와 관련된 문제는 두 가지다. PF를 받을 수 있다면 첫째, 어느 은행 또는 금융상품을 이용하는 것이 유리한지와, 두 번째로는 전체 사업비의 몇 %를 받는 것이 수익을 극대화할 수 있는지에 대한 이슈다. 이는 대출 조건에 따라 수익구조가 달라지기 때문이다. 제 1금융권인 시중은행을 통해 담보대출이나 신용대출을 받기는 상대적으로 쉽지만, 시설자금으로 대출받기란 쉽지 않은 것이 현실이다. 대부분의 태양광사업은 제 1금융권, 제 2금융권, EPC사 등의 상품을 이용하게 된다.

🌞 정부 정책자금 활용

가장 이상적인 PF는 정부의 정책자금을 활용하는 것이다. 한국에너지공단의 '신·재생에너지 금융지원사업'이 가장 대표적인 정부 정책자금이다. 그러나 정책자금을 받기 위해서는 여러 가지 조건을 만족해야 하기 때문에 현실적으로 활용하기가 어려운 측면이 있다. 그나마 2017년부터 시작된 농촌태양광사업이 태양광발전과 관련해서 활용할 수 있는 유일무이한 자금이다. 하지만 이 정책자금도 경쟁률이 높을 뿐만 아니라 농업인이라는 조건에 충족해야 한다. 설령 선정되었다 하더라도, 한국에너지공단은 자금추천서를 제공할 뿐 실질적인 대출은 시중은행(제1금융권)의 별도 대출 심사를 받아야 하며, 금융기관의 대출규정에 적합한 경우에 대출이 가능하다는 점에 유의해야 한다.

🌞 시중은행 이용

시중 은행 중 국민은행이 가장 수월한 편이고 이율도 비교적 저렴한 것으로 알려져 있다. 외환은행, 하나은행 등 일부 시중은행에서 태양광발전 시설자금 융자 상품이 출시되어 있으나 실제로 대출이 실행되는 경우는 많지 않은 것으로 알려져 있다. 같은 은행이라고 하더라도 지점장의 방침에 따라 가능하기도 하고 불가능하기도 한 것이 현실이다. 이렇게 제1금융권에서 대출을 꺼리는 이유 중 하나는 태양광발전시설이 건축물이 아닌 공작물로 구분되어 있고, 공작물의 경우 담보능력이 떨어진다고 판단하기 때문이다. 따라서 공작물에 대한 정량적인 가치평가 기법이 개발되어 계량화된 가치를 바탕으로 대출이 이뤄질 수 있도록 되어야 할 것이다.

☀️ 제 2금융권 이용

2017년 2월 농협 상호금융[50]은 '태양광발전시설 자금대출' 상품을 출시해 농가를 대상으로 태양광발전사업을 지원하고 있다. 태양광발전시설자금 대출은 시설을 설치하고자 하는 개인사업자나 법인에게 설치비용의 최대 80%까지 지원한다. 대출기간은 최장 20년으로, 1년 거치 후 원금 또는 원리금을 균등 분할상환하면 된다. 신청 조건은 태양광발전시설 시공업체와 공급계약을 하고 자기분담금을 20% 이상 납부하면 신청이 가능하다. 대출을 받으려면 해당 지역 농·축협에 상품의 취급 여부를 확인한 뒤 신청하면 된다. 이 상품의 특징으로는 태양광발전시설이 설치된 부동산과 시설 자체를 담보로 하기 때문에 별도의 보증서 발급이 필요 없다는 장점이 있다. 또한 대출기간은 최장 20년으로 효과적인 자금운용을 할 수 있도록 했다.

농협 상호금융은 2017년 3월 말부터 기준을 완화해 발전시설의 담보인정비율(LTV)을 50%에서 70%로 높이기로 했다. 예를 들어 발전용량 100kW인 태양광발전시설의 총 공사비용이 2억 원(시설 설치비용 1억 8,000만 원, 개발행위 허가비용 1,000만 원, 선로 연결비용 1,000만 원)이라면, 이때 LTV는 공사비용의 70%인 1억 4,000만 원이 된다. 따라서 최대 1억 1,200만 원까지 대출이 가능하다.

---

[50] 농민신문, https://www.nongmin.com/news/NEWS/ECO/FRM/99734/view

☀ 태양광 시공업체를 통한 대출

가장 일반적인 PF방법으로 태양광 시공업체에서 제공하는 금융 상품이 있다. 이러한 상품으로는 시공사가 은행권과 손잡고 대출을 알선해 주는 상품과 EPC사에서 제공하는 대출이 있다. EPC사를 이용할 경우 별도의 수수료를 부담해야 한다. 시공사를 통해 대출을 받고자 한다면 시공사측에 문의하면 된다.

☀ 무자본 발전소 준공방법

본인 명의의 토지를 소유하고 있고, 개발행위 비용(1MW에 3~5천만 원) 정도만 있으면 무자본으로 태양광발전소 준공이 가능하다. 대출금을 이용해 토목공사, 태양광시설비, 개발행위 비용 등으로 사용하면 된다. 대출금은 최고 17.5~21억 원까지 가능하며 금리는 4.7~5.05% 고정금리이다. 상환기간은 15~18년 원리금 균등상환 조건이다. 여기서 EPC사, 자문회사, 법률, 회계, 기술 자문수수료를 부담해야 한다. 즉 대출금으로 한전 비용, 금융비용, 개발행위 비용, 시설비 등을 모두 커버가 가능하기 때문에 무자본으로 태양광발전소 준공이 가능하다는 것이다. 그러나 이 경우에도 이율이 높다는 단점이 있으며, 부지의 일사량 등 여러 조건을 충족할 경우에만 가능하다. 자세한 사항은 EPC사에 문의하면 된다.

☀ 적정 PF 비율

다음으로 적정 PF 비율은 어느 정도가 적당한지에 대한 이슈다. 물론 자기자본을 100% 투자한다면, 이자 부담 없이 사업을 추진할 수 있기 때문에 당연히 월 수익이 증가할 것이다. 그러나 자기자본금에 대한 기회손실 비용을 고려한다면 결과는 달라질 수 있다. 기회손실 비용이란 투자자가 보유하고 있는 현금자산을 100% 태양광발전에 투자한다면, 다른 사업에 투자할 수 없기 때문에 생길 수 있는 상대적인 손실이라고 할 수 있다. 따라서 태양광발전사업을 통해 얻을 수 있는 수익이 다른 상품에 투자에 비해 상대적으로 낮을 경우 발생할 수 있는 손실이다. 물가 상승률을 3%라 가정한다면 태양광발전은 투자 수익률이 상대적으로 높기 때문에 기회손실 비용은 없다. 그러나 만약 투자 수익율이 5%이상인 상품이 있다면 100%를 태양광발전에 투자하는 것은 수익면에서 유리하지 못하게 된다. 따라서 적정 PF에 대한 고민이 필요한 것이다.

이해를 돕기 위해 다음 표와 같이 100kW 태양광발전소에 자기자본금을 0~100%까지 20%씩 증가시켜 투자하고, 반대로 나머지 돈을 다른 사업에 투자했을 경우에 대한 수익성을 비교해보자. 여기서 기회손실 비용은 7%로 계산했다.

표 적정 PF 비율 비교를 위한 태양광발전소 조건

구 분	조 건
설치 유형	일반부지
효율 저하율	0.83%/년
일 발전시간	3.6시간/일
토지 구입비	500평×5만 원=2,500만 원
Array Type	고정식
인버터 보증기간	10년
전력 판매 형태	RPS (SMP=100원/kWh, REC=80원/kWh)
운영·관리비	매출액의 2%
총 투자비	20,000만 원
대출 조건	연 3.5%, 1년 거치 10년 분할상환 조건

계산 결과는 다음 표와 같다. 각각의 경우에 대해 태양광발전에 투자함으로써 얻는 이익과 투자하지 않는 자금을 다른 사업에 투자해 얻을 수 있는 기회손실 비용을 합하면 결국 동일한 가치의 돈을 투자했을 경우 투자자가 얻을 수 있는 수익이 된다. 이 경우에는 투자자가 전액 대출을 받아 발전소를 건설해서 운영하는 것이 가장 유리하게 나온다. 그러나 현실적으로 이러한 시나리오는 불가능하다. 연 평균 수익률 기준으로는 자기자본금을 20% 투자했을 때, 29.69%로 가장 높다. 연 평균 수익은 작지만 투자 수익률이 높은 이유는 투자 수익률은 연간 수익금을 투자금으로 나누어 계산하기 때문이다. 따라서 투자자의 자금 여력과 목표 수익률 등을 종합적으로 고려해 자기자본금 투자 비율을 결정해야 한다. 자기자본 비율이 40~60%인 경우, 대출금 상환이나 이자비용 부담을 줄이면서 13~17%의 수익률을 확보할 수 있는 방법으로 분석되었다.

표 자기자본 비율에 따른 수익성 비교

대출금 비율	자기자본금 (만 원)	IRR(%)	연평균 수익 (만 원)	기회손실 비용(만 원)	투자 수익 (만 원)	연평균 수익률(%)
100%	0	1.3	996	0	996	–
80%	4,000	2.6	1,187	−280	907	29.69
60%	8,000	4.1	1,378	−560	818	17.23
40%	12,000	5.6	1,569	−840	729	13.08
20%	16,000	7.4	1,759	−1120	639	11.00
0%	20,000	9.3	1,950	−1400	550	9.75

CHAPTER 08

착한 시공사 선정방법

　태양광발전소를 분양받지 않고 투자자가 직접 설치한다면 꼭 거쳐야하는 과정 중 하나가 시공사를 선택해야 하는 것이다. 우리나라에는 약 8,000여개의 태양광 시공업체가 있다고 한다. 이 중 대부분은 소규모 영세업체이고, 태양광발전에 대한 전문지식 없이 단순 공사로 접근하는 경우가 있어 최근 사회 문제가 되기도 했다. 태양광발전소는 한번 건설하면 25년 이상 운영해야하는 설비이기 때문에 시공사 선정은 중요하다. 따라서 적정한 가격에 최고의 자재를 사용해서 내구성이 있는 태양광발전소를 건설해주는 착한 시공사의 선택은 성공적인 사업을 위한 첫 단추다. 착한 시공사를 선정하기 위한 방법은 다음과 같다.

첫째, 발로 뛰고 인맥을 최대한 활용하라. 주변에 운영 중인 태양광발전소를 방문해 시공사에 대한 정보를 수집하거나, 지인을 통해 소개받는 방법이다. 현재 발전소를 운영 중이라면 예비창업자가 고민했던 부분을 먼저 고민한 사람이다. 따라서 시공사가 공사과정에서 문제는 없었는지? 자재는 좋은 것으로 사용했는지? 시공 문제 발생 시 적절히 조치를 취해주었는지? 등에 대해 물어보고, 착한 시공사라고 판단되면 견적을 받아보는 것도 좋은 방법이다. 참고로 태양광발전소를 운영 중인 사업자를 대상으로 조사한 결과에 의하면, 응답자의 약 51%가 지인의 소개를 통해 시공사를 선정했다고 답했다.

둘째, 태양광발전에 대한 충분한 경험을 보유한 업체를 선택하라. 시공뿐만 아니라 정부정책이나 제도에 대해 충분한 경험과 지식을 보유하고 있는 업체인지를 확인해야 한다. 시공에만 신경을 쓴 나머지 가중치 등을 제대로 받지 못하는 사례가 종종 발생하기 때문이다. 예를 들어 건축물을 활용해 태양광발전소를 설치할 경우 REC 가중치를 1.5 받을 수 있다. 그런데 건물을 건축하면서 동시에 지붕에 태양광설비를 설치한다면 가중지 1.5를 받지 못하다. 이는 건축공사가 끝난 이후에 건축물 승인을 얻은 후 공사를 해야 1.5를 받을 수 있기 때문이다.

셋째, 재정 상태가 튼실한 시공사를 선택해야 한다. 시공 후 문제가 생겼을 경우 재정상태가 좋지 않은 회사의 경우 부도 등으로 A/S를 받지 못할 수 있다. 시공사에 재무제표를 요청해서 부채 비율 등을 보면 쉽게 판단할 수 있다.

마지막으로, 견적을 받아보고 적정가격을 제시하는 업체를 선택하라. 싸고 좋은 것은 없다. 공사비가 저렴하다면 저렴한 원인이 있기 때문이다. 시공사를 선정하면서 너무 가격에만 의존하는 것보다는 전술한 바와 같이 시공사의 경험, 재정상태, 신뢰도 등을 종합적으로 고려해야 하고, 여기에 적정한 가격인지를 보고 선택해야 한다. 발전사업자 역시 적정 가격을 주고 서비스를 받는다는 마음에서 출발해야 사기 등으로 인한 피해를 줄일 수 있다.

CHAPTER 09

태양광발전소 모니터링 시스템

　태양광발전소 모니터링 시스템은 발전소의 현재 발전량, 누적 발전량, 각 장비의 운영 상태를 실시간으로 확인하는 1차적인 목적 이외에도 발전소 고장을 인지하거나 발전량의 적정성을 판단해서 발전시스템을 효율적이고 체계적으로 관리하기 위한 목적으로도 사용된다. 모니터링 시스템은 태양광발전소의 유지·관리를 위한 기본 시스템이다.

🌞 모니터링 시스템이란?

　태양광발전소의 모니터링 시스템에서 가장 중요한 부품은 인버터다. 인버터에는 태양광발전량, DC 전압과 전류, AC 전압과 전류, 주파수 등 다양한 정보를 디스플레이하고 통신할 수 있는 장치가 내장되어 있다.

이러한 정보를 실시간으로 통신 프로토콜을 이용해서 서버에 보내고, 서버에 축적된 자료를 분석해 보여주는 것이 모니터링 시스템이다. 최근에는 광통신을 통한 인터넷망의 보급으로 저렴한 비용으로 실시간 태양광 발전시스템을 원격으로 모니터링하는 것이 일반화 되었다.

모니터링방법은 크게 발전소 내에서 모니터를 통해 발전 상태를 확인할 수 있는 로컬 모니터링 시스템과 인터넷을 통해 원거리에서 모니터링할 수 있는 원격 모니터링 시스템으로 구분된다. 대형 발전소와 같이 인력이 상주한다면 로컬 모니터링 방식이 효율적이며, 100kW 규모의 소형 발전소와 같이 상주인력이 없는 경우에는 원격 모니터링 시스템이 효율적이다. 로컬 모니터링 시스템은 인터넷망이 필요하지 않으며 RS232, RS485와 같은 인터페이스를 이용해 구축할 수 있다. 반면 원격 모니터링은 인터넷망을 이용해 정보를 전송하고 디스플레이하는 방법이다.

대부분의 소규모 발전사업자는 PC나 스마트폰에서 실시간으로 확인하기를 원한다. 이 경우 모니터링 시스템의 구성은 인버터, RTU(Remote Terminal Unit), 공유기, Web 서버로 구성된다. 발전사업자는 서버에 전송된 실시간 또는 과거자료를 PC나 스마트폰을 통해 확인할 수 있다. 광의의 의미에서는 아래 그림에서 ①+②를 포함하는 것을 모니터링 시스템이라고 한다. 반면 모니터링 시스템의 기술적인 측면에서는 협의의 의미로 ②를 모니터링 시스템이라 한다.

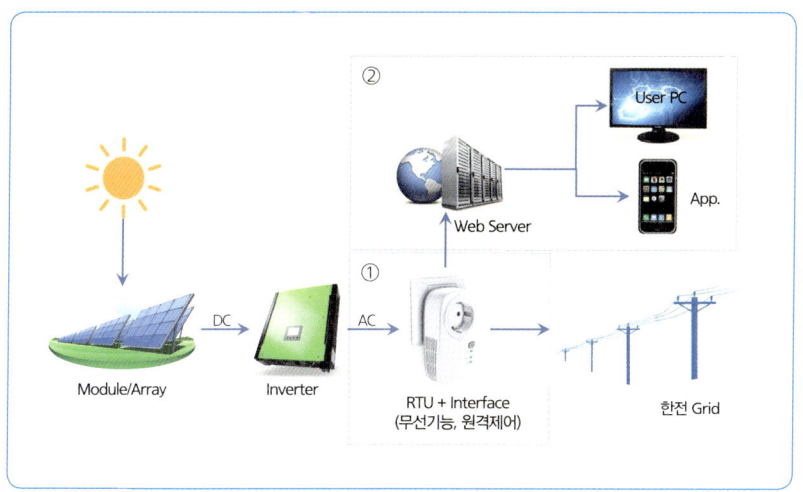

그림 모니터링 시스템 구성도

 모니터링 결과는 현장의 PC, 외부 PC, 그리고 스마트폰을 통해 실시간으로 확인할 수 있으며, 또한 발전 시스템의 이상 유무 역시 확인이 가능하다. 발전량 이외의 모니터링 항목으로는 발전량에 직·간접적으로 영향을 주는 기상자료(일사량, 기온, 풍향/풍속)와 모듈 표면의 온도 등을 포함시키는 경우도 있다. 기상 요소를 관측하기 위해서는 일사량 센서, 기온 센서, 모듈온도 센서, 풍향/풍속 센서 등이 필요하다. 모니터링을 위한 통신 설비로는 232-485 컨버터, 시리얼 디바이스-이더넷, 무선모뎀, 허브, 공유기 등이 필요하며, 서버와 PC가 필요하다.

 이상의 과정을 거쳐 실시간으로 수집된 각종 정보(발전량, 외부 환경 요소 등)는 웹 서버에 저장하고, 이를 PC, 웹 페이지, 모바일 등을 통해 가시화(Visualization)해서 사용자에게 가독성 있는 정보를 제공해주게 된다.

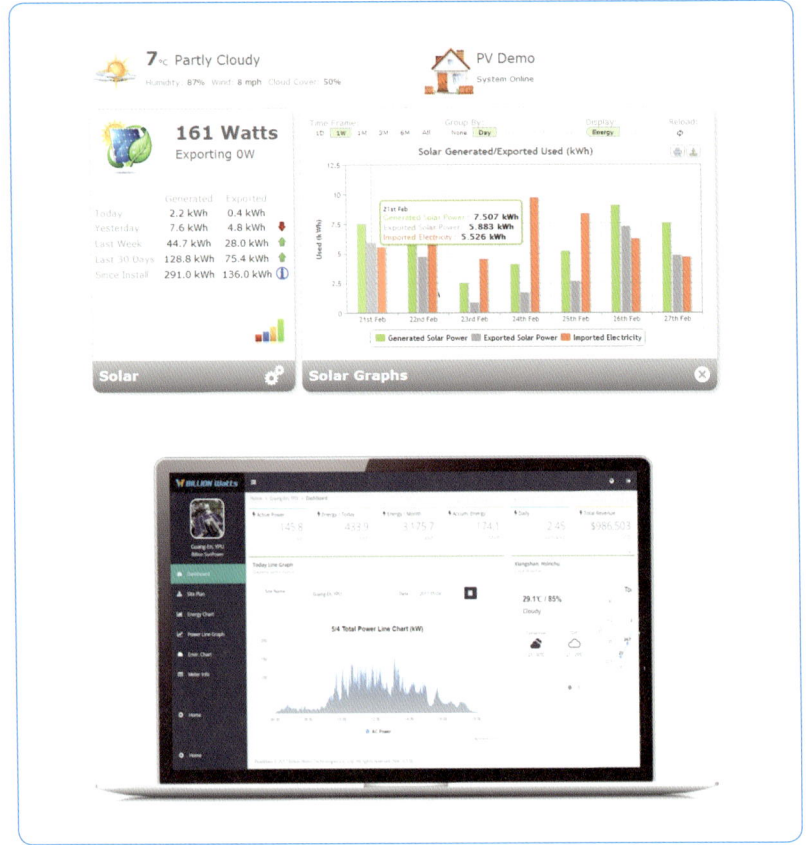

<small>그림</small> 모니터링 결과 가시화 화면 예시[51) 52)]

　웹을 통한 모니터링 페이지는 로그인 화면, 현재 및 누적 발전현황 표시화면, DC, AC전압이나 인버터의 상태 등으로 구성된다. 또한 각 세부 항목을 클릭하게 되면, 이를 그래프나 수치로 보여주게 된다.

---

51) Image source (top)：http://www.theowl.com/index.php/energy-monitors/solar-pv-monitoring/intuition-pv

52) Image source (bottom)：http://www.billion.com.tw/about/Solutions/Smart%20Energy/Solar%20Energy%20Monitor

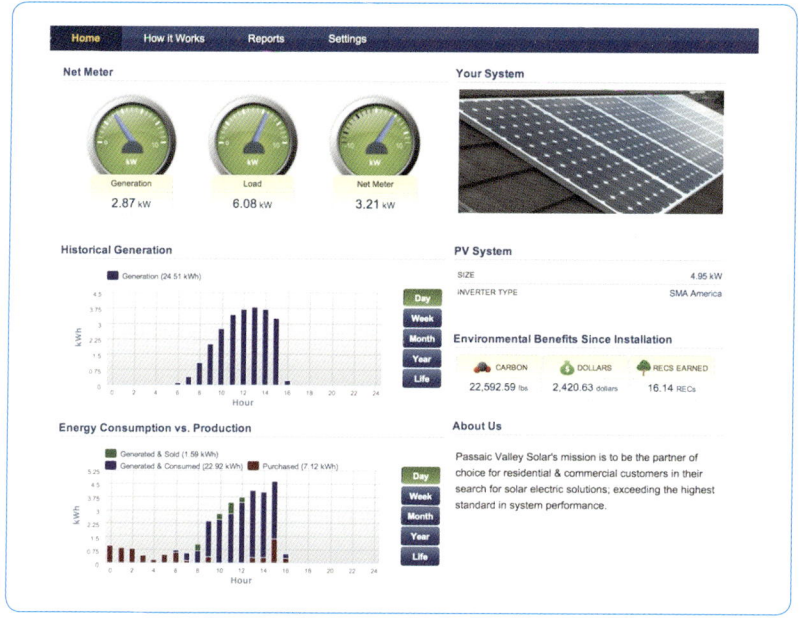

그림 웹 모니터링 화면 예시[53]

☀ CCTV를 이용한 모니터링

인터넷 전용망을 이용해 모니터링 시스템을 설치하는 경우에는, 추가로 CCTV 감시 시스템을 설치해 현장의 상황을 실시간으로 확인할 수 있다. CCTV 모니터링은 24시간 녹화가 가능해 악기상 상태, 예를 들면, 침수, 폭설, 태풍 등을 모니터링할 수 있을 뿐만 아니라 문제 발생 시 근거 자료로도 활용할 수 있다.

---

53) Image source : http://www.locusenergy.com/solutions/software/solarnoc%E2%84%A2/site-owner-application

CHAPTER 10
효율적인 태양광발전소 유지·관리

 지난 8년간 우리나라에는 크고 작은 많은 수의 태양광발전소가 설치되었다. 설치용량 기준으로 2004년 9.8MWh에서 2015년 3.9GWh로 12년간 약 400배의 설치용량의 증가가 있었으며, 설비 수 기준으로는 현재 약 22,047의 태양광발전소가 운영 중[54]에 있다. 이러한 양적 성장과정에서 태양광산업은 주로 발전소 건설에 집중했으며, 태양광발전소에 대한 유지·관리는 소홀했던 것도 사실이다. 태양광발전의 운영 및 유지·관리(O&M, Operation and Maintenance의 약자)는 이미 건설된 태양광발전소가 최적의 운전 상태를 유지할 수 있도록 운영 및 유지·관리하는 일련의 행위를 말한다.

---

[54] 한국에너지공단, 2015년 신·재생에너지 보급통계(2016년 판), 2016.12

태양광발전을 먼저 도입한 유럽, 일본, 미국 등에서는 태양광발전소를 하나의 자산(Asset)으로 보고, 체계적인 O&M은 결국 발전효율을 향상시켜 투자 수익을 극대화할 수 있다는 인식이 증가하고 있다. 이에 따라 정부 및 공공기관을 중심으로 O&M 표준을 제정하는 등 발 빠른 움직임을 보이고 있다.

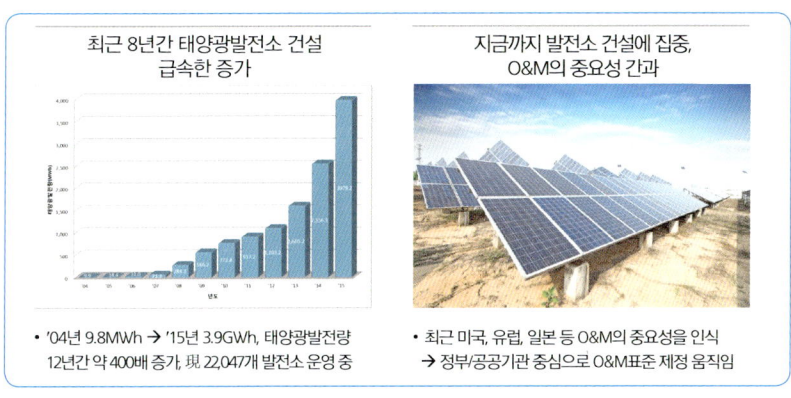

그림 국내·외 태양광발전소 O&M 현황

☀ 태양광 O&M 필요성

대부분의 태양광발전소 운영자들은 태양광발전설비는 자동화되어 있어 그냥 두어도 스스로 발전한다고 생각하거나, 비, 바람, 뜨거운 태양 등을 예상해서 설계·시공했기 때문에 극한 외부환경에도 문제가 없다고 생각해 관리를 소홀히 하게 된다. 그러나 O&M을 적절히 수행하지 않을 경우, 예상 발전량을 채우지 못해 수익률이 감소할 수 있다. O&M은 이미 수익 극대화 방안의 하나로 인식되고 있으며, 미국의 경우에는 투자자가 시공사에게 발전량 보증을 요구하는 형태로 나타나고 있다. 미국 ESA Renewable이라는 회사의 이사로 근무하는 린드세이 해롤드는 "5년 전에는 그 누구도 전력 생산량 보증에 관해 요구하지 않았지만, 현재는 어떤 투자자도 전력생산량 보증 없이 투자 약정서에 서명하는 사람은 없다"라고 말하고 있다. 최근 태양광발전 분야에서 O&M 시장이 부상하는 이유는 다음과 같다.

첫째, 태양광사업은 25년 이상 운영·유지·관리해야 하는 장기사업이기 때문에 O&M 시장이 부상하고 있다. 일반적으로 태양광발전소를 건설하기 위해서는, 인·허가 등 개발에 1~2년, 시공에 3~6개월이 소요되지만, 운영·유지·관리는 25년 이상 지속되어야 한다. 특히 모듈과 인버터, 트렉커 등과 같이 태양광발전의 핵심부품은 정기적인 점검과 관리가 필요하다. 경북 상주에 있는 발전소의 경우, 설비 진단 후 트렉커 문제점을 파악한 후 수리해서 발전시간을 2.74시간에서 3.13시간으로 늘린 사례가 있다.

둘째, 태양광발전의 수익은 발전량에 직결되는데, 발전량 유지를 위해서는 발전성능 저하 원인을 파악하고 이를 체계적으로 관리할 필요가 있기 때문이다. PV Insider(2015)에 의하면 "태양광발전시스템의 효율이 1% 증가하면, 수익은 10% 증가한다"는 보고가 있을 만큼 체계적인 O&M 필요성이 대두하고 있다.

셋째, 향후 국내 태양광발전소의 설비 노후화에 따라 O&M 수요가 증가할 것으로 예상되기 때문이다. 국내 태양광발전의 역사는 10년 내외이지만, 향후 지속적으로 태양광발전소가 건설된다면 O&M 시장 수요는 이에 비례해서 증가할 것이다.

국내·외 태양광 O&M 시장

2016년 전 세계 유틸리티 규모[55] 태양광 O&M 시장 규모는 182GW로 알려져 있다. 세계적으로 가장 유명한 O&M 회사는 미국의 First Solar, SunEdison, SunPower 등이 있다. 해외 O&M 시장을 살펴보면 다음과 같다.

미국 역시 우리나라와 유사하게 2010년 이후 태양광발전소 건설이 급증했다. 2000년 대비 2015년에 용량 기준으로 약 1,550배의 증가가 있었으며, 연 평균 성장률은 약 38%다. 특히 미국에서는 지난 5년간 1MW 이상 유틸리티 규모 시장의 큰 증가가 있었다. 이러한 배경 하에서 미국 내 O&M 수요는 증가 추세에 있으며 2020년에 약 1조 원 규모의 O&M 시장이 예상[56]된다. 미국 O&M 시장의 Key Player는 네 개 그룹으로 구분되는데, 전통적인 프로젝트 개발사 및 EPC사, 시공사, 프로젝트 투자자, 그리고 전문 O&M 사이다. 미국 O&M 시장의 특징

---

55) Utility Scale. 보통 외국에서 사용하는 용어로 상업용 태양광발전시장을 의미하며, 각 국가마다 유틸리티 규모의 기준이 다름. 미국의 경우 1MW 이상, 일본은 10kW 이상을 유틸리티 규모라 함.
56) U.S. Distributed PV O&M and Asset Management : Services, Markets and Competitors, 2015, Greentech Medea Inc

중 하나는 신생기업인 MaxGen과 같이 O&M 전문회사가 다수 출현하고 있다는 점이다.

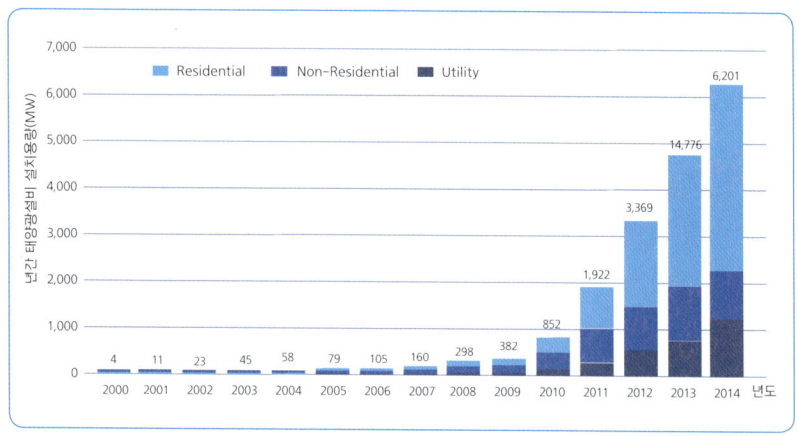

그림 미국의 연간 신규 태양광설비 설치 현황[57]

유럽지역은 신규 태양광설비의 설치가 감소 추세[58]에 있다. 예를 들어 유럽지역 내에 신규로 설치된 태양광설비는 2012년 17.7GW, 2013년 10.5GW, 그리고 2014년 7GW이다. 이러한 신규 태양광설치 감소의 원인은 스페인, 이탈리아, 벨기에 등 일부 국가에서 신·재생에너지 보조금제도(Incentive Schemes)를 단계적으로 폐지하기 때문이다. 태양광발전시장에서 보조금제도 폐지와 같은 부정적인 요소에도 불구하고 발전사업 투자자들의 시스템 최적화를 위한 O&M 수요는 증가하고 있다. 시장의 O&M 서비스 수요는 증가하고 있지만, 역설적으로

---

57) GTM Research & Solar Energy Industries Association, 2015
58) European PV O&M : Trends and Market Outlook, PV Insider, 2015

O&M 비용은 낮아지는 추세다. 투자자들이 더 낮은 O&M 비용을 요구하고 있기 때문이다. 발전소 투자자들은 투자 의사결정과정에서 사업자에게 강화된 O&M을 요구함으로써, 사업 위험을 최소화하려는 경향을 보이고 있다.

일본에는 2016년까지 용량기준으로 총 32.4GW의 태양광발전소[59]가 설치되었다. 일본 상위 열 개 O&M사는 시공사가 아닌 O&M 전문기업이 차지하고 있다. 상위 열 개 O&M사 중 여섯 개는 일본기업이고, 네 개 기업은 외국 기업 또는 외국사와의 조인트벤처 기업이다. 이들 열 개 O&M사가 관리하는 총 발전용량은 약 750MW 규모로서 전체 발전용량의 약 2.3%만이 관리되고 있어, O&M시장은 초기 단계다.

지금까지 살펴본 미국, 유럽, 일본의 O&M 시장 특징을 요약하면 다음과 같다.
- 과거에는 태양광발전 시공업체가 O&M(유지·보수) 서비스를 병행해 제공했으나, 최근에는 O&M 전문업체가 이를 담당하는 추세다.
- 전력계약 단가의 하락으로 O&M서비스 가격이 과거에 비해 5~20% 정도 하락한 상태다.
- 미국과 같이 대규모 사업개발이 증가하고 있는 국가의 경우 O&M 계약 규모가 커지는 추세다.

---

59) http://solarassetmanagement.asia/news/top-10-om-providers/

- 일본과 영국의 일부지역의 경우 계통안정도에 영향을 줄 정도로 계통연계가 한계에 도달했고, 이로 인해 일본 및 영국정부는 태양광을 이용한 전력생산을 축소하려는 정책을 추진하게 되면서 O&M 수요 감소가 예상된다.
- O&M 서비스 가격을 낮추는 방향으로 기술개발이 추진될 것이다. 예를 들어 미국 네바다 사막에 위치한 3,604 MW용량의 태양광발전소의 경우 물로 모듈을 청소할 경우 약 10억 갤런(37.85억 L)의 물이 필요하다. 그러나 이는 현실적으로 불가능하기 때문에 물을 이용한 모듈 청소를 대체하기 위한 기술개발이 필요하다.

국내·외 태양광 O&M 서비스

태양광 O&M 서비스 또는 기술은 크게 모듈 청소, 진단 및 관리, 통합 모니터링 등으로 구분할 수 있다.

첫째, 모듈 청소는 기존의 청소 도구를 이용해서 모듈을 청소해주는 서비스, 모듈 표면을 특수 약품으로 코팅해서 장시간 안정적인 발전이 이루어지도록 하는 기술(모듈 코팅기술), 그리고 지능형 로봇 등을 이용한 무인 모듈 청소, 또는 자동 청소기술 등이 있다. 태양광 모듈 표면에 먼지 등 이물질이 부착하지 않게 함으로써 발전 효율을 높이는 코팅 기술을 도입할 경우 약 5~9%의 발전량 상승효과가, 그리고 지능형 청소 로봇을 이용한 모듈 청소 역시 약 5~10%의 발전 효율 상승효과가 있다고 알려져 있다.

둘째, 진단 및 관리 O&M 서비스는 가장 대표적으로 드론을 이용한 열화상 촬영을 들 수 있다. 이 기술은 드론을 이용해 태양광발전소를 짧은 시간에 촬영해서 모듈의 손상 부분을 확인할 수 있는 장점이 있다. 국내의 많은 태양광발전 시공사들이 참여해 기술 개발을 하고 있는 것으로 알려져 있다.

마지막으로, 통합 모니터링 서비스는 최신 ICT[60]기술을 태양광 O&M에 적용한 기술 또는 서비스다. 다수의 RTU 단말기(최대 256대 모니터링 가능)를 현장에 설치해 실시간으로 모니터링하고, 이 자료를 바탕으로 설비를 진단하고, 유지·관리해주는 서비스다. 이는 태양광 모니터링 기술을 한 단계 업그레이드한 기술로 단순한 모니터링 기능을 넘어 실시간으로 유지·관리해준다. 세계적으로 가장 대표적인 통합 모니터링 시스템은 유럽의 SCADA(Supervisory Control and Data Acquisition) 소프트웨어 플랫폼을 들 수 있다. SCADA는 태양광발전과 관련한 자료 수집, 모니터링, 분석, 플랜트 최적화, 가시화 등을 통해 유지·관리해주는 소프트웨어다.

---

60) ICT (Information Communication Technology), 정보통신기술

그림 모듈 청소 모습[61]

그림 드론을 이용한 열화상 촬영[62]

그림 지능형 로봇을 이용한 청소[63]

그림 드론을 이용한 열화상 촬영[64]

---

61) http://www.powermag.com/solar-pv-om-best-practices-rapidly-changing-market/
62) http://www.powermag.com/wp-content/uploads/2016/04/PWR_040116_OMSolar_Fig3.jpg
63) http://www.powermag.com/wp-content/uploads/2016/04/PWR_040116_OMSolar_Fig4.jpg
64) http://www.powermag.com/wp-content/uploads/2016/04/PWR_040116_OMSolar_Fig5.jpg

우리나라의 O&M서비스는 대부분 시공사가 담당하고 있으며, O&M 기술 및 서비스 수준은 해외기업과 비교해서 큰 차이가 없는 것으로 보인다.

우리나라의 신·재생에너지 정책이나 제도들이 대부분 일본의 정책과 제도를 벤치마킹해서 도입한다는 점을 감안한다면 다음 뉴스를 눈여겨볼 필요가 있다. 향후 우리나라 정부가 태양광발전사업자에게 일본처럼 O&M을 요구할 수도 있기 때문이다.

> 2016년 뉴스[65]에 의하면 일본 정부는 태양광사업에 대한 새로운 O&M 규정 승인을 착수했다고 보도하고 있다. 이에 따르면 "Utility Scale의 발전사업자는 보다 엄격한 O&M 표준을 준수해야 하며, 향후 일본 경제산업성은 발전사업자에게 O&M 서비스 제공자와의 장기계약서를 요구할 계획이다"라고 밝혔다.

☀ 태양광 O&M 비용

연간 태양광발전소의 O&M 비용은 시공비의 약 1~2%, 또는 연간 전력 판매비의 5~15% 수준, 또는 2만 원/kW 등 다양한 방법으로 추산하게 된다. 100kW 발전소의 경우 초기에는 연간 약 200만 원 정도가 들어가지만, 시간이 흐름에 따라 400만 원까지 소요된다. 상대적으로 작은 발전소는 전체 지출비용에서 유지·관리비의 비율은 높지만, 절대적인 액수에서는 규모에 따라 증가하는 것이 O&M 비용이다.

---

[65] http://www.rechargenews.com (2016/05/31일자 기사)

O&M 비용에는 인건비, 보험료, 모니터링비용, 인터넷 사용료, 잡초 제거비용, 기장비, 소모품 비용 등이 있다. O&M 비용 중 사업주가 직접 할 경우 줄일 수 있는 비용과 그렇지 못한 비용이 있다. 예를 들면 기장이나 잡초제거 비용 등은 직접할 경우 경비에서 줄일 수 있지만, 기타 비용은 줄이기 어렵다. 보험의 경우 100kW기준으로 월 5만 원 수준이며, 세무사 기장비는 보통 발전소당 월 8만 원 정도다. 주기적인 모듈 청소와 잡목제거와 같은 일상 관리를 통해 발전효율을 높이는 것이 O&M 비용을 낮추는 방법이기도 하다.

100kW 규모의 발전소에서 인건비는 주로 안전관리자 선임비용이다. 태양광설비의 용량이 20kW 이하인 경우에는 전기안전관리자를 선임할 의무는 없다. 그러나 설비용량이 100kW 이상 규모에서는 개인 대행자(전기분야 기사자격을 취득하고 2년 이상 실무경험이 있는 자)를 선임하는 것이 보통이다. 이 경우 비용은 100kW당 월 7만 원 정도 수준이다. 1MW 미만까지는 전기안전관리 대행업체나 전기안전공사에 위탁할 수 있다. 그러나 태양광설비용량이 1MW 이상인 경우에는 상주 안전관리자를 고용해야 한다. 참고로 일본의 경우에는 50kW 미만 일반용 태양광설비에 대해서는 전기기술자의 보수/보안점검의 법적의무가 없고, 50KW이상 발전설비에 대해서는 전기기술자의 보안업무를 의무화했다.

O&M 비용의 가장 큰 부분을 차지하는 것이 인버터의 고장과 수리에 따른 비용이다. 보통 인버터의 무상 유지·보수 보증기간이 5~10

년이기 때문에 이 기간 동안에는 문제가 없으나, 보증 기간 이후에 인버터가 고장날 경우 수리를 위한 현장출동이 필요하다. 현장 출동의 경우 지역에 따라 차이가 있기는 하지만, 보통 1회에 30만 원을 초과하는 경우가 많다. 따라서 인버터 선택 시 발전소 인근에 인버터 제조기업의 지사 또는 서비스센터가 있는지 등과 함께 내구성이 강한 인버터를 선택하는 것이 필요하다. 또한 인버터 구입 시 다수의 제조 기업 또는 판매망에 개별적으로 문의해서 견적을 받아본 후 결정하는 것이 O&M 비용을 줄일 수 있는 방법이기도 하다. 현재 국내에는 약 열 개 기업이 제품을 공급하고 있다. 같은 용량의 인버터라도 경우에 따라서는 10%이상의 가격 차이가 발생한다. 인버터의 구입비용은 용량에 따라 차이가 있지만 대략 kW당 약 10~25만 원 수준이다. 가급적 가격이 싸더라도 보급률이 낮은 제품은 피하는 것이 좋으며, 보증기간이 길고 내구성이 좋은 인버터를 선택하는 것이 O&M 비용을 줄일 수 있는 방법이다.

우리나라의 O&M 관련 규정

태양광발전소에 대한 정기검사와 사후관리에 관한 사항은 전기사업법과 신·재생에너지 공급의무화 제도 관리 및 운영지침에 의무사항으로 규정되어 있다.

정기검사는 전기사업법 제67조, 시행규칙 제32조에 규정되어 있다. 사후관리와 관련된 조항으로는 신·재생에너지 공급의무화제도 관리 및 운영지침('10.12.30) 제5조(공급인증기관)에서 신·재생에너지센터의 사후관리에 관한 업무수행에 대해 규정하고 있으며, 제13조(권한의 위임, 위탁)에서는 설치확인 및 사후관리 업무를 협회를 통해 수행토록 위임 가능하다고 규정하고 있다. 또한 산업부 고시 "신재생에너지설비의 지원 등에 관한 기준" 제38조(설비의 사후관리)에 의하면, 센터의 정부지원 설비에 대한 가동실태 정기조사, 통합A/S센터 운영, 사후관리 결과보고를 규정하고 있으며, 또한 소유주의 성실한 유지보수 및 가동실적보고 의무를 규정하고 있다. 다음 표는 전기사업법에서 규정하고 있는 태양광발전 O&M과 관련된 법령의 주요 내용이다.

표 전기사업법에 의한 O&M 관련 규정

구분	조항 및 내용
전기사업법	**제65조**(정기검사) 전기사업자 및 자가용전기설비의 소유자 또는 점유자는 산업통상자원부령으로 정하는 전기설비에 대해 산업통상자원부령으로 정하는 바에 따라 산업통상자원부장관 또는 시·도지사로부터 정기적으로 검사를 받아야 한다. **제68조**(전기설비의 유지) 전기사업자와 자가용전기설비 또는 일반용전기설비의 소유자나 점유자는 전기설비를 기술기준에 적합하도록 유지해야 한다. **제73조**(전기안전관리자의 선임 등) ① 전기사업자나 자가용전기설비의 소유자 또는 점유자는 전기설비(휴지 중인 전기설비는 제외한다)의 공사·유지 및 운용에 관한 안전관리업무를 수행하게 하기 위해 산업통상자원부령으로 정하는 바에 따라 「국가기술자격법」에 따른 전기·기계·토목 분야의 기술자격을 취득한 사람 중에서 각 분야별로 전기안전관리자를 선임해야 한다.
전기사업법 시행령	**제45조**(전기안전관리업무를 전문으로 하는 자 등의 등록 등) ① 법 제73조제2항제1호에서 "자본금, 보유해야 할 기술인력 등 대통령령으로 정하는 요건"이란 별표 1의4의 요건을 말한다.

전기사업법 시행규칙	**제32조**(정기검사의 대상·기준 및 절차 등) ① 법 제65조에 따른 정기검사의 대상이 되는 전기설비와 그 검사의 시기는 별표 10과 같다. 다만, 다음 각 호의 어느 하나에 해당하는 경우에는 산업통상자원부장관이 정기검사의 시기를 따로 정할 수 있다. **제33조**(전기설비 검사자의 자격) 법 제63조 및 법 제65조에 따른 검사는 「국가기술자격법」에 따른 전기·토목·기계 분야의 기술자격을 가진 사람 중 다음 각 호의 어느 하나에 해당하는 사람이 수행해야 한다. **제40조**(전기안전관리자의 선임 등) ① 법 제73조제1항에 따라 전기안전관리자를 선임해야 하는 전기설비는 다음 각 호의 전기설비 외의 전기설비를 말한다. **제41조**(안전관리업무의 대행 규모) 법 제73조제3항제1호에 따른 안전공사, 법 제73조제3항제2호에 따른 전기안전관리대행사업자(이하 "대행사업자"라 한다) 및 법 제73조제3항제3호에 따른 자(이하 "개인대행자"라 한다)가 안전관리업무를 대행할 수 있는 전기설비의 규모는 다음 각 호와 같다. 신에너지 및 재생에너지 개발·이용·보급 촉진법 제2조에 따른 태양에너지를 이용하는 발전설비(이하 "태양광발전설비"라 한다)로서 용량 1,000kW 미만인 것 **제42조**(전기안전관리자 자격의 완화) 법 제73조제4항에 따라 법 제73조제1항부터 제3항까지의 규정에 따른 전기안전관리자를 선임하기 곤란하거나 적합하지 아니하다고 인정되는 지역 또는 전기설비의 범위와 전기안전관리자로 선임할 수 있는 사람의 자격기준은 다음 각 호와 같다.

전시사업법 시행규칙 제32조(정기검사의 대상·기준 및 절차 능)에 의하면 태양광발전소는 4년 이내에 정기검사를 수행해야 한다고 규정하고 있다.

이외에도 태양광발전소의 점검지침 및 O&M 관련 사항으로는,
1) 한국전기안전공사는 2014년 9월 제정한 "태양광발전설비의 점검지침"을 바탕으로 태양광발전설비에 대한 검사, 점검, 진단 등 전기안전에 필요한 기술적 사항을 규정해서 운영 중에 있다. 여기에는 태양광발전설비 설치에 따른 일반적인 검사 및 점검기준, Checklist, 그리고 점검서식을 제공하고 있다.
2) 점검과 관련된 지침으로는 "태양광발전설비 점검검사 기술지침(2010.10)"의 "제4장 태양광발전설비 유지보수" 부분에 일상점검, 정기점검, 임시점검 등이 명시되어 있다.

태양광 O&M 계획 수립

태양광발전소의 유지·관리 계획수립은 효과적인 O&M의 출발점이다. 유지·관리 계획수립 시 고려해야 할 사항과 유지·관리를 위해 비치해야 할 도서(서류) 및 주요 비품 목록[66]은 다음과 같다.

표 태양광발전소 유지·관리 계획 수립 시 고려사항

항목	주요내용
설비의 사용시간	설비별로 세분화하고 유지보수를 위한 점검 주기를 정함
설비의 중요도	전체 시스템 정지 및 고장 시 손실이 큰 경우를 고려해서 계획에 반영
환경조건 고려	태양광발전소 주변(옥내, 옥외) 먼지, 습도 등을 고려해서 계획 수립

---

66) 강원봉, 태양광발전소 거래컨설턴트 양성과정 교재, 2017

고장이력 조사 반영	타 발전소 사례를 바탕으로 주요 부품의 고장 이력 및 고장 부분 파악
부하상태	과부하가 예상되는 설비를 수시점검 항목에 포함

표 태양광발전소 유지·보수를 위한 도서 및 물품

항목	주요 내용
서류 또는 도서	- 각종 매뉴얼 : 발전시스템 운영 매뉴얼, 인버터 등 - 각종 도면 : 토목, 기계, 전기, 건축 도면 등 - 각종 계약서 및 카타로그 : 시방서 및 계약서 사본, 부품 및 기기의 카타로그 - 구조물의 구조 계산서 - 한전 계통연계관련 서류 - 안전관리용 정기점검표, 일반점검표 등
비치해야 할 물품	- 공구류, 사다리 등 - 안전용품, 손전등 - 소모성 부품 : 휴즈, 전구, 볼트, 너트, 팬 등
기 타	- 비상연락처 : 공사업체 담당자, 안전관리자, 지역 한전담당자, 인버터/접속반/배전반 담당자 등

☀ 태양광 O&M방법

우선 태양광발전소에 대한 점검은 정기점검, 수시점검, 일상점검으로 구분된다. 정기점검은 일정기간을 주기로 점검하는 것으로 안전관리자에 의해 육안점검, 계측점검 등의 방법으로 수행된다. 정기점검 주기는 300kW 미만은 월 1회, 300~500kW는 월 2회, 500~700kW는 월 3회, 700~1,000kW 미만은 매주 1회 이상의 정기점검이 필요하다. 수시점검은 발전량이 낮게 나오거나 고장이 발생할 경우 전문가 또는 전문기업에 의뢰해 수행하게 된다. 그리고 계절별 특이사항이 발생

할 경우, 예를 들면 여름철 잡초를 제거하거나, 홍수 후 배수관로를 확인하거나, 눈이 많이 온 경우 모듈에 있는 눈을 제거하는 등의 일상점검이 있다. 일상점검의 경우 태양광 어레이, 접속함, 인버터 등을 육안 점검해서 이상이 있을 경우 조치를 취하면 된다. 예를 들어 어레이 표면에 오염물이 부착했을 경우 이를 제거해주거나, 지지대의 부식상태 등을 확인하는 것 등이다.

태양광발전소 연식에 따른 주요 점검 포인트 및 점검 주기는 다음과 같다.

표 태양광발전소 연식에 따른 주요 점검 포인트 및 주기

구분	항목	1~3년차	4~6년차	7~9년차	10년 이상
구조물	볼트 풀림		O		O
	침하	O		O	
	부식		O		O
모듈	모듈 결선		O		O
	다이오드		O		O
	프레임		O		O
	착색, 변색		O		O
	Hot Spot		O		O
케이블	전선 꼬임	O		O	
	전선 발열		O		O
	결선 상태	O		O	
접속반	통풍 구조		O		O
	볼트 풀림		O		O
	다이오드			O	
	휴즈 등 수명주기 부품			O	

구분				
인버터	통풍 구조		○	
	볼트 풀림		○	○
	Fan 동작		○	○
	콘덴서 등			○
배전반	통풍 구조	○		○
	볼트 풀림	○		○
	트렌스 과열		○	○

주요 부품에 대한 정기점검 체크리스트, 고장원인, 그리고 대응방법은 다음과 같다.

표 태양광발전소 정기점검 체크리스트 및 조치방법

구분	점검 사항	점검 방법	대응 방법
모듈	모듈의 변색 여부	육안	변색 시 교환
	모듈 표면 오염(배설물, 먼지, 낙엽 등)	육안	물 청소
	케이블 접속부 단선 여부	육안	전선 교체
	유리 파손 여부	육안	파손 부분 교체
	전압, 전류 측정치 이상 유무	클램프미터	안전관리자에 조치 요청
구조물	연결부위 조임 상태	육안/손	조여줌
	녹 발생 및 구조물 손상 여부	육안	녹 세거
	기초 파손 여부	육안	파손 시 보수
	구조물 감전 위험 여부	절연저항계	안전관리자에 조치 요청
인버터	소음발생 여부	청각	원인파악 후 조치
	휴즈, 회로 등의 균열, 파손 변형 여부	클램프미터	이상 부분 교체
	감전 위험 여부	절연저항계	안전관리자에 조치 요청

모니터링 시스템	모니터링 자료의 정상 출력 여부	육안/인터넷	비정상 출력 시 업체 연락
	CCTV 화면 화질 상태	육안	
	인터넷 연결 상태	인터넷	

표 부품별 고장 현상, 원인, 대응방법 예

대상	고장 현상	원인	대응방법
모듈	백화 현상, 적화 현상, 핫스팟	제조 공정상 불량	교환
	유리 적색 착색	지하수(철분) 사용	특수세척
	유리 백색 착색	지하수(석회성분) 사용	특수세척
	표면 오염	먼지, 황사, 송화가루 등	물청소
	프레임 변형	외부 충격, 구조 불균형	교환
	단자함 불량	방수, 전선납땜, 다이오드 불량 등	교환
구조물	녹 발생	도금불량, 시공 시 절단, 용접, 크랙	녹 제거
	이상 진동음	너트 풀림, 구조 불균형	조여줌
	마찰음	구조물 구동부 마찰	조여줌
	변형	구조 불균형, 외부 충격, 기초 변형 등	교정
전선	변색	불량품, 자외선 과다노출	교체
	늘어짐	전선 타이 불량	당겨줌

국내 태양광 O&M 표준 도입 전망

O&M시장은 국제적으로, 국내적으로 최근 형성되는 시장이기 때문에 법적인 규제나 정책적 지원이 확립되지 않은 분야다. 특히 태양광 O&M 국제 표준은 존재하지 않으며, 미국, 유럽 등 일부 국가의 경우 정부 및 공공기관에서 자체적으로 가이드라인을 만들어 운영하고 있으

며, 중국의 경우에는 중국과학원 전기공학분과 산하에 TF팀을 구성해 규정을 준비 중이다. 국제적으로는 국제전기기술위원회(International Electrotechnical Commission, IEC)에서 관련 규격 제정을 위한 논의가 진행 중인 것으로 알려져 있다[67].

우리나라는 태양광발전과 관련해서 제품단계(모듈, 인버터, 접속함 등)에서만 인증제도가 실시되고 있을 뿐, O&M에 대한 별도의 규정 없이 발전사업자들이 자체적으로 수행하고 있는 실정이다. 그러다 보니 발전사업자의 규모에 따라 O&M 수준 활동에 큰 편차를 보이고 있는 것이 현실이다. 일본의 경우에는 제품단계에서는 태양광발전보급센터(JPEC)로부터 인증받은 제품에 한해 보조금을 지급하고 있으며, 최근 국가 차원의 O&M 제도 운영을 준비하고 있다.

우리나라가 조만간 O&M 표준 또는 인증제도를 도입하게 된다면, 태양광산업 측면에서 긍정적인 요소와 부정적인 요소가 있을 것이다. 긍정적인 요소로는 태양광 O&M 관련 기술수요가 증가할 것이며, 이에 대응하기 위한 기술개발로 이어져 세계 태양광 O&M 시장으로 진출하기 위한 교두보를 확보할 수 있을 것이라는 점이다. 부정적인 요소는, O&M 표준 또는 인증제도 도입에 따라 소규모 발전사업자의 수익을 감소시키는 원인이 될 것이라는 것이다. O&M 표준 또는 인증제도의 도입은 새로운 규제로 작용해 비용 발생의 요소가 됨과 동시에 신규 발전

---

[67] 안혜현, 〈태양광산업 활성화를 위한 태양광발전소 유지보수 인증제도 도입 방안〉, 2015

사업 투자를 꺼리게 하는 원인이 될 수 있기 때문이다. 따라서 소규모 태양광발전사업을 준비하는 예비창업자는 정부의 O&M 정책에 대해 관심을 가지고 살펴봐야 할 것이다.

 O&M 장비

열화상 카메라

열화상 카메라는 모듈, 인버터, 수전 설비 등의 발열 상태 및 온도 정보를 확인하는 데 사용하는 장비이며, 주로 모듈 표면의 핫스팟(Hot Spot, 열점)을 탐지하기 위한 목적으로 사용된다. 열화상 카메라는 측정하고자 하는 부위를 실시간으로 확인이 가능하며, 열화상 데이터와 사진으로 동시에 저장이 가능하다. 가격은 수백만 원에서 수천만 원으로 기능에 따라 차이가 있다.

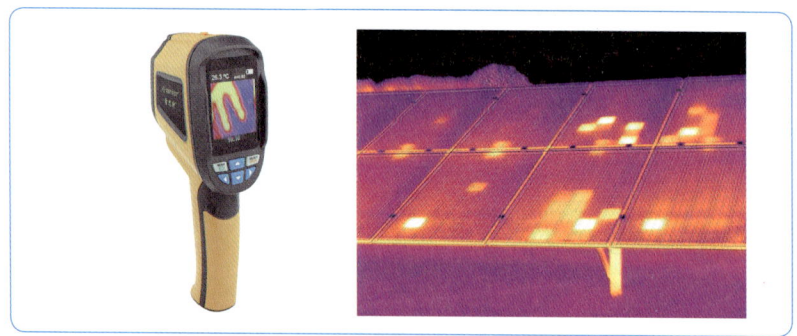

그림 열화상 카메라(좌)[68], 모듈 핫스팟 측정 결과(우)[69]

---

68) Image Source : https://ko.aliexpress.com/cheap/cheap-thermal-imaging-camera.html

69) Image Source : http://tmt.co.il/product/solar-panels-thermal-visual-inspection/

전력분석기

전력분석기는 인버터의 전력 변환효율을 측정하는 데 사용된다. 3φ전원의 전력 품질, 즉 위상편차, 고조파 성분, 파형 등을 측정하는 장비다.

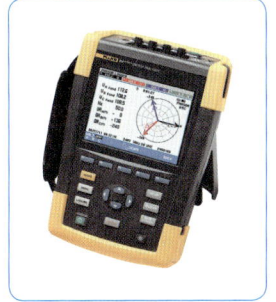

그림 전력분석기[70]

오실로 스코프

오실로 스코프는 전기신호의 시간적 변화에 따른 파형을 표시해주는 장치로서, 계통 전압 및 전류의 파형 분석 시 사용된다. 인버터 출력전압 및 전류의 과도현상 해석을 위해 사용된다.

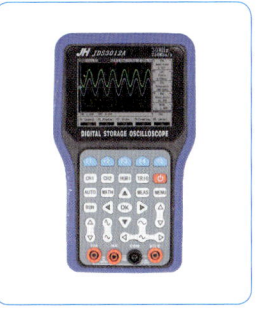

그림 오실로 스코프[71]

모듈 측정기

모듈(어레이)의 성능을 측정하는 계측기이다. 모듈의 개방전압, 단락전류, 동작전류 등을 측정할 수 있다. 이상(異常) 어레이의 정밀 진단 시 사용된다.

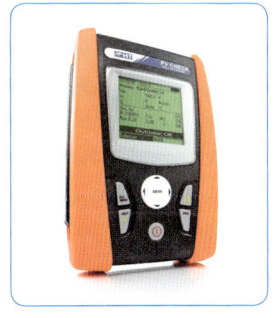

그림 모듈 측정기[72]

---

70) Image Source : https://zilocchi-loja.com.br/fluke/analisador-de-qualidade-de-energia/fluke-434-ii.html

71) Image Source : https://ko.aliexpress.com/popular/oscilloscope-repair.html

72) Image Source : http://www.tequipment.net/HT-Instruments/PVCHECK/Hipot-Tester/

디지털 멀티미터

True-RMS 절연 멀티미터는 DC/AC 전압 및 전류를 측정하는 장비로 전류측정 시 클램프 미터와 연동해서 측정하게 된다. 장비(접속반

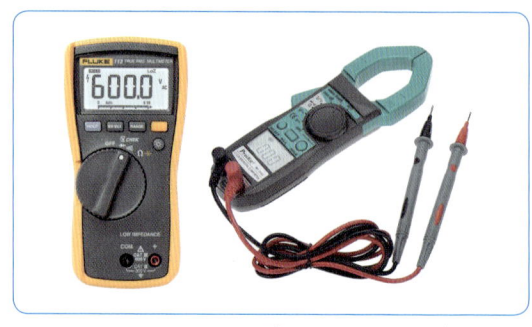

그림 디지털 멀티미터(좌)[73], 클램프 미터(우)[74]

이나 인버터 등) 및 간선의 지락여부 확인이 가능하며, 또한 절연저항 상태 측정 확인, 접속반 다이오드의 상태 확인이 가능하다.

휴대용 일사량계

태양광 일사량을 측정할 수 있는 휴대용 계측기다. 최대 1,000W/㎡까지 측정이 가능하다.

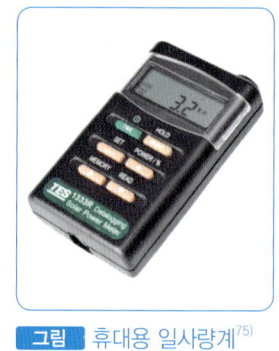

그림 휴대용 일사량계[75]

---

73) Image Source : http://www.eleshop.nl/fluke-113-true-rms-multimeter.html
74) mage Source : https://www.eio.com/tools-test-equipment/test-equipment.html
75) Image Source : http://www.acquris.se/media/product.php?id=633&lang=en

PART
03

태양광발전소 수익성(가치) 극대화하기

CHAPTER 01
태양광발전소 수익성 극대화 방안

　태양광발전소의 수익성 극대화 방안은 지출을 줄이고 수익을 늘리는 방법이다. 지출 요소로는 발전소를 건설하는 과정에서 발생하는 초기 투자비, 운영 중 발생하는 O&M 비용이고, 수익 요소는 매전 수익이다. 수익성 극대화 방안으로는,

　첫째, 초기 투자비를 줄여야 한다. 투자비를 줄이기 위한 방법의 하나로 스스로 태양광발전시스템에 대해 충분히 학습하고, 다양한 사람들을 만나서 투자비에 대한 정보를 얻고 이를 투자에 반영해야 한다. 많은 사람들을 만나는 과정에서 대략적인 투자비와 투자비 절감요소의 파악이 가능하게 된다. 또한 시공사 선정 시에도 여유를 가지고 기본지식을 습득한 후 선정하게 되면 최소 5%이상의 비용을 절감할 수 있다.

　둘째, 시공사와의 명확한 계약 체결도 투자비를 줄일 수 있는 방법이

다. 공사 지연 등에 대한 책임소재 등을 명문화해서 분쟁 발생 시 활용할 수 있도록 명확한 계약을 체결하는 것이 필요하다. 공사 지연에 따라 예상했던 비용보다 더 많이 지출하게 된다면 투자비가 증가하고, 반대로 수익 시기는 늦춰져 간접손실이 발생하게 된다. 일정 규모 이상의 경우에는 반드시 전문 지식을 보유한 지인이나, 변호사 입회하에 계약서를 작성해야 한다. 설문조사 결과에 의하면, 업체 선정과정에서 약 15%의 발전사업자가 피해를 당한 것으로 나타났으며, 주로 불공정 계약이다. 불공정 계약이란 태양광발전에 대한 정보를 발전사업자가 가지고 있지 않아 발생되는 문제다. 전기공사업체가 필요 이상으로 공사를 설계해 인근 발전소보다 약 500만 원 정도 추가 비용을 부담한 사례나, 계약 시에는 일반제품을 사용한다고 계약하고 실제 시공할 때는 싼 제품으로 시공한 사례 등이 이러한 예다.

셋째, 운영 중에는 각종 세금을 줄이는 절세방법을 활용해야 한다. 소득세, 법인세 등 절세방법에 대해서는 Part 03의 Chapter 02에서 자세히 다루도록 한다.

넷째, O&M 비용 중 절감이 가능한 부분을 최대로 줄여야 한다. Part 02의 Chapter 10에서 언급한 바와 같이, 100kW 발전소의 경우 초기에는 연간 약 220만 원(매전 비용 약 2,700만 원)이 들어가고 시간이 지남에 따라 증가해 400만 원(매전 비용 약 2,400만 원)까지 부담해야 한다. 따라서 O&M 비용이 초기에는 전체 매출액의 약 7.5%를 차지하지만 25년에는 16.7%까지 증가하게 된다. 따라서 O&M 비용을 분석해 꼭 필요하지 않은 부분은 스스로 하거나, 저렴한 비용으로 서비스를 받을 수 있도록 방법을 찾아야 한다. 예를 들면 O&M 비용이 안전관리자 선임비용 7만 원/월, 인터넷을 포함한 모니터링 비용 2.5만 원/월, 기장비 8만 원/월, 보험료 5만 원/월, 잡초제거비용 50만 원/년, 소모품비 10만 원/년이라고 가정하면, 연간 O&M 비용은 330만 원이 된다. 비용 중 꼭 필요한 안전관리자 선임비용, 모니터링 비용, 보험료, 소모품비만을 포함시키게 되면 연간 184만 원으로 줄어들게 된다.

마지막으로, 정기적인 점검으로 O&M 비용은 줄이고 발전효율은 높여야 한다. O&M 비용 중 인버터 수리 및 교체비용의 비중이 가장 크다. 따라서 인버터를 정기적으로 점검하고, 선제적으로 조치를 취해 고장을 미연에 방지해 비용을 줄여야 한다. 또한 모듈 표면 청소나 잡초 제거, 먼지 제거, 제설 작업 등 발전 효율을 증가시킬 수 있도록 지속적으로 관리해 발전효율을 높이는 것이 수익을 극대화할 수 있는 방법이다.

CHAPTER 02

태양광발전소 절세 전략

태양광발전소는 사업자등록 후 매전을 통해 수익을 얻기 때문에 세법의 적용을 받는다. 태양광발전소를 운영하면서 고려해야 할 세금으로는 토지를 취득해 건설할 경우에는 취득세를 납부해야 하고, 태양광발전소 운영 중에는 소득세, 부가가치세, 종합토지세, 지방세 등을 납부해야 한다. 그리고 세금은 아니지만 직원 채용 시 4대 보험에 가입해야 한다.

취득세

취득세는 토지 취득 금액에 4.6%(농지 취득 시 3.4%)의 세율이 적용된다. 여기서 취득금액이란 공시지가가 아닌 실거래가를 의미한다. 예를 들어 100kW 태양광발전을 위해 평당 5만 원인 농지를 500평 구매했다면 85만 원의 취득세를 납부해야 한다.

🌞 토지세(재산세)

토지세는 토지를 소유한 자에게 부과하는 지방세다. 과세 기준은 실거래가가 아닌 개별 공시지가다. 따라서 기준시가가 시세에 근접하게 고시되면 재산세 부담이 높아지게 된다. 과세 표준은 2억 원 이하는 2/1,000, 2억 원 초과 10억 원 이하는 40만 원+(2억 원 초과 금액의 3/1,000)이다. 10억 원 초과는 280만 원+(10억 원 초과금액의 4/1,000)이다. 위의 경우 공시지가와 실거래가가 같다고 가정하면 년간 5만 원을 납부해야 한다.

🌞 소득세

태양광발전사업의 매출액은 소득으로 인정되어 소득세를 납부해야 한다. 직장을 다니면서 발전사업을 한다면 직장에서의 소득과 발전소 소득을 합산해 매년 5월에 소득세를 납부하면 된다. 개인사업자는 매출액에 따른 소득을 계산해 납부하면 되며, 법인사업자로 발전소를 운영한다면 매 분기마다 법인세를 신고하고 매년 3월에 법인세를 납부해야 한다.

우선 소득세를 논하기 전에 과세표준에 대해 알아보자. 과세표준이란 세금을 부과하는 데 기준이 되는 것을 말하며, 총 소득에서 소득공제액을 제한 금액이다. 소득공제란 과세의 대상이 되는 소득 중에서 일정 금액을 공제하는 것이다. 태양광발전사업자의 경우, 과세표준을 결정할 때 운영 경비와 시설 감가상각비가 비용으로 인정된다.

예를 들어 100kW 태양광발전소에 규모의 발전소를 운영하는 데 년간 매전 수익이 2,500만 원이고 소모품 구입비, 모니터링 시스템 운영비, 보험, 관리비, 이자원금, 인터넷 선로비용 등으로 연간 220만 원을 사용했다고 가정하면, 과세 표준은 (=2,500만 원 - 220만 원 - 시설 감가상각비)가 된다. 그렇다면 시설 감가상각비는 어떻게 적용할 수 있을까?

감가상각비는 정액법, 정률법, 연수합계법, 생산량 비례법의 네 가지 방법으로 계산된다. 이 중 태양광발전소 감가상각비에 적용되는 계산법은 정액법이다. 정액법은 특정 자산의 감가가 매년 같은 금액으로 일어난다고 가정하는 것이다. 정액법은 아무리 그 가치가 줄어들어도 최종적으로 남아 있는 해당 자산의 가치가 존재하게 된다. 이를 회계 용어로 '잔존가치'라고 한다. 따라서 감가상각비를 계산할 때는 이 잔존가치를 제외하고 계산해야 한다.

즉 감가상각비(1년) = (취득원가 - 잔존가치)/내용연수가 된다. 여기서 잔존 가치는 토지비용이 된다. 예를 들어 위 예에서 100kW 태양광발전에 총 2.3억 원을 투자했고 토지 비용이 2,500만 원, 시설 투자비가 2억 500만 원이라고 하면 (취득원가 - 잔존가치)는 2.3억 원 - 0.25억 원 = 2.05억 원이 된다. 즉 시설 투자비가 (취득원가 - 잔존가치)가 된다는 의미다. 그렇다면 여기서 내용연수는 어떻게 구할 수 있을까?

법인세법 제15조(내용연수와 상각률) 제3항에 따른 건축물 등의 기준 내용연수 및 내용연수 범위 표는 다음과 같다.

표 건축물 등의 기준 내용연수 및 내용연수 범위표(법인세법 시행규칙 별표 5)

구분	기준 내용연수 및 내용연수범위(하한-상한)	구조 또는 자산명
1	5년 (4년~6년)	차량 및 운반구(운수업, 기계장비 및 소비용품 임대업에 사용되는 차량 및 운반구를 제외한다), 공구, 기구 및 비품
2	12년 (9년~15년)	선박 및 항공기(어업, 운수업, 기계장비 및 소비용품 임대업에 사용되는 선박 및 항공기를 제외한다)
3	20년 (15년~25년)	연와조, 블록조, 콘크리트조, 토조, 토벽조, 목조, 목골모르타르조, 기타 조의 모든 건물(부속설비를 포함한다)과 구축물
4	40년 (30년~50년)	철골·철근콘크리트조, 철근콘크리트조, 석조, 연와석조, 철골조의 모든 건물(부속설비를 포함한다)과 구축물

3. 구분 3과 구분 4를 적용함에 있어서 건물 중 변전소, 발전소, 공장, 창고, 정거장·차고용 건물, 폐수 및 폐기물처리용 건물, 유통산업 발전법 시행령에 의한 대형 접용 건물(당해 건물의 지상층에 주차장이 있는 경우에 한한다), 국제회의산업 육성에 관한 법률에 의한 국제회의시설 및 무역거래 기반 조성에 관한 법률에 의한 무역거래 기반 시설(별도의 건물인 무역연수원을 제외한다), 축사, 구축물 중 하수도, 굴뚝, 경륜장, 포장도로와 폐수 및 폐기물처리용 구축물과 기타 진동이 심하거나 부식성 물질에 심하게 노출된 것은 기준 내용연수를 각각 10년, 20년으로 하고, 내용연수 범위를 각각(8년~12년), (15년~25년)으로 해서 신고내용연수를 선택 적용할 수 있다.

따라서 태양광발전소의 경우 3번 발전소에 해당하며, 이에 따라 법인세법 시행규칙 별표 5의 자산으로 감가상각방법과 내용연수에 따른 상각률 적용을 받게 된다. 내용연수를 20년을 선택하고 하한을 적용할 경우 15년을 적용할 수 있다. 따라서,

시설 감가상각비 = 2.05억 원/15년 = 1,367만 원이 된다.
따라서 과세 표준 = (2,500만 원 - 220만 원 - 1,367만 원) = 913만 원이 된다.

다음으로 종합소득세 과세 표준을 살펴봐야 한다. 근로소득이외에 이자, 배당, 사업, 기타 소득이 있을 경우 매년 5월 1일~31일까지 소득세를 신고해야 하는데, 이를 종합소득세라고 한다. 종합소득세 과세 표준을 근거로 보면 913만 원은 과세 표준 1,200만 원 이하에 해당되고 세율은 6%이다. 즉 연간 소득세는 약 547,800원이 된다.

표 2017년 종합소득세율

과세 표준	세율	누진공제
1,200만 원 이하	6%	-
1,200만 원~4,600만 원	15%	1,080,000
4,600만 원~8,800만 원	24%	5,220,000
8,800만 원~1억 5,000만 원	35%	14,900,000
1억 5,000만 원~5억 원	38%	19,400,000
5억 원 초과	40%	29,400,000

여기에 추가적으로 고려할 것은 태양광발전사업은 조세특례제한법 제25조2(에너지절약시설 투자에 대한 세액공제)에 의거 세액공제를 받을 수 있다. 현재 법에서는 2018년 말까지 투자하는 경우만 지원이 가능하고, 대부분 소규모 태양광발전사업자는 중소기업으로 분류되기 때문에, 6%에 상당하는 소득세 또는 법인세를 투자한 해에 공제받을 수 있다. 당해 년도에 납부할 세액이 없으면 5년 이내에 이월해서 공제가 가능하다(조세특례제한법, 제 144 조, 세액공제액의 이월공제).

> **조세특례제한법**
>
> 제25조의2(에너지절약시설 투자에 대한 세액공제) ① 내국인이 대통령령으로 정하는 에너지절약시설에 2018년 12월 31일까지 투자하는 경우에는 그 투자 금액의 100분의 1(대통령령으로 정하는 중견기업의 경우에는 100분의 3, 중소기업의 경우에는 100분의 6)에 상당하는 금액을 소득세(사업소득에 대한 소득세만 해당한다) 또는 법인세에서 공제한다.
> ② 제1항을 적용할 때 세액공제의 방법에 관하여는 제11조제1항·제3항 및 제4항을 준용한다.
> ③ 제1항을 적용받으려는 내국인은 대통령령으로 정하는 바에 따라 세액공제신청을 하여야 한다.
> 제11조제1항: 그 투자를 완료한 날이 속하는 과세연도의 소득세(사업소득에 대한 소득세만 해당한다) 또는 법인세에서 공제한다.

따라서 소득세 547,800원에서 다시 6%(32,868원)를 공제하면, 결국 100kW 태양광발전소 운영 시 연간 소득세는 약 50만 원 정도가 된다.

지금까지 설명한 것은 법인사업자가 아닌 개인사업자를 기준으로 산정한 것이다. 법인의 경우에는 과세 표준을 기준으로 발전 수익이 2억 원 미만까지는 10%의 세율을 적용받게 되고, 2억 원 이상인 경우에는 '2,000만 원+(연간 발전수익-2억 원)×0.2'가 된다. 만약 법인사업자로 등록하고 연간 과세표준이 2.5억 원이라고 가정하면 세금은 '2,000만 원+(2.5억 원-2.0억 원)×0.2=3,000만 원'이 된다.

따라서 법인사업자로 사업자등록을 할 것인지 아니면 개인사업자로 할 것인지는 과세표준이 어느 범위에 있는지를 판단해서 결정해야 한다. 첫 번째 경우에 100kW 발전사업자가 개인사업자로 등록할 경우에는 연간 약 50만 원 정도의 세금을 내야 하지만 법인사업자로 등록한 경우에는 최저 세율 10%를 적용받아 연간 약 91만 원의 세금을 내야 한다. 두 번째 예처럼 과세표준이 2.5억 원인 경우에 개인사업자는 2.5억 원이기 때문에 과세표준이 38%를 적용받게 되어 9,500만 원의 세금을 내야 하고, 법인 사업자는 3,000만 원의 세금을 내야 한다. 첫 번째 경우에는 개인사업자가 41만 원 절세가 가능하고, 두 번째 경우에는 법인사업자가 연간 6,500만 원을 절세할 수 있는 방법이다. 따라서 과세표준이 1,200만 원 미만인 경우에는 개인사업자가, 그 이상인 경우에는 법인사업자로 등록하는 것이 유리하다.

☀ 중소기업 특별세액 감면

법인사업자의 경우에는 전술한 제25조의2(에너지절약시설 투자에 대한 세액공제) 외에 추가적으로 신청 가능한 중소기업 특별세액 감면제도가 있다. 조세특례제한법 제7조(중소기업에 대한 특별세액 감면)에 의하면 중소기업 중 감면업종에 해당할 경우 2017년 말까지 사업장에서 발생한 소득에 대한 소득세 또는 법인세에 대해 일부 감면한다고 명시되어 있다. 제7조 ①항 감면업종에 '신에너지 및 재생에너지 개발·이용·보급·촉진법'에 따른 신·재생에너지 발전사업이 포함되어 있으며, ②항 감면 비율은 지역에 따라 다르지만 소기업의 경우 20~30%, 중기업의 경우 15%다.

> **조세특례제한법의 '중소기업 특별세액 감면'**
>
> 제7조(중소기업에 대한 특별세액감면) ① 중소기업 중 다음 제1호의 감면 업종을 경영하는 기업에 대해서는 2017년 12월 31일 이전에 끝나는 과세연도까지 해당 사업장에서 발생한 소득에 대한 소득세 또는 법인세에 제2호의 감면 비율을 곱하여 계산한 세액상당액을 감면한다.
> 1. 감면 업종
>   누. 「신에너지 및 재생에너지 개발·이용·보급 촉진법」에 따른 신·재생에너지 발전사업
> 2. 감면 비율
>   나. 소기업이 수도권에서 제1호에 따른 감면 업종 중 도매업 등을 제외한 업종을 경영하는 사업장 : 100분의 20
>   다. 소기업이 수도권 외의 지역에서 제1호에 따른 감면 업종 중 도매업 등을 제외한 업종을 경영하는 사업장 : 100분의 30
>   바. 중기업이 수도권 외의 지역에서 제1호에 따른 감면 업종 중 도매업 등을 제외한 업종을 경영하는 사업장 : 100분의 15
> ④ 제1항부터 제3항까지의 규정을 적용받으려는 내국인은 대통령령으로 정하는 바에 따라 감면신청을 하여야 한다.

따라서 위 조항에 해당된다면 추가적으로 15~30%의 세액공제를 받을 수 있다.

🌞 부가가치세

태양광발전사업을 통해 생산된 전기 판매금액은 부가가치세가 포함된 금액으로 매월 발전사업자의 통장에 입금된다. 따라서 부가세 신고기간에 한전으로부터 받은 매전에 대한 부가가치세 10%를 납부하면 된다. 그러나 태양광발전사업을 하면서 소모품 구입 등으로 부가가치세를 낸 부분이 있다면 납부해야 할 부가가치세에서 이 부분을 차감하고 납부하게 된다. 법인의 경우에는 매 분기바다 부가가치세를 신고하고 납부해야 한다.

🌞 4대 보험 가입

직장 생활을 하면서 발전사업을 한다면 직장에 이미 4대 보험이 가입되어 있어 별도로 4대 보험료를 납부하지 않아도 된다. 그러나 법인사업자의 경우 한 명의 직원이라도 채용했을 경우에는 건강보험을 포함한 4대 보험에 가입해야 한다. 국민연금은 수입이 확정되지 않은 첫해에는 99만 원으로 소득이 인정되어 약 89,100원의 국민연금 보험료를 납부하게 된다. 다음 해부터는 수입에 따라서 국민연금을 납부해야 한다.

태양광발전사업 시 절세전략은 정부의 각종 세금제도를 충분히 숙지하고 활용하라는 것이다. 보다 세부적인 세금 유형과 절세 방법은 태양광분야 세무 전문가의 도움을 받아 진행하기 바란다.

CHAPTER 03

태양광발전소 증여

   노후 준비를 목적으로 태양광발전소에 투자하는 대부분의 사람들은 은퇴 후 안정적으로 수익을 확보함과 동시에 자식에게 물려줄 생각으로 사업에 참여하게 된다. 여기서 자식에게 넘기는 것을 양도라 하고, 양도가 유상이면 매매가 되고, 무상이면 증여가 되게 된다. 따라서 대부분의 경우에는 증여의 개념으로 자식에게 물려주기를 원하게 된다.

   그러나 안타깝게도 태양광발전소를 자녀에게 물려줄 때 증여는 '가업 상속 공제 및 창업 자금 증여'에 포함되지 않는다. 따라서 '증여세 과세 특례 규정'을 적용받을 수 없으며, 또한 '조세특례제한법'상 다른 특례 규정도 없다.

> **제30조의 5 [창업 자금에 대한 증여세 과세특례]**
>
> 18세 이상인 거주자가 제6조 제3항 각 호에 따른 업종을 영위하는 중소기업을 창업할 목적으로 60세 이상의 부모(증여 당시 아버지나 어머니가 사망한 경우에는 그 사망한 아버지나 어머니의 부모를 포함한다. 이하 이 조에서 같다)로부터 토지, 건물 등 대통령령으로 정하는 재산을 제외한 재산(증여세 과세가액 30억 원을 한도로 하며, 이하 이 조에서 "창업 자금"이라 한다)을 증여받는 경우에는 [상속세 및 증여세법] 제53조 및 56조에도 불구하고 증여세 과세가액에서 5억 원을 공제하고 세율을 100분의 10으로 하여 증여세를 부과한다. 이 경우 창업 자금을 2회 이상 증여받거나 부모로부터 각각 증여받는 경우에는 각각의 증여세 과세가액을 합산하여 적용한다.

따라서 자식에게 태양광발전소를 증여하고자 할 경우에는 증여세가 발생하게 된다. 증여세란 타인의 증여에 대해 무상으로 취득하게 된 재산으로 과세가 되는 누진세로 정의된다. 증여를 받게 되면 증여세는 재산 혹은 증여받은 날의 말일로부터 3개월 이내에 관할지 세무서에 의무적으로 신고해야 한다.

건설한지 5년 되었고, 현재 가치는 약 1억 7,000만 원인 100kW 태양광발전소를 자식에게 증여하고자 한다면 얼마의 증여세를 부담해야 하는지 알아보자.

- 증여 재산 공제기준에 의해 직계존속의 경우 5,000만 원을 공제받게 된다. 따라서 과세 표준은 12,000만 원이 되고, 세율 20%가 적용되어 1,400만 원의 세금이 산출된다. 여기에 7%의 자진납부 신고 세액 공제를 받아서 1,302만 원의 증여세를 내야 한다.

증여세는 국세청에서 제공하는 모의계산기[76]를 이용해서 간단히 계산해볼 수 있다.

표 증여세 기본 공제

증여자	공제금액
배우자	6억 원
직계존속	5,000만 원 (단, 미성년자인 경우 2,000만 원)
직계비속	3,000만 원
기타 친족	500만 원

표 증여세 과세 표준 및 세율

과세 표준	세율	누진공제
1억 원 이하	10%	–
1억 원 초과~5억 원 이하	20%	1,000만 원
5억 원 초과~10억 원 이하	30%	6,000만 원
10억 원 초과~30억 원 이하	40%	16,000만 원
30억 원 초과	50%	46,000만 원

---

76) https://www.hometax.go.kr/websquare/websquare.wq?w2xPath=/ui/pp/index_pp.xml#

CHAPTER 04

태양광발전소 잔존가치

　잔존가치에 대한 정의는 다양하다. 1) 잔존가치(Residual Value)[77]란 '고정자산의 내용연수가 만료되는 시점에 남아 있는 자산적 가치'를 말한다. 2) 설비자산은 그 자체가 갖고 있는 능력을 다하더라도 매각처분해서 얻을 수 있는 처분가치를 가지고 있다. 즉 '어떤 자산이 다른 목적에 전혀 사용될 수 없을 때 자산을 처분함으로써 취득할 수 있는 가치를 잔존가치[78]'라 한다. 3) 잔존가치(salvage value)[79]는 어떤 시설의 서비스 수명이 끝난 후에도 남아 있는 가치, 즉 '구입가나 설치비용에서 감가상각 비용을 뺀 자산 가치'로 정의되기도 한다.

---

77) http://dic.hankyung.com
78) http://www.mk.co.kr
79) 해양과학용어사전

세법에서는 유형고정자산의 잔존가치는 취득가액의 100분의 10으로 하고, 무형고정자산의 경우는 잔존가치가 없도록 규정하고 있다. 세법을 기준으로 보면 태양광발전소는 유형 고정자산에 해당되기 때문에 취득가액의 100분의 10이 된다.

태양광발전설비의 경우에는 1)과 3)의 잔존가치 정의를 결합한 "잔존가치란 어떤 시설이 내용연수까지 매년 남아 있는 가치로서, 설비의 수명기간 동안 매년 감가상각을 고려한 잔존 생산 부가가치와 토지 가치를 합한 가치"로 정의하고자 한다. 즉 '설비가 남은 내용연수까지 생산 가능한 부가가치 + 잔존 토지 가치'로 정의하고자 한다[80].

태양광발전소에 대한 잔존가치 정의를 바탕으로 100kW 태양광발전소의 시간에 따른 잔존가치를 알아보자. 이해를 돕기 위해 평당 5만 원인 일반부지 500평에 2017년 7월 100kW 용량의 태양광설비를 설치했다고 가정하자. RPS 계약을 체결했고, SMP는 100원/kWh, REC는 80원/kWh, 운영관리비용은 매출액의 2%로 계산했다. 아래 그림은 연도별 수익, 누적수익, 토지 잔존가치, 그리고 설비의 잔존가치를 계산한 예다.

---

[80] 현재 태양광발전소의 잔존가치에 대한 정의가 확립되지 않아서 저자가 주관적으로 정의한 것임.

연간 수익은 연도별로 발전 효율이 떨어지기 때문에 감소하게 된다. 반면 토지가격은 물가 상승률(연 3%)만큼 상승한다고 가정했기 때문에 시간에 따라 증가하게 된다. 누적 수익 역시 매년 수익을 합한 것이기 때문에 증가하게 된다. 이러한 상황에서 발전소의 잔존가치는 잔존 생산 부가가치와 토지가격의 합으로 정의되어 감소하게 된다. 마지막 해인 2042년에는 토지가치 상승분과 마지막 해의 발전 수익만이 남게 된다. 25년 이후에는 더 이상의 발전이 이루어지지 않는다고 가정했기 때문에 토지가격이 잔존가치가 되는 것이다. 이러한 태양광발전소에 대한 잔존가치 개념을 태양광발전소 가치평가에 적용한다면 연도별 태양광발전소의 가치평가가 가능할 것이다.

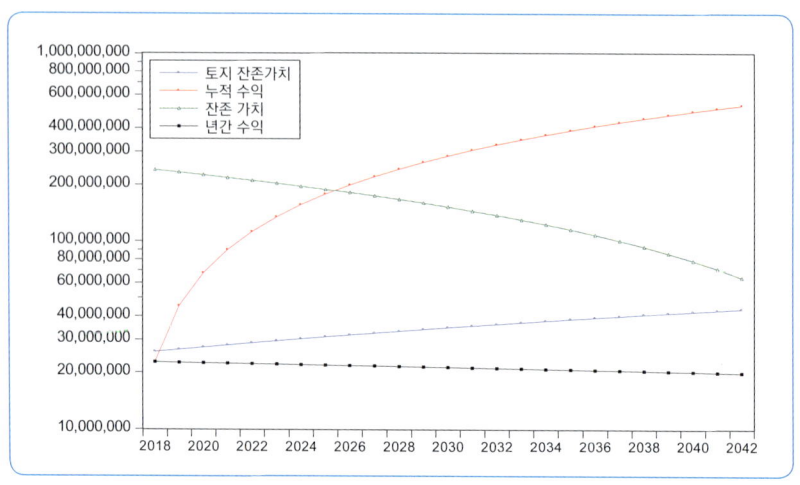

그림 잔존가치 계산 예

CHAPTER 05

태양광발전소 가치평가

　태양광발전소에 대한 가치평가(Valuation of PV)는 태양광발전소를 하나의 자산(Asset)으로 보고, 정량적인 방법을 사용해 가치를 평가하는 과정을 말한다. 현재 전 세계적으로 태양광발전소에 대한 객관화된 평가방법은 존재하지 않는다. 우리나라에는 약 2만 개 이상의 태양광발전소가 운영되고 있어 향후 태양광발전소 거래를 위한 가치평가방법론의 정립이 시급한 상황이다. 따라서 이 장에서는 태양광발전소 거래시장 및 전망, 가치평가의 필요성, 그리고 구체적인 가치평가 방법론에 대해 살펴보자.

☀ 태양광발전소 거래시장 및 전망

　태양광발전소는 공인중개사법 제3조에 의하면 '건축물 그 밖의 토지의 정착물'에 해당된다. 따라서 태양광발전소의 거래는 공인중개사법을 기반으로 거래가 이루어져야 한다. 태양광발전소 거래시장 및 전망을 살펴보기에 앞서, 태양광발전소 거래시장이 어떤 이유로 존재하는가에 대해 살펴보자. 시장은 수요자와 공급자가 존재할 때 형성된다. 태양광발전소 거래시장에서 공급자는 어떤 이유 때문에 매매를 원하는 매도자가 되고, 수요자는 구매를 원하는 매수자가 된다. 태양광발전소 거래시장에서 수요, 공급은 다음과 같은 이유로 이루어지게 된다.

- 공급 측면에서 보면, 개인적인 사정 등으로 투자금 회수가 필요하거나, 더 이상 발전소를 운영할 상황이 안 되는 경우, 또는 자금 회전이 필요할 경우에 태양광발전소를 시장에 내놓게 된다.
- 다음으로 100kW급 소용량 태양광발전사업을 시작했으나, 실제 태양광발전사업을 해보니 충분히 수익이 되고 좀 더 용량을 키워서 사업을 추진하는 것이 수익측면에서 유리하다고 판단해 매도를 원하는 경우다. 이를 '태양광발전소 갈아타기'라 부르기도 한다.
- 수요 측면에서는, 개발 또는 분양을 통해 태양광발전사업에 참여할 경우 많은 시간이 소요될 뿐만 아니라 이 과정에서 있을 수 있는 리스크를 줄일 목적으로 구매를 희망하는 경우다. 즉 이미 건설되어 운영되는 태양광발전소 구매해 운영하는 것이 안정적인 수익을 확보할 수 있다고 판단해 구매를 희망하는 경우다.

우리나라의 태양광발전소 거래시장 규모는 거래액 기준으로 약 300억/년으로 추정된다. 이에 대한 추정 근거는 다음과 같다. 우리나라에 2016년 12월말 기준으로 약 2만여 개의 태양광발전소가 운영되고 있으며, 이 중 거래 대상 발전소를 1MW 이하로 한정하면, 약 14,200개 (50~100kW 규모 11,000개, 100kW~1MW 규모 3,200여개)가 거래 대상이다. 여기서 연간 태양광발전소 거래율을 1%로 가정하면 약 140여기가 된다. 발전소당 거래 가격을 100kW 기준으로 약 2.0억 원이라고 가정하면 거래시장 규모는 대략 300억 원 규모로 추정된다.

☀ 태양광발전소 가치평가 필요성

주택보급사업의 일환으로 주택에 태양광발전설비를 설치한 후 주택을 매매하고자 한다면, 태양광발전설비의 가치는 어떻게 평가해야 하는가? 전체 주택가격에서 태양광발전설비가 차지하는 비중이 크지 않고 주택에 붙어 있는 정착물이기 때문에 큰 문제가 되지 않을 수도 있다. 그러나 태양광발전설비처럼 수억 원을 투자했다면 상황은 달라진다. 태양광발전설비도 하나의 자산이기 때문에 시간에 따라 변화하는 가치를 정량적으로 평가할 수 있어야 한다. 과거에는 없던 새로운 개념의 토지 위에 존재하는 정착물에 대한 가치평가가 필요한 이유다.

따라서, 태양광 가치평가가 필요한 이유로는 첫째, 태양광발전소 거래를 희망하는 매수자와 매도자의 입장에서 모두 인정할 수 있는 객관적인 평가가 필요하기 때문이다. 둘째, 국내 운영 중인 태양광발전소에 대한 거래시장의 증가가 예상되기 때문에 이를 대비해 체계적이고 객관적인 평가방법의 수립이 필요하기 때문이다.

셋째, 거래 시장 이외에 일반회사, 정부기관, 전력회사, 법무법인, 그리고 은행권 역시 태양광발전소에 대한 현존 및 잔존가치에 대한 자료가 필요하다. 예를 들면, 가치평가 자료를 이용해 정부는 재산세율을 정하는 데 사용할 수 있고, 보험회사는 보험요율을 정하는 데 사용하고, 은행권에서는 대출한도를 정하는 데 사용할 수 있기 때문이다.

기존 가치평가방법론

태양광발전소를 포함한 모든 유형, 무형의 자산에 대한 가치평가는 기본적으로 평가방법의 객관성, 정확성, 논리성이 담보되어야 하며, 다양한 변수가 종합적으로 고려되어야 한다. 태양광발전소에 대한 가치평가방법론이 아직까지 확립되지 않았기 때문에, 기존 감정평가 분야와 발전소 분야에서 사용하고 있는 가치평가방법론을 살펴보자.

감정평가 분야의 가치평가는 비용접근법, 수익접근법, 시장접근법을 종합적으로 고려해서 이루어진다. 평가를 위해 우선 현장을 방문해 설비, 수익, 지출 등과 관련된 모든 자료를 수집하게 된다. 수집된 자료 중 건설비용 등을 이용해 설비비용을 다시 계산한다. 다음으로 전력판매계약서, 수입, 지출비용 등의 자료를 이용해 현금 흐름을 파악하고, 향후 예상 수익을 추정하게 되는데 이를 수익 접근법이라고 하며, 이러한 과정을 거쳐 설비의 현재가치를 평가하게 된다. 다음으로 유사 설비가 시장에서 거래되었다면 판매 자료를 비교해 가치를 추정하게 된다. 마지막으로 이상의 비용접근법, 수익접근법, 그리고 시장접근법을 통해 평가된 가치를 종합적으로 고려해 최종 가치를 평가하는 것이다.

다음으로 기존 발전소(태양광을 제외한 기존 화력발전소 등을 의미함) 가치평가는 기본적으로 발전소의 효율, 즉 용량 대비 발전량을 기준으로 평가하게 된다. 이를 비용 접근법(Cost Approach)이라 하며, 비용 접근법은 원가추세 분석법, 용량당 비용방법, 그리고 대안기술 접근법으로 구분된다. 원가추세 분석법은 공사원가에 대한 비용 추세를 이용해서 가치를 평가하는 방법이다. 즉 시간에 따라 발전소 건설비용이 다르기 때문에 이를 바탕으로 현재 발전소에 대한 가치를 평가하는 것이다. 이 방법을 태양광발전소 가치평가에 적용하면 과거에 비싼 가격으로 건설한 발전소가 최근에 신기술 또는 저비용으로 건설한 발전소에 비해 비싸진다는 논리적 모순이 발생하게 된다. 용량당 비용방법은 한 기의 태양광발전소 또는 100kW의 태양광발전소를 건설할 때 소요되는 단위 유닛(Unit) 비용을 계산하고, 여기에 설비 개수를 곱해 발전소의 가치를 평가하는 방법이다. 이 방법의 경우 태양광발전소 가치평가에 적용하는 데 한계가 있다. 그 이유로는 만약 100kW 태양광발전소를 건설할 때 kW당 건설 비용과 1MW 태양광발전소를 건설할 때 kW당 건설비용의 차이가 발생하기 때문이다. 세 번째, 대안기술 접근법은 타 발전소 유형, 즉 화력발전, LNG발전소 등과 비교하는 방법으로 이 방법 역시 태양광발전소 가치평가방법으로는 적절치 않은 방법이다. 태양광발전소의 kW 당 건설비용이 타 발전소의 비용에 비해 높기 때문이다.

감정평가방법론과 발전소 가치평가방법론 모두 수익접근법과 시장접근법이 근간을 이루고 있으며, 이들 가치평가방법론을 태양광발전소에 적용하는 것은 한계가 있다. 따라서 태양광 가치평가를 위한 새로운 접근방법이 필요하다.

해외 태양광발전소 가치평가 사례[81]

태양광발전소 가치평가 툴은 미국 에너지부 핵안보실 산하의 Sandia National Laboratories와 Solar Power Electric™가 공동 개발한 태양광가치평가 프로그램(PV ValueTM)이 있다. 이 평가 툴은 기존 및 신규 태양광발전소에 대한 가치평가가 가능하고, 평가 대상을 가정용, 상업용으로 구분해서 평가할 수 있다. 이 프로그램은 부동산 가치평가사, 대출상담사, 신용평가사, 부동산 평가사, 보험사정인, 발전사업자들이 활용할 목적으로 개발되었다.

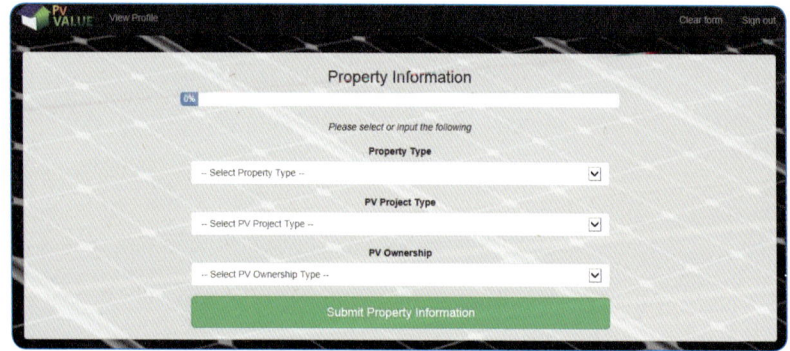

그림 태양광가치평가 프로그램(PV Value™) 초기 화면

---

81) www.pvvalue.com

PV Value 프로그램은 미국의 상황에 맞게 설계, 개발된 프로그램이다. 따라서 국내의 발전사업자들이 활용할 수 없는 단점이 있다.

에너지 코리아의 태양광발전소 가치평가 사례

국내의 태양광 가치평가 프로그램은 에너지코리아(www.energykorea.com)에서 개발했다. 이 프로그램은 우리나라 현실에 맞게 설계, 개발된 프로그램으로 구체적인 평가 절차는 5단계로 구성되어 있다.

그림 태양광발전소 가치평가 절차 및 입력정보

에너지코리아의 가치평가 프로그램의 초기화면은 다음 그림과 같다.

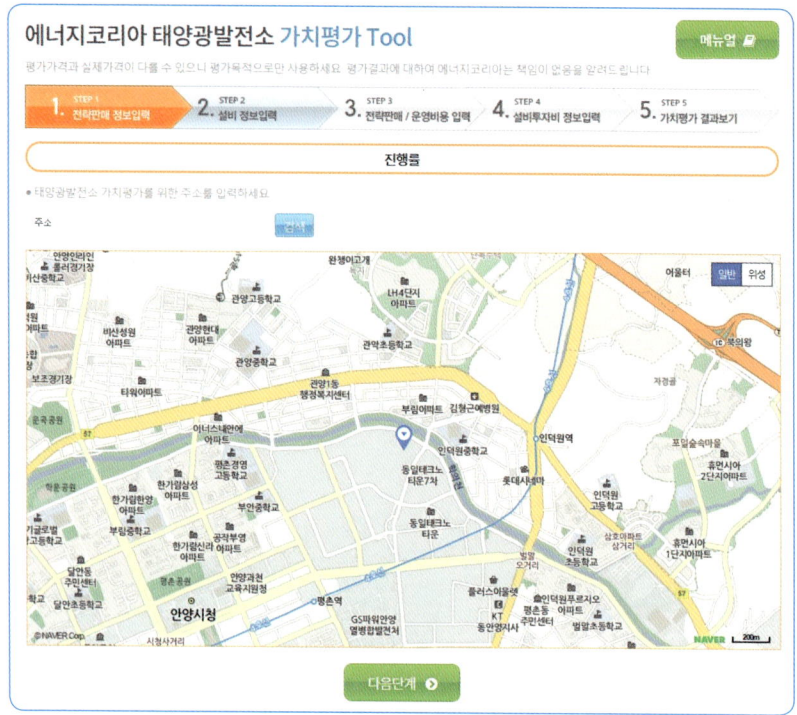

그림   에너지코리아 태양광발전소 가치평가 Tool 초기화면

    에너지코리아에서 개발된 프로그램을 이용해 다음 경우에 대해 태양광발전소에 대한 가치를 평가해보자. 2015년 7월에 일반부지에 설치한 99kW 용량의 발전소를 2년 후인 2017년 7월에 매매하고자 한다. 가치평가를 위한 설비, 전력 판매, 운영·관리비, 투자비 정보 등은 다음과 같다.

표 태양광발전소 가치평가를 위한 조건 예

구분	항목	입력 조건	비고
설비 정보	설치연도	2015년 7월	
	설치유형	일반부지	일반부지, 건축물활용, 수상, 자가용 중 택일
	설비용량	99kW	자동으로 REC 가중치 계산
	일 발전시간	3.6시간	실제 발전시간 입력 가능
	ESS 연계 여부	비연계	연계 가능
	Array Type	고정식	고정식, 경사가변, 단축추적, 양축추적 중 택일
	토지정보	면적 500평, 5만 원/평	실 면적 및 실 거래가 입력 가능
전력 판매 정보	계약형태	RPS	FIT, RPS, 고정가격, 자가용 중 택일
	SMP 가격	80원/kWh	실제 계약가격 입력 가능
	REC 가격	120원/kWh	실제 계약가격 입력 가능
	계약 연월	2015년 7월	실제 계약연월 입력가능
	계약기간	12년	계약기간 0, 12년 중 택일
운영 관리 비용	운영관리(O&M) 비용	2%	직접입력, % 입력 중 택일 직접입력 항목 : 인건비, 모니터링비용, 기타비용 등
투자비 입력	자기자본금	11,500만 원	50% 투자 시
	대출금	11,500만 원	50% 융자
	이율	3.5%/년	실제 이율 입력 가능
	대출조건	1년 거치 10년 상환	실제 대출조건 입력 가능
	목표 수익률(%)	10%	목표 수익률 입력 가능
거래 희망 연월		2017년 7월	거래 희망일 입력 가능
인버터 장기수선 충당금		인버터 수명을 10년으로 가정해 장기수선 충당금 계산	
물가 상승률		3.0%	원하는 물가 상승률 입력 가능

우선 전체 사업기간 25년에 대해 연간 발전량, 발전수익, 지출비용, 연간 수익, 누적수익, 연간 수익률 등을 산정해야 한다.

연도별 예상발전량은 다음과 같은 식을 이용해서 계산한다.

연도별 예상발전량(kWh) = 설비용량(99.0kW) × 발전시간(3.6시간/일) × 365일 × 발전 효율[-0.5%/년] × 어레이 형태(고정식)

여기서 발전 효율(%)은 [1.0 - 효율 저하율(%) × 0.01]을 이용해 계산한다. 즉, 첫 해에는 효율 저하율이 0.0이고 그 다음 해부터 효율 저하율(%) 만큼 감소하면서 발전하기 때문이다. 어레이 타입은 고정식, 경사가변 고정식, 단축 추적식, 양축 추적식 등에 따라 발전효율이 달라지게 되는데 여기서는 고정식으로 계산했다. 고정식과 양축 추적식은 최대 22.5%의 발전 효율의 차이를 보여준다.

연도별 발전수익은 전력 판매방식에 따라 계산식이 달라진다. 전력 판매방식은 2012년 전까지는 FIT, 2012년 이후에는 RPS, 그리고 최근에는 SMP+REC고정가격 제도 등이 도입되었기 때문에 발전소의 설립 연월과 계약방식에 따라 발전 수익이 달라지게 된다. 여기서는 2015년 발전소 건설과 함께 12년 RPS 계약을 한 것으로 계산했다.

발전수익은 발전량(kWh) × (SMP 가격 + REC 가격 × REC 가중치)로 계산해야 한다. 계산에서는 SMP 가격과 REC 가격은 각각 80원/kWh,

120원/kWh로 했다. REC 가중치는 100kW 미만의 일반부지에 태양광발전소를 건설했기 때문에 규정에 의해 1.2가 된다. 현재의 상황을 그림으로 그리면 다음과 같다. 2015년 7월부터 2027년 6월까지 12년 동안 RPS 계약에 의거 발전수익을 계산하고(a 구간), 이후 2040년 6월까지 13년 동안(b 구간)은 과거 매전가격이나 보수적으로 추정해서 계산해야 한다.

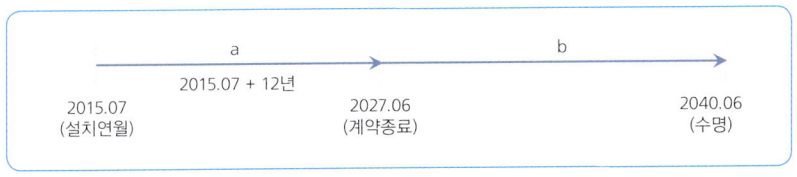

그림 발전수익 계산 구간

다음으로 지출비용을 계산해야 한다. 지출비용은 크게 운영비, 세금, 대출금 상환금, 이자 등이 있으며, 매월 지출해야하는 부분은 아니지만 투자금에 대한 감가상각비를 고려해야 한다.

연간 운영비는 안전관리자 선임 등의 인건비, 인터넷 전용망 이용비와 모니터링 비용, 보험료, 기타비용이 포함되며 각각의 값을 이용해서 비용을 산출하거나 또는 전체 매출액의 %로 추산할 수 있다. 대략 100kW 이하 발전소는 전체 매출액의 1~2%, 500kW 발전소는 약 3~5%, 1MW 이상 발전소는 약 5~8%로 계산하면 된다. 세금은 수익에서 비용을 제외한 과세 표준을 계산해 세율을 적용해야 한다. 법인세의 경우 과세 표준 2억 원 미만은 10%, 2억 원 이상인 경우에는 2,000만 원+(발전수익-2억)×0.2로 계산했다. 전술한 바와 같이 태양광발전소의 경우 조세특례제한법에 의해 시설비를 감가상각으로 인정받을 수 있기 때문에 실제 세금부담은 크지 않다. 대출금 상환은 원리금 균등분할상환과 원금 분할상환으로 구분할 수 있는데, 이는 프로젝트 파이낸싱 과정에서 어떤 금융상품을 이용했는지에 따라 달라진다. 원금 분할상환방식은 원금을 상환기간으로 나눈 후, 여기에 이자비용을 더해 매월 갚아나가는 방식이다. 따라서 대출금에 대한 원금과 이자를 분할해 납부해야 하기 때문에 이를 계산에 반영해야 한다. 그리고 인버터 수선 충당금은 보통 인버터의 보증기간이 5년, 10년이기 때문에 보증기간 이후에 대해 수선충당금의 형태로 비용이 들어간다고 가정해서 계산에 반영해야 한다. 간접비용인 시설 감가상각비는 태양광발전소의 수명을 25년으로 가정해 이 기간 동안 본인이 투자한 자기자본금이 없어진다고 보고 시설감가상각비를 계산했다.

이상의 방법을 통해 연도별 발전수익과 연도별 지출요소인 유지관리비가 결정되면 이를 바탕으로 연도별 수익, 수익률, 사업기간 동안 누적수익을 계산해야 한다. 수익이 결정되면 다음으로 투자 분석이 이루어지게 된다. 투자 수익 분석은 자기자본 비율, 부채 비율 등을 계산해야 한다.

▷ **연도별 수익**(원/년) = 연도별 발전수익(원/년) − 연도별 운영관리비용(원/년)

▷ **연도별 누적수익**(원) = $\sum_{i=1}^{25}$ 연도별수익(원)

▷ **연평균 수익**(원) = 연도별 누적수익 / 25년

▷ **태양광사업만 투자했을 경우 자기자본 비율**(%) =
$$\frac{\text{자기자본금(원)}}{\text{자기자본금(원)} + \text{대출금(원)}} \times 100.0$$

▷ **태양광+ESS 사업 투자 시 자기자본 비율**(%) =
$$\frac{\text{자기자본금(원)} + ESS\text{자본금(원)}}{\text{자기자본금(원)} + ESS\text{자본금(원)} + \text{대출금(원)} + ESS\text{대출금(원)}} \times 100.0$$

▷ **태양광사업만 투자했을 경우 부채 비율**(%) = $\frac{\text{대출금(원)}}{\text{자기자본금(원)} + \text{대출금(원)}} \times 100.0$

▷ **태양광+ESS 사업 투자 시 부채 비율**(%) =
$$\frac{\text{대출금(원)} + ESS\text{대출금(원)}}{\text{자기자본금(원)} + ESS\text{자본금(원)} + \text{대출금(원)} + ESS\text{대출금(원)}} \times 100.0$$

▷ **년 수익률**(%) = $\frac{\text{연도별수익(원)}}{\text{자기자본금(원)}} \times 100.0$

▷ **할인율**(%) = 목표 수익율(%) × 자본금 비율(%) + 대출금리(%) × 부채 비율(%)

현재 시중에 거래되는 인버터 용량별 가격은 다음 표와 같다.

표 인버터 용량별 가격 예

인버터 용량(kW)	가격 (만 원)	kW당 단가(만 원/kW)
3.0	72.7	24.2
10.0	181.0	18.1
100.0	1,500.0	15.0
1,000.0	8,000.0	8.0
평균		8.0~24.2

인버터 수선충당금은 용량별로 현재 시중에서 거래되는 가격을 기준으로 회귀분석을 통해 태양광발전소 용량을 기준으로 계산식을 만들고, 이 식을 이용해 설비용량별로 연간 인버터 수선 충당금을 계산해야 한다.

NPV(Net Present Value, 순현재가치)는 투자에 따른 미래의 현금흐름을 정해진 할인율에 따라 현재가치(PV:Present Value)로 계산해 투자를 통해 얻을 수 있는 가치를 추정하는 방식이다. 즉, 전체 사업기간동안 매년 발생하는 현금흐름을 $(1+할인율)$의 t승으로 나눈 값이다. 투자에 따른 순 현재가치는 다음 식에 의해 계산한다.

▷ 순 현재가치(NPV)= $\sum_{t=0}^{N} \dfrac{C_t}{(1+r)^t}$

여기서 t = 현금 흐름 기간(25년)
  N = 사업의 전체 기간(25년)
  r = 할인율
  C_t = t 시점의 현금 흐름

IRR(Internal Rate of Return : 내부수익률)은 NPV가 0이 되는 할인율을 말한다. 투자자의 입장에서 IRR을 통해서 투자에서 얻을 수 있는 최대 수익률을 예측할 수 있기 때문에 NPV보다 선호되는 값이다. 즉, IRR은 투자자가 얻을 수 있는 최대 수익률이라고 생각할 수 있으며, 순현재 가치가 0이 되는 값을 찾는 과정이다. IRR은 다음 식에 의해 계산한다.

▷ 내부 수익율(IRR)= $\sum_{t=0}^{N} \dfrac{C_t}{(1+r)^t} = 0$

여기서 t = 현금 흐름 기간(25년)
  N = 사업의 전체 기간(25년)
  r = 할인율
  C_t = t 시섬의 현금 흐름

여기서 t 시점의 현금흐름은 연도 또는 월을 기준으로 수익에서 지출을 뺀 값을 사용한다. 그러나 현실적으로는 현금흐름 값을 도출하는 방식은 여러 가지 변형된 형태로 사용되고 있기 때문에 한 가지 방식으로 확정하기 어려운 면이 있다.

투자자의 입장에서 NPV와 IRR 값이 모두 + 값이고 값이 크다면 투자 가치가 있고, 둘 중에 하나만 + 라면 투자를 고려할 수준으로, 그리고 모두 - 값인 경우에는 투자 가치가 없다고 판단하면 될 것이다.

다음으로 잔존가치는 태양광발전소가 어느 시점에서 어느 정도의 가치를 가지고 있느냐를 표현하는 수치로서, 잔존가치에는 금융기관 등에서 필요한 회계상 잔존가치와 실물 잔존가치가 있다. 여기서는 실물 잔존가치를 의미한다.

잔존가치는 태양광발전사업을 통해 얻을 수 있는 총 누적수익에서 시간의 경과에 따른 수익을 뺀 값으로 정의했다.

▷ 잔존가치 $= \sum_{t=0}^{N}(수익)_t - \sum_{t=0}^{N-Yr}(수익)_t$

여기서 t = 현금 흐름 기간(25년)
　　　N = 사업의 전체 기간(25년)
　　　Yr = 사업기간 중 어떤 해

이상의 과정을 거쳐 태양광발전소에 대한 가치를 평가하게 되는데, 경제성 분석을 포함한 가치평가 결과는 다음과 같다.

위 조건의 태양광발전소는 25년간 총 3,064,125kWh (3,064MW)의 발전을 통해 약 6.86억 원의 매출과, 2.22억 원의 지출을 통해 약 4.64억 원의 수익을 얻게 된다.

전력생산량은 2015년 8월부터 2040년 7월까지 월별 일사량 및 모듈의 효율 저하율(0.5%/년)에 따라 월별로 변동하게 된다. 월별 발전수익은 거의 일정하게 유지되나 실제 수익에서는 크게 차이가 발생하는데, 이는 초기 금융권을 통한 대출 1.15억 원(1년 거치 10년 분할상환)이 실제 수익에 영향을 미치기 때문이다. 이에 따라 1년 후인 2016년 8월부터 2026년 7월까지 수익이 상대적으로 적게 나타나고, 대출금을 전액 상환한 이후부터는 수익이 증가하게 된다. 이러한 대출금 상환은 수익률에도 영향을 미치게 된다. 잔존가치는 사업초기에 최대가 되지만 시간이 흐름에 따라 감소하고 결국 25년 후에는 값이 0이 된다(토지비용 미고려 시). 태양광가치평가는 잔존가치와 수익 구조에 따라 결정되기 때문에 어느 시점에 매매하는가에 따라 그 가격이 다르게 된다. 분명한 것은 시간이 흐름에 따라 태양광발전소의 가치는 감소하게 된다는 점이다. 이에 따라 사업을 시작한 이후 5년 이내에 거래하는 것이 판매자의 입장에서는 가장 좋은 조건으로 거래가 가능하게 된다. 5년 이상이 되면 설비의 유지·보수비용이 증가해서 수익률에 영향을 주기 때문이다. 결론적으로 2017년 7월을 기준으로 상기 태양광발전소의 가치는 25,383만 원이다.

표 태양광발전소 가치평가 결과

(단위 : 만 원)

년	발전량 (kWh)	발전수익 (만 원)	지출비용 (만 원)	연간수익 (만 원)	누적수익 (만 원)	수익률 (%)	잔존가치 (만 원)
2015	53,573.7	1,200.1	192.4	1,007.7	1,007.7	8.8	–
2016	130,022.9	2,912.5	1,090.3	1,822.2	2,829.9	15.9	–
2017	129,463.7	2,900.0	1,725.3	1,174.7	4,004.6	10.2	42,367.2

2018	128,813.3	2,885.4	1,683.3	1,202.2	5,206.7	10.5	41,165.0
2019	128,162.8	2,870.8	1,641.3	1,229.6	6,436.3	10.7	39,935.5
2020	127,512.4	2,856.3	1,599.3	1,257.0	7,693.3	10.9	38,678.4
2021	126,862.0	2,841.7	1,557.3	1,284.4	8,977.8	11.2	37,394.0
2022	126,211.6	2,827.1	1,515.3	1,311.9	10,289.7	11.4	36,082.1
2023	125,561.1	2,812.6	1,473.3	1,339.3	11,629.0	11.7	34,742.8
2024	124,910.7	2,798.0	1,431.3	1,366.7	12,995.7	11.9	33,376.1
2025	124,260.3	2,783.4	1,451.2	1,332.2	14,327.9	11.6	32,043.9
2026	123,609.8	2,768.9	1,020.9	1,748.0	16,075.9	15.2	30,295.9
2027	122,959.4	2,754.3	342.5	2,411.8	18,487.7	21.0	27,884.1
2028	122,309.0	2,739.7	340.7	2,399.0	20,886.7	20.9	25,485.0
2029	121,658.5	2,725.2	339.0	2,386.2	23,272.9	20.8	23,098.9
2030	121,008.1	2,710.6	407.5	2,303.1	25,576.0	20.0	20,795.7
2031	120,357.7	2,696.0	472.1	2,223.9	27,799.9	19.3	18,571.8
2032	119,707.3	2,681.4	470.4	2,211.1	30,011.0	19.2	16,360.8
2033	119,056.8	2,666.9	468.6	2,198.2	32,209.2	19.1	14,162.5
2034	118,406.4	2,652.3	466.9	2,185.4	34,394.7	19.0	11,977.1
2035	117,756.0	2,637.7	465.1	2,172.6	36,567.3	18.9	9,804.5
2036	117,105.5	2,623.2	463.4	2,159.8	38,727.0	18.8	7,644.7
2037	116,455.1	2,608.6	461.6	2,147.0	40,874.0	18.7	5,497.8
2038	115,804.7	2,594.0	459.9	2,134.1	43,008.1	18.6	3,363.7
2039	115,154.2	2,579.5	458.1	2,121.3	45,129.4	18.5	1,242.3
2040	67,422.1	1,510.3	267.9	1,242.3	46,371.8	10.8	–
계	3064125	68636.4	22264.6	46371.8		16.13	

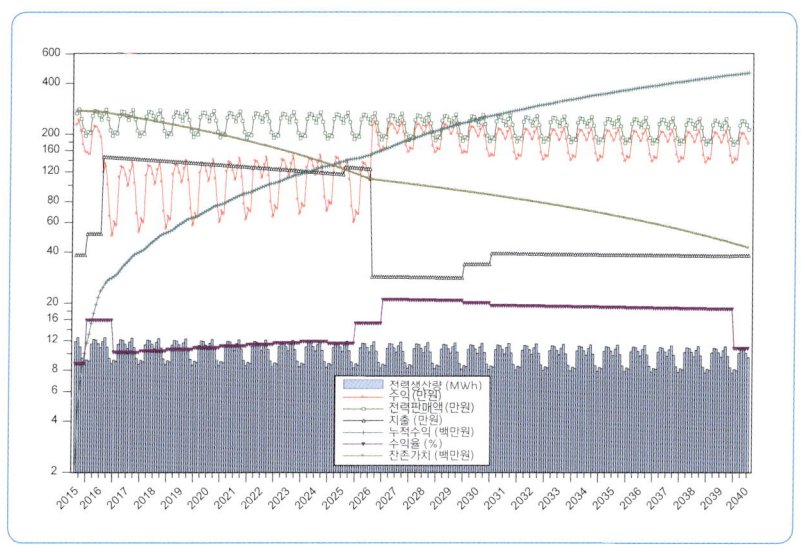

그림 태양광발전소 가치평가 결과

다음으로 살펴봐야 할 내용은 상기 조건으로 2017년 7월에 구매자와 판매자 사이에 매매가 이루어졌다면 각각 어떤 이득을 얻을 수 있는지 알아봐야 한다. 이는 태양광발전소 거래에서 중요한 요소다. 즉 판매자의 입장과 구매자의 입장에서 손해를 보지 않으면서 이익을 얻는 지점, 즉 적정 가격을 제시할 때 거래가 이루어지기 때문이다. 이 발전소가 운영을 시작한지 2년 후에 2.53억 원에 거래가 이루어졌다면, 구매자와 판매자 사이에는 어떤 이득이 있는지를 살펴보자.

판매자는 투자에 따라 연 평균 15.33%의 수익률로 2년간 총 3,525만 원의 운영 수익과, 거래에 따른 차익 3,533만 원을 합해 총 7,058만 원의 이익을 얻었다. 반면 구매자는 연 평균 수익률 15.04%로 23년간 42,845만 원과 토지 가치상승에 따라 총 4,375만을 얻어 총

47,220만 원의 예상 이익을 얻을 수 있다. 판매자의 수익률이 약 0.3% 높은 이유는 태양광발전소 거래 시장이 판매자 중심의 시장이기 때문이다. 판매자 중심의 시장은 다수의 구매희망자가 존재함에도 불구하고 시장에 나오는 매물이 적은 시장이라는 의미다.

여기서 중요한 점은 만약 태양광발전소를 거래하지 않고 초기 투자자가 25년간 얻을 수 있는 총 부가가치는 약 50,746만 원(25년간 운영이익 46,371만 원+25년 후 토지가치 4,375만 원)이지만, 이 거래를 통해 판매자와 구매자가 얻을 수 있는 사회적 부가가치는 약 54,278만 원(판매자 이익 3,525만 원+거래 차익 3,533만 원+구매자 예상이익 47,220만 원)으로 거래에 따라서 약 6.9%의 사회적 부가가치를 창출했다는 점이다.

표 태양광발전소 거래에 따른 판매자와 구매자의 수익 비교 예

구 분	항 목	내 용	비 고
판매자	투자 금액	11,500만 원	지기자본 비율 50%
	운영 수익	3,525만 원	경비, 대출금상환 등을 제외한 순 수익
	연 평균 수익	1,762만 원	2015.07~2017.06까지 운영기간 동안
	연 평균 수익율	15.33%	
	판매 금액	25,383만 원	
	총 이익	7,058만 원	운영 수익+투자 차익

구매자	구매 금액	25,383만 원	대출금 10,350만 원 포함
	실 투자금	12,383만 원	총 투자금 – 대출금 – 토지 가격
	연 평균 수익	42,845만 원	2017.07~2040.06까지 23년간 예상 수익
	연 평균 수익율	15.04%	
	운영 수익	42,845만 원	
	총 예상 이익	47,220만 원	운영 수익+토지 가격
거래에 따른 사회적 부가가치 창출		64,628만 원	거래하지 않을 경우 부가가치 50,746만 원

CHAPTER 06
태양광발전소 거래

 태양광발전소에 대한 거래는 일반적인 부동산 매매와 동일하게 진행된다. 일반 부동산 거래의 경우에는 토지나 건물 중 하나만 거래하고 이전하는 과정을 거치지만, 태양광발전소의 경우에는 토지와 시설물(태양광발전소 허가권)을 모두 이전해야 한다.

 토지의 경우에는 일반 부동산 거래와 같은 방법으로 공인중개사를 통해 등기이전 해야 하고, 건축물이 있는 경우에도 역시 동일하다. 양도·양수 시 행정처리 순서는 처음 발전사업을 시작할 때와 동일한 순서로 진행하면 된다. 사업자 등록증과 같이 다시 발급받아야 하는 부분도 있고, 명의 변경이 필요한 부분이 있을 뿐 전체적인 순서는 같다. 따라서 태양광발전소 거래는 발전허가권에 대한 명의이전 과정이라고 이해하면 된다.

　태양광발전소의 발전사업 허가권에 대한 양수는 전기사업법 제10조와 시행령에 근거해서 진행하면 된다. 순서는 다음과 같다.
- 사업 양수 인가 신청서 작성
- 해당 시·군청 서류 제출 (신청서, 발전사업 허가증, 인감증명서)
- 한전 서류 제출 (발전 허가 변경 신청서)
- 사업자 등록증 발급
- 전력거래소 입금 관련 통장 변경

발전사업 허가관련 양도인과 양수인이 준비해야 할 서류는 다음과 같다.
- 양도인 서류 : 양수 이유서, 양도·양수 계약서, 자금 조달 방법 관련 서류 등
- 양수인 서류 : 발전사업 허가증, 한전 전력 수급 계약서 등

　PPA 사업자 변경관련 구비 서류, 절차 및 유의사항은 전술한 Part 02의 Chapter 01 '발전사업 추진 절차'를 참조하라.

　태양광발전소 양도·양수 시 유의할 사항으로는 양도·양수시점에 사업 허가에 따른 권한과 권리에 대한 명확한 정리가 필요하다는 점이다. 또한 양도·양수 시 각종 세금이나 금전적인 책임소재를 명확히 해야 향후 문제의 소지를 없앨 수 있다.

CHAPTER 07

태양광발전소 갈아타기

　태양광발전소 갈아타기는 PF 갈아타기(Refinancing)와 발전소 용량을 소용량에서 대용량으로 늘리는 용량확대 갈아타기(Enlarging)의 두 가지 방법이 있다.

　발전소 건설 당시 받았던 대출조건과 현재 받을 수 있는 대출조건이 다를 경우 대출조건을 바꾸는 것을 PF 갈아타기(Refinancing)라고 부른다. 태양광발전소 건설 시 대출을 받아야 하는데 은행별로 대출조건이 다르고 어떤 경우에는 어쩔 수 없이 상대적으로 이율이 높은 금융상품을 이용해야 하는 경우가 생긴다. 이후 개인의 신용이나 법인의 재정상태가 호전되어 좋은 조건으로 PF를 받을 수 있게 되어 대출조건을 바꾸게 되는데 이를 PF 갈아타기라 한다. 대출조건은 개인사업자와 법인사업자의 경우 재정상태, 담보 여부 등에 따라 달라지게 되며 일반적으로 다음과 같은 차이가 있다.

- 개인사업자 발전소는 개인 자격으로 대출을 받기 때문에 개인의 신용도와 토지 담보물 등에 따라 금리가 달라진다. 좋은 조건으로 대출을 받았다면 PF 갈아타기가 필요 없지만, 나쁜 조건으로 대출을 받았다면 리파이낸싱을 고려해볼 필요가 있다. 개인사업자 발전소의 경우, 발전소의 양도 및 양수 시 상대적으로 법인 사업자에 비해 복잡하다.
- 법인사업자 발전소는 발전소를 처음 건설할 때 대출한도가 높다. 법인사업자의 PF 갈아타기는 태양광발전소의 잔존가치가 시간에 따라 낮아지기 때문에 대출한도가 줄어들게 된다. 따라서 발전소의 가치가 상대적으로 높은 5년 이내에 PF 갈아타기를 해야 한다. 반면 양도, 양수 시 절차가 상대적으로 간단하다.

다음으로 발전소 용량을 확대하는 갈아타기가 있다. 태양광발전사업을 처음 시작하는 입장에서는 발전업체에서 제시하는 예상 수익이 실현 가능한지, 운영과정에서 어려움은 없을지 등을 고민하게 된다. 그래서 작은 규모, 예를 들면 100kW 규모의 발전사업을 시작하게 된다. 실제 발전사업을 운영하면서 태양광발전에 대한 기술적인 부분과 수익 구조를 파악하게 되면서 좀 더 확신을 가지고 본격적으로 태양광사업에 투자하기로 결심한다. 이 경우 기존 소규모 태양광발전소를 매매하고, 이 자금에 PF를 일으켜 더 큰 규모의 발전소 운영을 생각하게 되는데, 이를 용량확대 갈아타기라 한다. 용량확대 갈아타기를 할 경우 주의할 점은 자기자본금을 얼마나 태양광발전사업에 투자할 수 있는지 여부다. 100kW 1기를 전액 자기자본금을 투자했을 경우와 500kW 1기에 자기자본금을 모두 투입하고 나머지는 대출을 일으켜 운영할 경우 수익에는 어떤 차이가 발생하고 어떤 리스크가 존재하는지를 살펴보자.

계산 조건은 발전용량 100kW에 총 2.25억 원의 투자(토지구입비용 포함, 500평×5만 원/평=2,500만 원) 가 필요하다고 가정했다. Case 1은 자기자본금을 2억 원을 투자하는 경우, Case 2는 자기자본을 1억 원을 투자하고 1억 원은 대출(연리 3.5%, 1년 거치 10년 상환조건)을 받는 경우, Case 3은 500kW 발전소로 갈아탈 경우 2억 원을 투자하는 경우, Case 4는 500kW에 1억 원을 투자하는 경우에 대해 살펴보았다. 500kW의 토지구입 비용은 평당 5만 원에 2,500평을 구입해 총 1.25억 원이 들어갔다. 500kW의 경우에도 대출조건은 100kW와 같다고 가정했다. 아래 표와 같이 500kW로 갈아타기를 할 경우 월 평균 수익이 약 198만 원에서 590만 원으로 약 세 배로 증가한다. 따라서 자본금 2억 원을 투자할 경우에는 100kW보다 500kW가 유리한 것으로 나타났다.

표 태양광발전소 갈아타기 비교 예

구 분	100kW 운영 시		500kW 운영 시	
	Case 1	Case 2	Case 3	Case 4
자본금 비율(%) (실 투자금)	100.0 (2억 원)	44.4 (1억 원)	20.0 (2억 원)	10.0 (1억 원)
년 평균 수익	2,372만 원 (월 약 198만 원)	1,776만 원 (월 약 148만 원)	7,087만 원 (월 약 590만 원)	6,610만 원 (월 약 550만 원)
IRR	11.7	5.2	3.9	3.2

가정 : 일반부지, 고정식, 인버터 보증기간 10년, RPS, SMP=80원/kWh, REC=120원/kWh

그러나 Case 3을 좀 더 자세히 살펴보면 자기자본금 비율이 20%인 경우, 대출금 상환조건이 1년 거치 10년 상환이기 때문에 2년차부터 5년차까지 발전량이 적은 겨울철(12월~2월까지)에 자금난을 겪게 된다(아래 그래프의 굵은색 실선). 즉 수익보다 이자비용이 더 커 추가적인 비용을 투입해야 한다는 의미다.

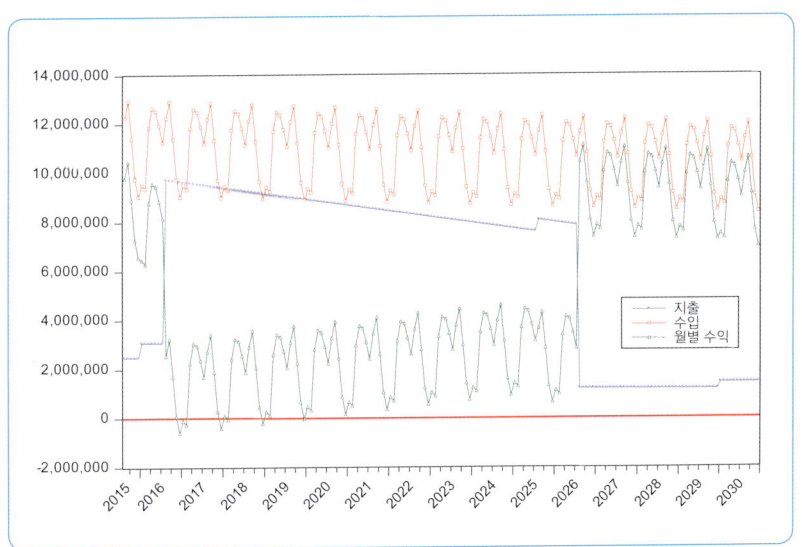

그림 Case 3, 자기자본 비율 20%, 500kW에 투자 시

이러한 문제는 Case 4 즉, 전체 투자금 중 자기자본금이 10%인 경우에는 더욱 심각하게 나타난다. 이 경우 2년차부터 10년차까지 매년 11월~2월까지 4개월 동안 자금난에 시달리는 구조다. 사업기간 전체로 보면 연간 평균 약 6,600만 원의 수익이 발생하지만 약 10년 동안 발전량이 적은 4개월 동안(아래 그래프의 굵은색 실선) 심한 자금난에 시달릴 수 있기 때문에 용량확대 갈아타기 시에도 자기자본 비율이 최고 30%이상으로 사업에 참여하는 것이 필요하다.

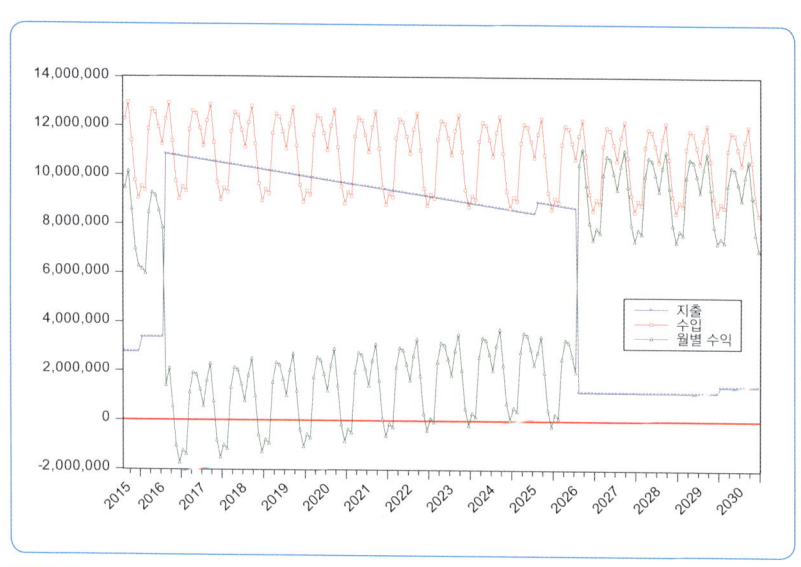

그림 Case 4, 자기자본 비율 10%, 500kW에 투자 시

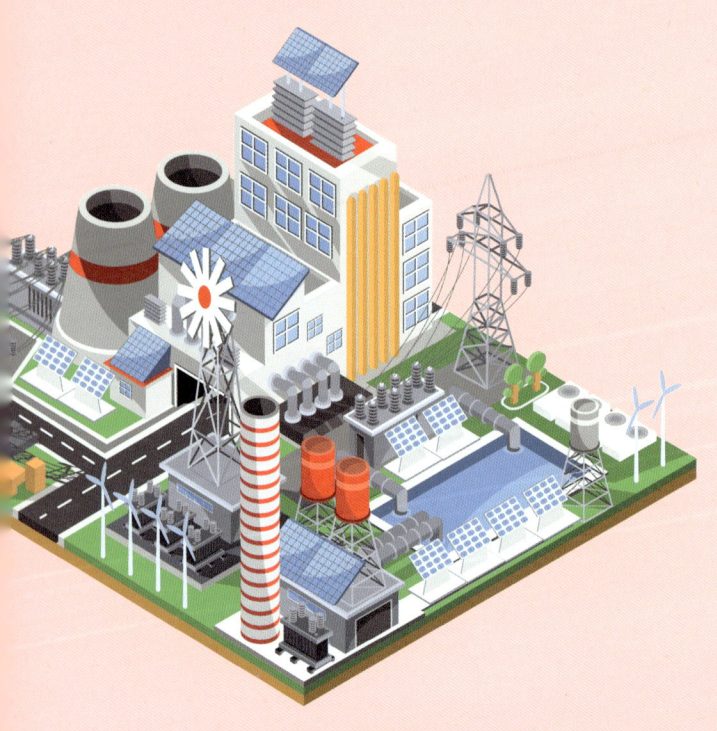

PART
04

태양광발전사업 예비창업자가 가장 궁금해하는 10가지 질문

CHAPTER 01
태양광발전을 위해
가장 좋은 날씨는?

　태양광발전소와 관련해서 오해하는 것 중의 하나가 여름철에 발전량이 가장 많을 것이라고 생각하는 것이다. 그러나 실제로는 봄과 가을에 발전량이 높고, 봄철보다는 가을철이 더 높다. 봄철에는 미세먼지 등으로 패널에서 받을 수 있는 햇빛의 양이 상대적으로 적지만, 가을철에는 적당한 햇빛과 맑은 날씨, 그리고 온도가 적당하기 때문이다. 발전량(P)은 전압(V)과 전류(I)의 곱으로 표현된다. 전류는 일사량이 좋아지면 높아지고, 전압은 온도가 높아지면 떨어지기 때문에 이러한 현상이 나타나는 것이다. 태양광발전 효율이 가장 낮은 계절은 해가 짧게 떠 있는 겨울철이다. 강원도 지역과 같이 눈이 많이 내리는 지역에서는 눈이 패널을 덮어 발전을 못 하게 되는 경우도 있다. 다음은 500kW 발전설비의 월별 발전량을 나타낸 것이다.

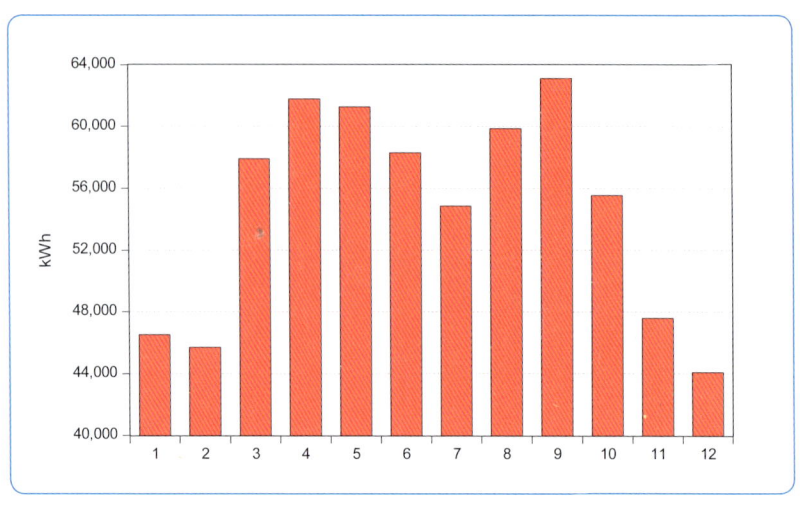

그림   월별 발전량

    태양전지의 효율은 일사량과 패널의 온도에 영향을 받게 된다. 태양전지의 변환효율은 일정 조건(25℃, 1,000W/㎡)을 기준으로 평가하게 된다. 즉 변환효율이 높다는 이야기는 동일한 조건에서 전력을 더 많이 생산한다는 의미다. 만약 두 개의 태양전지가 있는데, 하나는 변환효율이 높고(Panel A), 다른 하나는 상대적으로 변환효율이 낮다(Panel B)고 가정하자. 두 패널에 각각 일사량과 온도에 변화를 주었을 때 어떤 조건이 발전량에 더 크게 영향을 미치는지 알아보자. 아래 그림에서 왼쪽 그래프는 국제 기준인 온도 25℃, 일사량 1,000W/㎡ 조건에서 두 패널의 변환효율(즉, 발전량)을 나타낸 것이다. 가운데 그래프는 일사량은 고정해놓고 온도를 60℃로 올렸을 경우고, 오른쪽 그래프는 온도는 고정해놓고 일사량을 200W/㎡로 줄인 경우다.

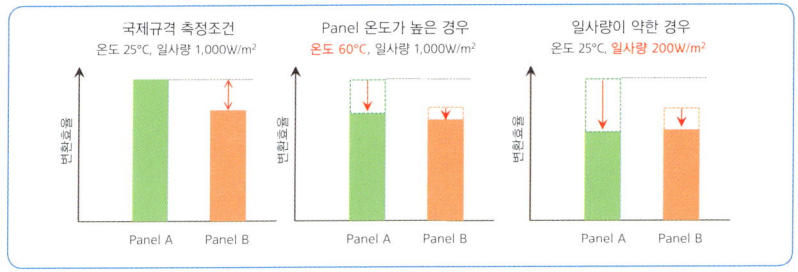

그림 태양광발전량에 미치는 온도와 일사량의 영향[82]

　일사량을 감소시킬 경우와 온도를 높일 경우 발전량이 모두 감소하는 것으로 나타났다. 그러나 온도를 높였을 때보다 일사량이 낮을 경우가 발전량이 더 큰 폭으로 떨어진다. 즉, 발전량에 영향을 주는 1차 요소는 일사량이고, 다음으로 기온이 영향을 주게 된다. 이러한 원리로 여름철에 햇빛은 좋지만 발전량은 떨어지는 현상이 나타나는 것이다.

　다음으로 비가 오거나 눈이 올 때 발전이 가능한가에 대한 의문이다. 비가 오는 날에는 햇빛은 없지만 적외선이나 자외선 영역의 빛을 받아 이론적으로는 발전이 가능하다. 그러나 비가 오게 되면 패널 표면에 수막이 생겨 빛을 반사하게 되고, 광전효과(Photovoltaic Effect)를 방해해 발전량은 극히 작아지게 된다. 눈이 오는 날에는 패널 표면에 눈이 쌓여 햇빛을 차단하게 되어 발전을 못 하게 된다. 눈을 치우면 발전이 가능하고, 여기에 주변에 쌓인 눈이 빛을 반사해 발전량에 도움을 줄 수는 있지만 발전량에 미치는 영향은 크지 않다.

---

82) http://wediweb.blog.me/142938651

CHAPTER 02

태양광발전소 지도와 에너지자원도가 무엇인가요?

 태양광발전소 지도나 에너지자원도는 태양광발전을 준비하는 예비창업자에게 다소 생소한 개념이다. 인터넷 기술이 발전하면서 과거 텍스트 기반의 정보제공에서 위치기반 정보제공으로 그 축이 옮겨가면서 가능하게 된 것이다. 2013년 우리나라 최초의 태양광발전소 지도가 구축[83]되었다. 구글(Google) 지도를 이용해 전국에 있는 105개의 태양광발전소에 대한 위치, 사진, 발전용량, 설치일 등을 표시한 초기 형태(Prototype)의 단방향 정보제공 지도다.

---

83) https://www.google.com/maps/d/viewer?mid=1

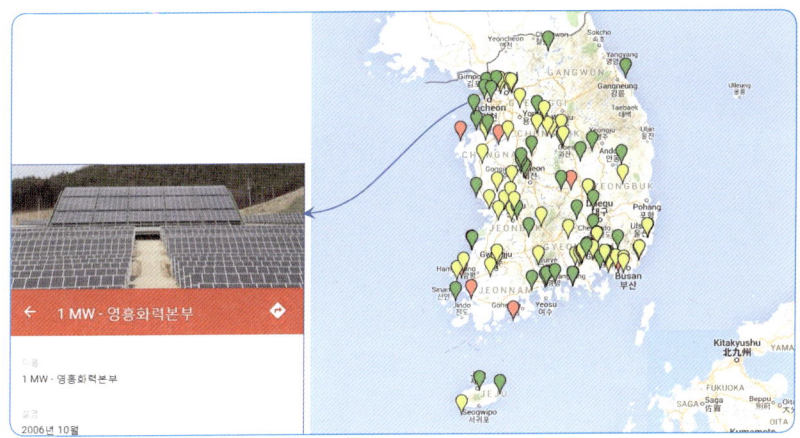

그림 우리나라 최초의 태양광발전소 지도

 반면 신·재생에너지 자원 지도(Renewable Energy Resource Map)는 신·재생에너지원별로 에너지 자원의 분포를 공간적으로 표시한 지도다. 가장 대표적인 신·재생에너지 자원 지도는 한국에너지기술연구원[84]에서 제공하는 자원 지도로서, 우리나라에 분포하는 태양광, 풍력, 수력, 바이오매스, 지열에너지에 대해 위치기반으로 정보를 제공하고 있다. 이 자원도 역시 태양광에너지 자원에 대한 지역별 분포, 설비 현황 등 단방향 정보만을 제공하기 때문에 태양광발전사업을 준비하는 예비창업자에게 활용도가 다소 떨어진다는 단점이 있다.

 다음으로 국립기상과학원에서 제공하는 기상 자원 지도[85]가 있다. 기상 자원 지도는 월, 년 누적일사량에 대해 공간해상도 1km×1km의 정보를 제공하고 있다.

---

84) http://kredc.kier.re.kr

85) http://www.greenmap.go.kr/main.do

그림 KIER 제공 태양광 직달일사량 자원도

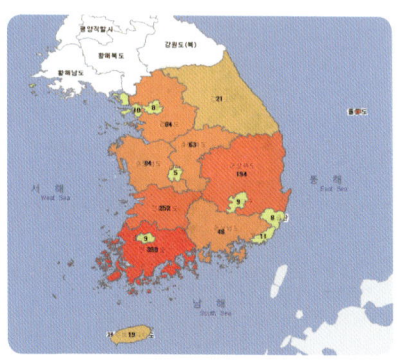
그림 KIER 제공 시도별 태양광설비현황

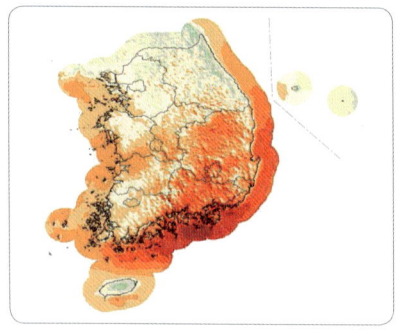
그림 기상과학원 제공 전천일사량 자원도

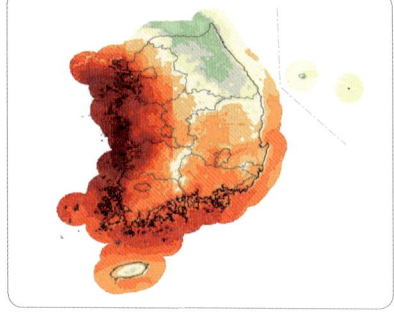
그림 기상과학원 제공 산란일사량 자원도

　대표적인 해외의 태양광 자원 지도는 구글에서 개발한 "Project Sunroof[86]"가 있다. 이 태양광 자원 지도는 구글 어스(Google Earth)와 고해상도 위성사진을 연동해, 특정 건물의 옥상 또는 지붕이 받게 되는 일사량을 계산하고, 이를 바탕으로 건물별로 태양광설비 설치 시 경제성 분석 툴을 제공하는 서비스다. 2015년 시범운영을 시작으로, 현재는 미국 50개 주에서 이 서비스를 이용할 수 있다. 아래 그림은 미국에서 서비스가 가능한 지역과 건물별 일사량 계산 예를 나타낸 것이다.

---

86) https : / /www.google.com/get/sunroof#p = 0&spf = 1

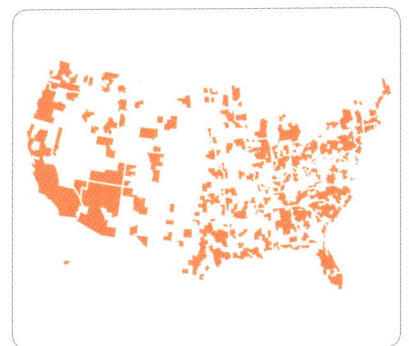 

그림 미국 내 프로젝트 선루프 서비스 지역   그림 건물별 일사량 계산 예

서울시 햇빛지도[87]는 구글의 'Project Sunroof'와 유사하게 주변 건물의 영향을 고려해, 건물 지붕 및 옥상에 입사되는 태양광 입사 에너지를 지도상에 표출한 지도다.

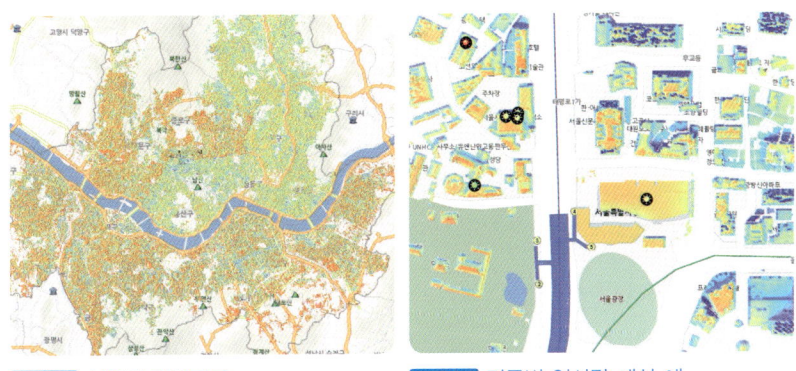

그림 서울시 햇빛지도   그림 건물별 일사량 계산 예

지금까지 살펴본 태양광자원 지도는 단방향의 정보만을 제공하거나 모니터링 연계 기능 부재 등으로 인해 실제 태양광발전 예비창업자에

---

87) http://solarmap.seoul.go.kr/main/mainMap.do

게 활용도가 떨어지는 한계가 있다. 특히 기존 자원 지도는 과거 일사량 값을 평균한 후, 내삽법을 사용해 위치별 일사량을 계산하고 이를 가시화해서 보여주는 기능에 머물렀던 것이 사실이다. 이러한 한계를 극복하기 위해서는, 사용자가 온라인상에서 특정 지역을 선택하고 건설하고자 하는 태양광발전소에 대한 정보를 입력하게 되면, 태양광발전소에 대한 투자비, 투자 회수 기간 등 을 포함한 투자 경제성 분석이 가능한 양방향의 대화형(interactive) 자원 지도가 필요하다.

우리나라에서 운영되고 있는 양방향 대화형 에너지자원도는 에너지코리아(www.energykorea.com)에서 개발한 에너지자원도가 있다. 이 자원도는 태양광발전사업 예비창업자가 온라인상에서 주택, 건물, 대지, 그리고 사업지역을 임의로 선택하게 되면, 이를 바탕으로 예상 발전량, 예상 투자비, 예상 수익률 등을 계산해주는 경제성 분석 툴을 제공한다. 또한 보유하고 있는 태양광발전소를 자원 지도에 등록할 수 있는 기능과, 모니터링 자료를 연결할 경우 언제든지 웹상에서 발전량을 확인할 수 있다.

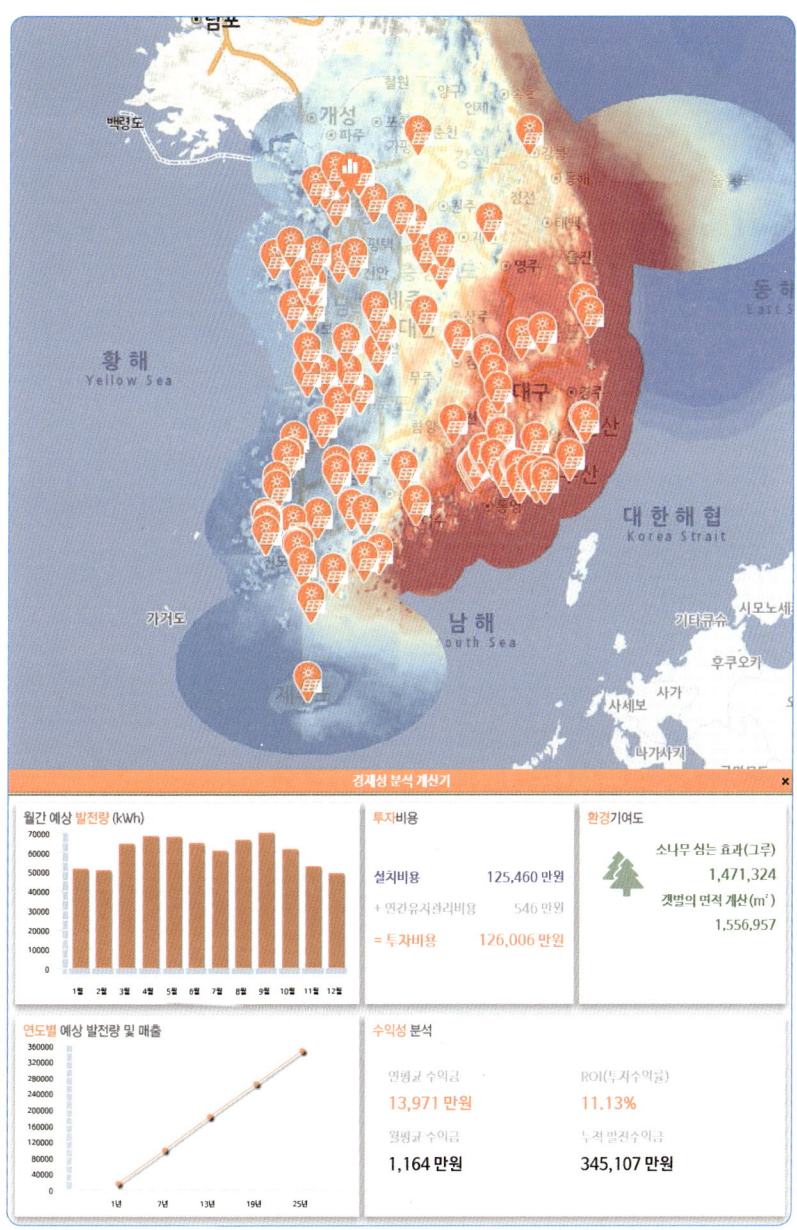

그림 에너지코리아의 태양광 에너지자원도(위), 경제성 분석 결과(아래) 예

지금까지 태양광자원 지도는 단방향 정보제공에서 양방향 대화형으로 발전되어왔다. 그러나 태양광자원 지도의 근본적인 한계는 과거 20년 평균 기상자료를 기반으로 만들어졌다는 것이다. 이에 따라 실제 발전량과 자원도를 이용한 발전량 값 사이에 편차가 발생하게 된다. 따라서 향후 태양광자원 지도의 개발 방향은 현재 운영 중인 태양광발전소로부터의 모니터링 자료와 실시간 기상자료(일조량, 기온, 풍속, 풍향, 강수량 등)등을 연계 분석해서 실측기반의 자원 지도를 구축해야 할 것이다. 실시간으로 수집된 엄청난 양의 모니터링 자료와 기상자료(Big Data)는 자료동화(Data Assimilation)기법을 이용해 인공지능 로직을 개발하는 데 활용될 수 있다. 개발된 인공지능 로직을 통해 태양광발전사업자에게 실질적으로 필요한 일간, 월간, 연간 발전량을 예측할 수 있도록 해서 태양광발전사업 투자에 대한 불확실성을 제거하는 방향으로 서비스가 제공되어야 할 것이다.

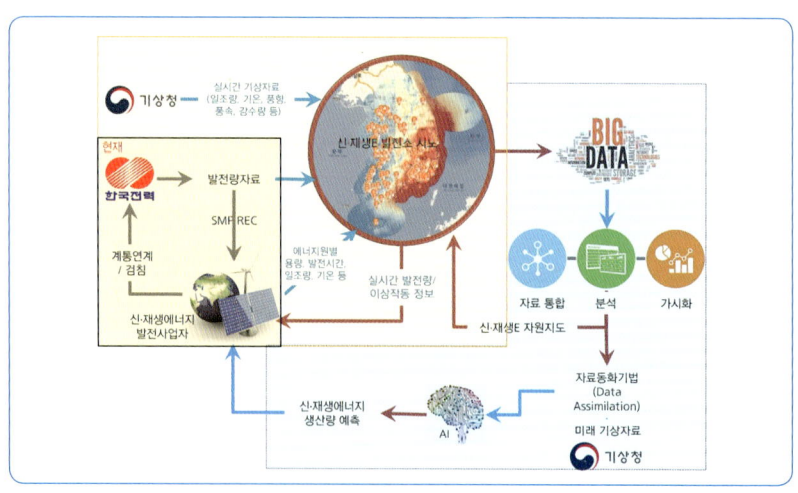

[그림] 태양광자원도 개발 방향

자료동화(Data Assimilation) 기법이란?

자료동화 기법은 일기예보 및 해양수치모델에서 주로 사용되는 기법으로, 관측자료를 모델의 입력 값으로 다시 입력해서 모델을 튜닝하면서 실제 자연현상으로 맞추어가는 방법이다. 이러한 과정을 통해 수치모델 예측결과의 정확도를 향상시킬 수 있다.

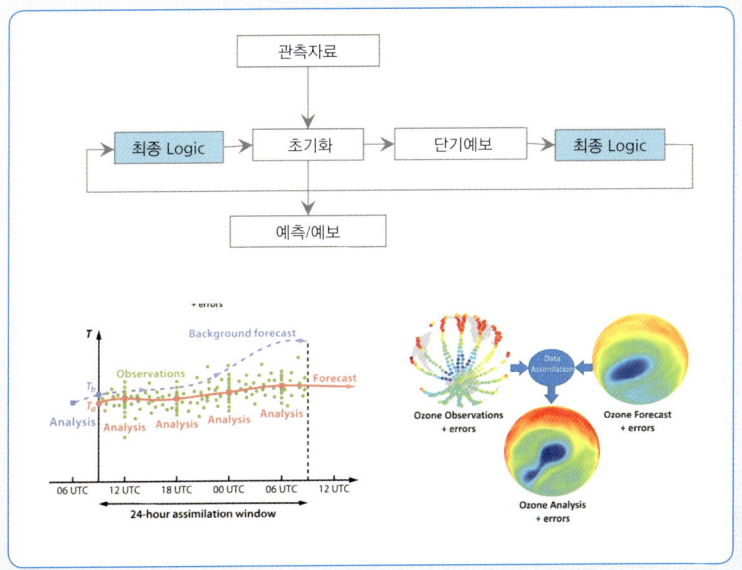

그림 자료동화 기법에서 관측자료 활용 예

CHAPTER 03
태양광발전소에서 전자파가 나온다?

 태양광발전소 인허가과정에서 자주 부딪치는 문제가 인근 주민들의 민원이다. 주민들의 민원으로는 태양광발전시설로부터 전자파 발생, 빛 반사, 주변 온도 상승 등이 있다. 주민들의 입장에서는 태양광발전소가 건설되게 되면 주변 미관과 경관을 해치고, 공사에 따른 임야 훼손, 토목공사 등으로 인한 산사태 증가 가능성 등이 발생하기 때문에 태양광발전소 건설을 반대하는 것이다. 가장 대표적인 민원은 태양광발전소에서 전자파가 나오기 때문이라고 한다. 전자파가 발생하게 되면 사람뿐만 아니라 가축의 유산으로 이어져 피해를 발생시킬 소지가 있기 때문에 설치를 반대한다는 것이다.

 지금까지 국내에서 발표된 전자파 발생 연구 결과는 다음과 같다.

한국에너지공단[88]은 전자파 발생과 관련해서 "태양광발전소의 전지판은 40V의 직류전기를 생산하고 22.9KV 승압 송전방식으로, 저압의 직류전기에서는 전기장이나 전자파가 발생하지 않는다"고 밝히고 있다. 태양광발전설비에서 생산된 직류전기를 교류장치로 바꾸어주는 인버터에서 소량의 전자파가 발생(0.076mG[89])하기는 하지만, 이 양은 소량으로 일반 가정에서 사용하는 가전제품보다 훨씬 적다고 한다. 참고로 노트북에서는 $30.19V/m$[90], 0.72mG, 선풍기에서는 $9.01V/m$, 0.07mG가 발생한다.

두 번째 연구로는, 미래부 국립전파연구원과 세종시 행복청이 공동으로 행복도시-유성 간 자전거도로에 설치된 태양광시설(12MWh생산/일, 1,200가구 사용량)의 전자파를 측정한 결과다. 조사결과에 의하면, 태양광발전에 의한 전자파는 미량으로 인체에 무해하다는 것이다. 좀 더 자세히 보면, 19kHz 주변(18~21kHz)의 자기장의 최대 강도는 0.07mG(기준 대비 0.11%), 전기장 강도는 $0.17V/m$(기준 대비 0.2%)로 측정됐다. 이는 우리가 흔하게 일상생활에서 접하는 선풍기나 노트북을 사용할 때보다 적은 전자파 인체보호기준 (전기장 기준 87V/m, 자기장 62.5mG)의 1/500~1/1,000 수준으로 전자파로 인한 인체의 영향은 없다는 것이다.

---

88) 산업통산자원부, 태양광발전시설 입지 가이드라인, 2017.3
89) mG(밀리가우스) : 전자파 측정단위
90) V/m(볼트퍼미터) : 전기장 측정단위

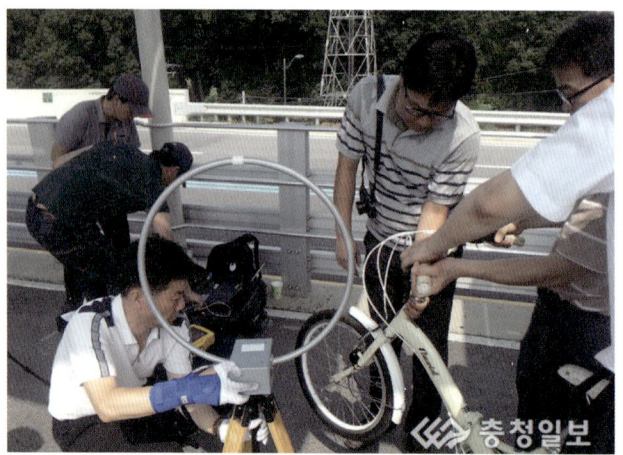

사진 행복도시-유성간 자전거도로의 태양광시설에서 전자파 측정 모습[91]

미국 해군시설엔지니어링지원본부(NAVFAC[92])와 신·재생에너지연구소(NREL[93])가 공동으로 연구한 '태양광발전소에 의한 공항인근 전자파 장해' 연구 결과 역시, "태양광발전소로부터 나오는 전자파는 공항 인근 이착륙장의 전자기기에 전혀 영향을 주지 않는 수준으로 낮게 나타났으며, 또한 통신시설이나 원격장치에도 영향을 주지 않는다"라고 보고하고 있다.

---

91) 출처 : http://www.ccdailynews.com/news/articleView.html?idxno=357643
92) Naval Facilities Engineering Command, Renewable Energy, Photovoltaic Systems Near Airfields : Electromagnetic Interference
93) National Renewable Lab.

CHAPTER 04

태양광발전소의 빛 반사, 주변 온도 상승 때문에 피해가 발생한다?

　모듈에 반사된 빛으로 인한 눈부심 현상과 이로 인해 안전운전을 방해한다는 민원이다. 모듈 표면에 있는 유리는 저 철분 유리를 사용하기 때문에 일반유리보다 반사율이 낮은 것으로 알려져 있다. 특히 태양광 모듈은 빛을 가장 많이 흡수해야만 발전효율을 높일 수 있기 때문에 빛 반사를 줄이도록 표면 텍스처링 기술이나 반사 방지막 코팅 기술 등을 적용하고 있다. 따라서 모듈 표면의 빛 반사가 문제가 되지 않는다는 것이 일반적인 견해다. 한국화학시험연구원의 분석에 의하면 태양광모듈에서 발생되는 반사율은 5.1%로 붉은 벽돌 10~20%, 밝은색 목재 25~30%, 유리나 플라스틱 8~10%, 흰색페인트 70~90%등에 비해 현저히 낮은 수치라고 밝히고 있다.

이러한 빛 반사가 문제가 된다면 항공기 이·착륙 시 안전과 밀접하게 관련된 공항 활주로 인근에는 태양광발전소를 설치할 수 없다. 그러나 우리나라의 인천공항이나 군 비행장 주변, 미국의 덴버공항, 싱가폴 창하이 국제공항 주변에 이미 태양광발전소가 설치되어 운영 중에 있다. 빛 반사가 문제가 된다면 이미 큰 이슈가 되었을 것이다.

다음으로 태양광발전설비 주변 온도 상승으로 인한 농작물 및 가축의 피해 발생과 관련된 민원이다. 한국화학융합시험연구원[94]의 연구에 의하면, 태양광발전소 주변 지역에 대한 열화상카메라 촬영 결과, 태양광발전소에서 아주 근접한 거리에서 미미한 온도 상승이 있었으나, 가축물이나 농작물에 피해를 줄 만큼의 수준은 아니며, 열섬현상이나 인접지역 간 뚜렷한 온도차는 없는 것으로 보고하고 있다.

그 외에 태양광 모듈 청소 세척제로 인한 주변토양 및 지하수 오염에 대한 민원이 있다. 한국에너지기술평가원[95]의 연구에 의하면, "태양광 모듈 표면에 유해성분이 포함되어 있지 않고, 대부분의 대양광발선소가 빗물을 이용해 자연세척하거나 또는 순수한 물을 이용해 세척하기 때문에 모듈 세척에 따른 수질오염에 대한 우려는 근거가 없다"고 밝히고 있다.

---

94) 산업통상자원부, 태양광발전시설 유해성 Q&A, 2017.4, 재인용
95) 산업통상자원부, 태양광발전시설 유해성 Q&A, 2017.4, 재인용

CHAPTER 05

향후 정부의 신·재생에너지 정책은 어떻게 바뀔 것인가?

　태양광발전소 예비창업자의 입장에서 향후 정부의 신·재생에너지 정책이 어떤 방향으로 갈지는 초미의 관심사다. 태양광발전사업을 준비하는 예비창업자 225명을 대상으로 설문조사한 결과에서도, 전체 응답자의 36%인 81명이 정부의 신·재생에너지 정책동향을 궁금해하는 것으로 나타났다. 이와 같이 정부의 정책에 관심을 가지는 이유는 태양광발전시장은 정부 보조금으로 운영되는 시장이기 때문이다.

　그렇다면 향후 정부의 신·재생에너지 정책이 지금보다 규제를 강화해 시장을 축소하는 방향으로 갈 것인지, 아니면 지금보다 규제를 완화해 새로운 산업으로 자리매김할 수 있도록 정책적으로 지원하는 방향으로 갈 것인지가 관심사다. 다행히 이에 대한 답은 비교적 긍정적이라고 한다. 그 이유는 다음과 같다.

첫째, Part 01에서 서술한 바와 같이 파리합의문을 이행하기 위해서는 태양광발전을 포함한 신·재생에너지원의 확대, 보급은 필수 불가결한 옵션이기 때문이다. 또한 우리나라는 OECD 국가 중 신재생에너지 보급률이 최하위다. 이러한 상황인식하에서 정부는 당분간 신·재생에너지 정책은 규제완화 쪽으로 방향을 잡을 것으로 보인다.

둘째, 문재인 정부의 에너지정책 방향이 친(親) 신·재생에너지로 가고 있기 때문이다. 문제인 정부가 들어서면서 2017년 6월 1일부터 한 달 동안 30년 이상 된 화력발전소 8기를 일시 가동 중단했거나, 신고리 원전 5, 6호기 공론화 후 건설 재개, 그리고 문재인 정부의 국정운영 5개년계획에 2030년까지 재생에너지 발전량 비중 20% 목표 설정 등을 비추어볼 때 현 정부는 친 신·재생에너지 정책으로 방향을 잡은 것으로 보인다. 따라서 최소한 문재인 정부 동안에는 태양광발전 정책은 규제 완화가 예상된다. 정부의 신·재생에너지 정책은 집권자의 의지에 의해 영향을 받는 구조다. 미국의 예를 들어보자. 교토의정서가 체결된 후 비준을 거부한 미국의 대통령은 공화당의 조지 부시다. 부시 정부는 교토의정서와 온실가스 감축에 부정적인 입장이었다. 이 때문에 세계 탄소배출권시장의 중심이 유럽으로 넘어가게 되었다. 이후 민주당 오바마 정부가 들어서면서 온실가스 감축 필요성을 인식하고 국제사회에 동참을 요구했다. 오바마 정부는 2015년 말 파리협정을 이끌어냈으며, 2010년 이후 미국 내에 엄청난 수의 태양광발전소가 건설되었고 세계 태양광발전시장의 주도권을 잡게 되었다. 그러다 다시 2017년 공화당의 트럼프정부가 들어서면서 온실가스 감축을 비용으로 인식해서 파리협정을 탈퇴하는 등 시대착오적인 행동들을 이어가고 있다.

이러한 긍정적인 요소에도 불구하고 해결해야 할 이슈는 존재한다. 바로 태양광발전소의 보급·확산을 저해하는 지자체의 이격거리 규제이다. 정부는 이러한 현실적인 문제를 인식하고 2017년 3월 태양광발전시설 입지 가이드라인[96]을 발표했다. 이는 정부정책과 반대로 가고 있는 지자체의 이격거리에 대한 규제 완화를 권고 할 수 있지만 최종 허가권자는 지방자치단체장이기 때문에 분명히 한계는 존재한다. 이에 따라 산업통상자원부는 "이격거리 제한을 폐지하는 지방자체단체에 대해 태양광보급사업 관련 인센티브를 제공할 수 있다"라는 조항을 추가한 것이다. 태양광발전시설 입지 가이드라인에 대해서는 다음 장의 '개발 인허가 시 지자체 조례는 강화될 것인가?'에서 자세히 다루도록 하겠다.

---

96) 산업통상자원부, 태양광발전시설 입지 가이드라인, 2017. 3

CHAPTER 06
개발 인허가 시 지자체 조례는 강화될 것인가?

"태양광발전사업 추진과정 중 어느 부분에서 어려움을 겪고 있는가?"라는 질문에 대해, 태양광발전소 예비창업자 225명 중 약 54%인 121명이 인·허가 등 행정 절차 추진과정에서 어려움을 겪고 있다고 응답했다. 구체적으로는 개발 인허가과정에서 지자체 조례에 따른 개발행위 규제로 사업부지 확보에 어려움을 겪고 있으며, 이를 완화해주었으면 하는 내용이 주를 이루었다.

정부의 신·재생에너지 정책과 반대로 가고 있는 지자체의 개발행위 규제는 신·재생에너지 특히 태양광발전소의 보급에 가장 큰 장애요소다. 물론 지자체입장에서는 주민들의 민원이 빗발치고 있기 때문에 어쩔 수 없는 조치로 생각된다. 이에 대한 해결책을 진지하게 고민해볼 시기다.

산업통상자원부는 2016년 11월 30일 '신·재생에너지 보급 활성화 방안'을 발표했으며, 후속조치로 에너지 신산업을 둘러싼 각종 규제를 제거하겠다는 규제 개선 카드를 내밀었다. 그러나 지자체들은 이와 같은 정부의 에너지 신산업 추진 정책과는 반대로 개발행위 허가지침에서 태양광발전시설에 과도한 이격거리 규제를 하고 있어 보급에 어려움을 겪고 있는 상황이다.

산업통상자원부의 보도자료[97]에 의하면, 우리나라 53개 기초 지자체의 '도로', '주거지역'으로부터 이격거리는 100m에서 1,000m까지 다양하게 규제하고 있는 것으로 나타났다. 대부분의 지자체가 100~500m 규제를 적용하고 있으며, 도로 기준으로는 전체의 70%, 마을 기준으로는 85%가 여기에 해당한다.

표 지자체 개발행위 허가 운영 지침상 발전소 이격거리(2017.03월 기준)

구 분		도로 기준	마을 기준
입지 제한범위	100m 이내	9개소	5개소
	100m~300m	21개소	22개소
	300m~500m	16개소	24개소
	500m~1,000m	5개소	1개소
	예외(거리 미 표기)	2개소	2개소
	합 계	53개소	54개소

※ 지역 : 충북(10), 충남(9), 경기(1), 전남(14), 전북(4), 경북(11), 경남(1), 강원(4)

---

97) 산업통상자원부, 태양광발전시설 입지 가이드라인, 2017. 03

이러한 현실적인 문제 때문에 발전사업 인허가 추진과정에서 발전사업자는 지방자치단체장을 상대로 '개발행위 지침을 근거로 인허가를 불허하는 것은 부당'하다는 행정소송을 제기하게 된다. 대부분의 경우는 패소하게 되는데, 2015년 광주고등법원에서 개발행위허가 관련 일반적 제한을 두는 것은 법률의 위임을 구체화하는 단계를 벗어나 새로운 입법을 한 경우에 해당하기 때문에 위법하다는 발전사업자의 손을 들어준 사례도 있다.

> **【 판례 : 함평군 개발행위허가 지침에 대한 광주고법 행정심판 】**
>
> 국토부 지침(개발행위허가운영지침)에 도로나 주거 밀집지역으로부터 <u>일정한 거리 이내에 공작물 설치를 제한한다는 규정을 두고 있다거나… 위임하는 취지의 규정을 두고 있지 않으므로</u> 허가권자가 일반적 제한을 두는 규정을 입법하는 것은… 위임의 한계를 일탈한 것으로 관련 지침의 조항은 무효 (2015누74127)

이러한 판례에도 불구하고 지자체는 계속해서 이격거리에 대한 개발행위허가 지침을 신설하고 있는 실정이다. 2017년 4월 기준으로 전국의 69개 기초단체가 태양광, 풍력 등 신·재생에너지 발전시설 규제를 제·개정한 것으로 알려져 있다. 이 중 43개 지자체는 전술한 정부의 신·재생에너지 보급 활성화 방안 발표 이후에 규제를 신설했다.

대부분의 지자체는 '지방도 이상 도로의 경계 및 주요 관광지로부터 200m 안에 입지 금지', '주거 밀집지역 직선거리 200m 내 입지 금지', '우량농지의 중앙 부근 혹은 학교·도로 주변 입지 금지'가 포함되어 있다. 이러한 규정을 적용하게 되면 농촌태양광의 경우 부지를 찾는 게 거의 불가능한 수준이다. 정부는 이와 같은 기초의회의 조례 제·개정이 에너지신산업 보급·확산에 역행한다고 판단해서 이격거리 규제를 원칙적으로 폐지하거나 100m 이내로 최소화하도록 하는 '태양광발전시설 입지 가이드라인'을 만들어 지자체에 배포했다. 그럼에도 불구하고 기초단체들은 꿈쩍도 하지 않고 오히려 새로운 개발행위허가 지침을 개정하고 있는 실정이다.

'태양광발전시설 입지 가이드라인'은 태양광발전시설과 관련된 규제를 체계적으로 정비해 태양광발전시설의 보급·확산을 촉진할 목적으로 산업통상자원부에 의해 2017년 3월 만들어졌다. 이 가이드라인은 지방자치단체장은 태양광발전시설에 대한 이격거리 설정·운영을 하지 않는다는 기본 원칙에서 출발했다. 예외 조항으로 지방자치단체장은 태양광발전시설에 대해 객관적 필요성이 인정되고, 다음 각 호의 어느 하나에 해당하는 경우에는 최소한의 범위에서 이격거리(태양광발전시설로부터 직선거리로 계산함) 기준을 설정·운영할 수 있으며, 이 경우에도 이격거리는 최대 100m를 초과할 수 없다고 규정하고 있다. 또한 이격거리 기준은 2017년 3월 15일로부터 3년간 한시적으로 적용한다고 명시하고 있다.

1. 10호 이상 주민이 거주하는 주거 밀집지역로부터 이격거리를 두는 경우. 다만, 이 경우에도 해당 주민들이 동의하는 경우에는 태양광발전시설을 허용할 수 있음

2. 도로(도로법상 도로에 국한)로부터 이격거리를 두는 경우. 다만, 이 경우 왕복 2차로 이상의 포장도로로 한정함
3. 문화재 등 기타 시설물로부터 이격거리를 두는 경우

이러한 정부와 지자체간의 줄다리기는 당분간 계속될 것으로 예상된다. 이는 가이드라인이 갖는 한계로, 정부의 가이드라인이 법적 효력을 갖기 위해서는 타 부처와의 업무협의를 통해 입법화할 때 가능할 것으로 판단된다. 이해관계가 상충되는 지방자치단체의 지침과 가이드라인으로 인해 조만간 다수의 행정소송이 제기될 가능성이 상당히 높으며, 이 행정소송의 결과에 따라 이격거리 완화에 대한 공론화가 시작될 것으로 보인다.

결론적으로 기초 지방자치단체의 발전시설 규제와 관련된 지침, 조례는 강화될 것으로 보인다. 그러나 이러한 지자체의 강화된 지침, 조례에 대해 중앙정부가 어떻게 조율하고 대응하느냐가 향후 태양광발전을 포함한 정부의 에너지신산업의 확산·보급에 영향을 줄 것으로 판난된다.

CHAPTER 07

농촌태양광사업은 어떤 장점이 있나?

우리나라에 보급된 태양광설비(약 4.1GW)의 약 66.3%가 농촌에 설치되었음에도 불구하고 농민은 대규모 자본에 의해 임대수수료 수준의 수익을 얻는 데 그쳤다. 이에 따라 정부는 농가소득 증대와 신·재생에너지 발전시설 확산을 목적으로 2017년부터 농촌태양광사업을 추진하고 있다. 농민, 어민, 그리고 축산인이 참여할 수 있는데 여기서 농민의 자격은 농촌에 1년 이상 거주하면서 1,000㎡(약 300평)이상의 농지를 경영하는 사람을 의미한다. 농촌태양광사업의 장점을 살펴보면 다음과 같다.

첫째, 저리의 금융융자 지원을 받을 수 있다는 점이다. 시중 은행 금리는 아무리 낮아도 3% 중반인 것에 반해 농촌태양광사업에 참여하는 농민들에게는 용량 500kW 미만 설비에 한해 1.75%의 저금리로 5년 거치 10년 상환이라는 파격적인 조건의 융자를 지원한다. 따라서 시중 운행 금리의 절반으로 사업을 시작할 수 있기 때문에 금융부담 없이 사업에 참여할 수 있는 장점이 있다.

둘째, 생산된 REC 가중치를 주민참여 명목으로 기존보다 최대 20%까지 높게 받을 수 있다는 점이다. 물론 5인 이상의 농업인이 조합을 설립해 발전소를 건설할 경우에 한한다. REC 가격을 20% 우대를 받게 되면 전력생산에 따른 수익이 최소 10% 이상 늘어나기 때문에 농가소득 향상에 도움이 될 것으로 보인다.

셋째, 농촌태양광을 통해 생산된 REC에 대해 RPS에 참여하고 있는 발전공기업들이 우선 구매하도록 지원하고 있다. 이를 통해 REC 판매에 따른 부담을 줄일 수 있는 장점이 있게 된다.

넷째, 정부는 농촌태양광사업에 대해 농지보전부담금(공시지가의 30%) 50% 감면을 추진하고 있다. 이 규정이 반영되면 농민들은 초기 투자 비용을 줄이면서, 수익성 높은 농촌태양광사업에 적극적으로 참여가 가능하다.

농촌태양광사업에 참여할 경우 기존 태양광사업에 비해 얼마만큼의 경제적 이득이 있는지를 살펴보자. 경제적 이득 분석을 위한 고려 항목으로는 현재 정부가 추진 중인 농지보전부담금 50% 감면이 이뤄진다고 가정했으며, 1.75%의 저금리, 그리고 최대 20%의 REC 가중치 우대다. 이러한 조건을 만족하기 위해서 설비용량 500kW 조합형사업을 추진하는 것으로 가정했다. 비교 분석을 위한 가정은 다음과 같다.

> **기존 태양광사업과 농촌태양광사업의 수익성 비교를 위한 가정**
>
> - 설비용량 500kW, 일발전시간 3.6시간, 일반부지, 토지 2,500평, 공시지가 5만 원, 고정식, 인버터 보증기간 10년, RPS 계약, SMP=80원/kWh, REC=120원/kWh, REC 가중치 +20%, 토지는 본인 소유, ESS 비연계, 운영관리비용=매출액의 5%
> - 기존 태양광사업 및 농촌태양광사업 총 투자비 10억 원, 자기자본금 1억 원, 대출금=9억 원(90%)
> - 기존 태양광사업 대출 조건 : 연 이율 4.0%, 1년 거치 10년 분할상환 조건
> - 농촌 태양광사업 대출 조건 : 연 이율 1.75%, 5년 거치 10년 분할상환 조건(정책자금 활용)

이상의 조건을 이용해 분석한 결과, 농지전용부담금 1,875만 원 절감을 포함해, REC 가중치 20% 우대에 따른 발전수익 약 10.0% 증가, 그리고 저금리 등의 영향으로 전체적으로는 수익률이 약 19.9% 증가했다. 25년 동안 연 평균 수익은 약 1,201만 원, 총 누적 수익에서는 약 3억 원의 수익 증가가 나타났다.

표 농촌태양광사업 참여 시 경제성 분석 결과

구 분	기존 사업 투자 시	농촌태양광사업 참여 시
REC 가중치	1.040	1.224
농지전용 부담금	3,750만 원	1,875만 원
년 평균 수익	60,053,480원	72,067,376원

25년간 누적 수익	1,501,336,960원	1,801,684,480원
년 평균 수익률(%)	60.05	72.07
NPV(원)	-286,855,232원	285,808,384원
IRR(%)	2.5	4.9

 이러한 경제적 이득 이외에 운영과정에서 자금난을 겪지 않아도 되는 장점이 있다. 기존 사업추진 시와 농촌태양광사업으로 추진할 경우, 기존 태양광사업의 경우 대출금을 갚기 시작하는 2~5년차까지 대출금 상환 등의 이유로 수익이 마이너스(-)값을 나타내 자금난을 겪게 되지만, 농촌 태양광사업에서는 수익이 마이너스(-)인 기간이 없어 농민들의 안정적인 수익 창출에 기여할 것으로 보인다.

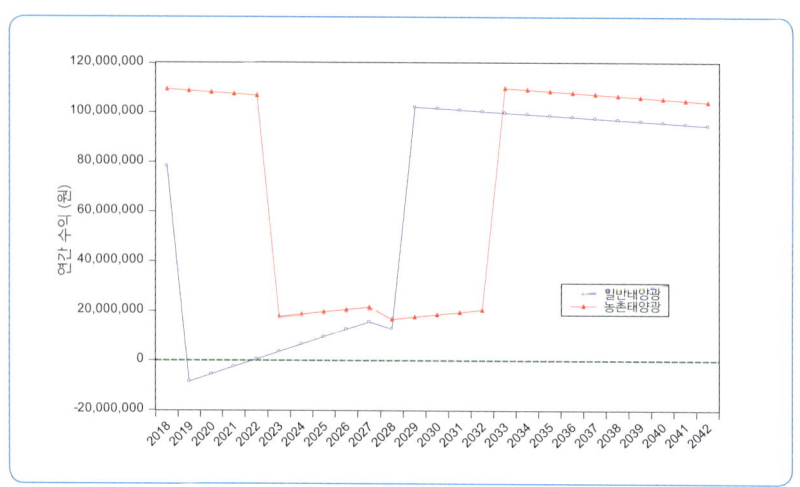

그림 기존 태양광사업과 농촌태양광사업에 따른 경제성 분석 결과

 이러한 장점에도 불구하고 농촌태양광사업이 극복해야 할 문제 역시 산적해 있는 상황이다. 우선 농촌태양광사업에 대한 홍보문제다. 한국

에너지공단에서 지역별로 순회설명회 등을 통해 농촌태양광사업을 홍보하고 있으나, 아직도 대다수 농민이 사업내용을 충분히 인지하고 있지 못해 참여 확대에 어려움이 있는 상황이다. 다행히 젊은 층에서 호응도가 높아 빠른 시일 내에 농촌태양광사업이 뿌리를 내릴 수 있을 것으로 보인다.

다음으로, 지방자치단체의 조례다. 농촌태양광사업에 대해 일부 지자체 의회에서는 기존 태양광사업에 대한 부정적인 선입견으로 정부의 정책에 역행하는 조례를 제정하는 것은 물론, 사업에 대한 오해를 부추길 수 있는 등의 행위를 하고 있어 문제점으로 제기되고 있다.

CHAPTER 08

개발 인허가 시 주민 민원은 어떻게 해결할 것인가?

최근 들어 태양광발전사업에서 가장 큰 걸림돌은 민원이다. 민원은 주로 개발행위 허가과정에서 표면화되게 된다. 민원은 법률적인 문제가 아니라 지역 주민과의 이해관계의 문제다.

태양광발전소를 운영하고 있는 27명을 대상으로 설문조사한 결과에서도, 전체 응답자의 약 60%인 16명이 민원을 포함한 인허가과정에서 어려움을 겪었다고 답하고 있다. 가장 대표적인 민원 사례로는 전자파 발생, 공사 소음, 산사태 우려를 들고 있다. 민원을 해결하는 방법은 법적으로 소송을 통해 해결하는 방법과 민원인 또는 주민들을 설득시키고, 설득이 불가능하다고 판단되면 발전기금 또는 현금을 주고 해결하는 방법이 있다. 법정으로 가게 되면 시간이 많이 소요될 뿐만 아니라 공사기간이 지체되어 간접적인 피해가 뒤따르게 된다. 그래서 대부분의 경우에는 두 번째 방법인 주민 설득과 돈을 주고 해결하는 방법을 선택하게 된다. 실제로 민원 때문에 7개월 동안 공사가 지연되어 부득이 돈을 주고 해결한 사례라든지, 어떤 경우에는 마을주민이 군청에 집단민원을 제기해 돈을 주고 해결한 사례 등이 있었다. 최근에는 주민들이 노골적으로 금전을 요구하는 경우가 증가하고 있다고 한다.

최선의 방법은 민원이 처음부터 발생하지 않도록 하는 것이다. 즉 민원이 발생하기 전에 주민 설명회를 통해 충분히 사업에 대한 설명을 하고, 사업설명 시에 민원이 발생할 것을 예상해 주민들에게 피해가 없다는 점을 이해시키는 것이다. Charpter 03과 Charpter 04에서 설명한 '태양광발전소에서 전자파가 나온다?'와 '태양광발전소의 빛 반사, 주변 온도 상승 때문에 피해가 발생한다?'에서 다루었듯이 태양광발전소 건설에 따른 인체 유해성이나 부정적인 영향은 없다는 점을 1차적으로 설득해야 한다. 필요할 경우 Charpter 03, Charpter 04 자료를 복사해서 설명하는 것도 방법이다.

다음으로 서로를 이해하려는 노력이 필요하다. 피해가 없다는 것을 알면서도 주민이 민원을 제기하는 것은 주민들의 입장에서 보면, 태양광발전소가 생기게 되면 주변 미관이나 경관을 해치거나, 지가 하락 등이 염려되기 때문이다. 지자체 담당자의 입장에서는 주민들의 민원으로 시끄러워지기 때문에 발전사업자에게 동의서를 요구하게 된다. 따라서 민원인, 지자체 담당자의 입장을 충분히 이해하고 역지사지의 심정으로 접근한다면 의외로 쉽게 해결될 수도 있다.

CHAPTER 09
태양광발전소 리스크 헷지 방법은?

 태양광발전소를 건설·운영하는 과정에서 투자 자산에 대한 가치가 여러 종류의 위험에 노출되게 된다. 태양광발전소는 특성상 한번 건설되면 최소 20년 이상 운영해야 하는 시설물이다. 건설 중 또는 운영 중에 태풍, 홍수, 강풍, 산사태 등과 같은 천재지변으로 인한 발전설비의 파손 위험을 줄이고 자산을 보호하기 위해서는 이러한 위험에 대비해야 한다. 태양광발전소 자산에 대한 파손 등에 따른 재산피해를 최소화하고 손실 위험에 대비하는 것을 태양광발전소 리스크 헷지(Risk Hedge)라 부른다.

 태양광발전소에 대한 리스크 헷지 방법 중 하나가 보험이다. 안타깝게도 태양광발전소만을 위한 특정 보험 상품은 존재하지 않는다. 소규모 태양광발전소의 경우, 건물 옥상 등에 설치하는 경우에는 그나마 다행이지만, 토지에 설치할 경우와 축사, 버섯 재배사 등에 설치한 경우에는 보험가입이 쉽지 않은 것이 현실이다. 이는 아직까지 태양광발전소에 대한 감정가격(가치평가)을 객관적으로 평가하지 못하는 것도 한 원인이지만, 또 다른 이유로는 태양광발전소에 대한 리스크 평가체계가 확립되어 있지 않아 보험사에서 손해를 볼 수 있기 때문에 가입을 꺼리게 된다. 태양광발전사업자가 가입 가능한 보험의 종류를 살펴보면 다음과 같다.

기관기계보험(CMI보험)

태양광발전소와 관련해서 가장 대표적인 보험이 '기관기계종합보험(Comprehensive Machinery Insurance, CMI보험)'이다. 금융권에서 대출 시 보험가입 증명을 요구하거나, 발전사업자가 발전소 운영 중에 발생할 수 있는 전소(全燒)에 대처할 목적으로 가입하는 대표적인 보험이다. 이 보험은 독일에서 개발된 상품으로 우연하고 급격하게 발생한 사고로 인해 기계, 건물 등에 발생하는 손해를 보상하는 보험이다.

이 보험의 장점으로는 담보범위가 포괄적이라는 점이다. 이는 태양광발전소의 화재, 폭발, 자연재해, 기계적 파손, 침하, 산사태에 대해 보상이 가능하다는 의미다. 다음으로는 클레임 발생 시 분쟁의 소지가 적다는 점이다. 보험 가입 시 담보범위 및 목적물이 명확하기 때문이다.

가입 대상은 태양광발전소를 포함해 수력, 화력, 풍력발전소, 시멘트 공장이나 철강, 금속제련 공장, 상수, 하수 처리장 등이다. 태양광발전소의 경우 특성상 외부에 노출되어 있어 자연재해 위험이 크고, 최근 급격히 늘어난 발전소로 인해 CMI 보험에서 차지하는 비중이 높다. 면책사항으로는 전쟁 및 유사 위험, 핵 위험, 그리고 고의적 행위이다.

이 보험의 특징은 다음과 같다.

첫째, 보험가입금액은 도급계약서를 바탕으로 계약하게 된다. 즉 토지나 토목공사비는 보험에서 제외되고 시설비만 보상한다.

둘째, 경사도가 15도 이상에 설치된 태양광발전소는 보험가입이 불가능하다. 태양광발전소가 15도 이상의 경사진 위치에 설치된 경우, 봄철 산사태 위험이 크다고 판단해 보험가입을 거절한다. 제출 서류 중 현장사진을 이용해 보험사에서 경사여부를 보고 가입여부를 판단한다.

셋째, 10억 원 이상의 가치를 가진 물건에 대해 가입할 수 있는 보험이다. 이는 용량기준으로하면 약 500kW 이상 규모의 태양광발전소에 해당한다. 100kW 발전사업을 위해 금융권에서 대출을 받고자 할 경우, 종종 금융권에서 시설물에 대한 보험을 요구하는 경우가 있다. 100kW, 200kW, 300kW 등 소규모 발전소를 분양받아 발전사업을 계획하는 사업주 입장에서는 CMI 보험에 가입하기가 현실적으로 어려워 애로사항이 발생하게 된다. 이러한 상황을 인식한 보험 영업사원이 사용하는 방법이 소형발전소를 묶어 재물가입금액을 10억 원으로 맞춘

후 보험 가입을 진행할 경우 100kW 발전소도 가입이 가능하게 된다.

넷째, 보상범위는 재물 손괴비용과 손실 기간 동안 발전하지 못한 발전량까지이며, 보험은 매년 갱신해야 한다. 사고 시 수리기간 동안 발전하지 못하는 손실의 일정비율까지 보상한다.

다섯째, 보험료에 시설 감가상각은 고려되지 않으며, 보험요율은 가입금액의 0.246~0.250% 수준이다. 도급계약서를 기준으로 보험요금이 결정되기 때문에 시간이 경과하면서 태양광발전소 가치가 하락하는 부분은 고려되지 않는다. 자기부담금에 따라 보험요율은 변하는데, 보통 자기부담금은 3,000만 원과 5,000만 원 중 하나를 선택해야 한다. 자기부담금이란 태양광발전소에 물적 피해가 발생할 경우 사업주가 우선 부담해야 하는 비용이다. 태풍으로 2,000만 원 상당의 손해가 발생했고, 자기부담금 1,000만 원으로 계약했다면, 나머지 1,000만 원에 대해서만 보험처리가 되는 것이다. 일반적으로 자기부담금이 높을 경우에는 보험요율은 낮아지게 된다. 100kW (2억 원/1기) 발전소 다섯 개를 묶어 보험에 가입했다면, 보험료는 10억 원×0.250%=250만 원이 된다. 즉 100kW 당 년간 50만 원 정도를 부담해야 한다.

보험 가입을 위해 반드시 필요한 서류로는 도급계약서, 현장사진 자료, 질문지, 사업자 등록증, 예상발전수익 자료(기업휴지부문 가입 시 필요), 구조 설계서(건물 위 태양광발전소 가입 시 필요) 등이다.

☀️ 태양광 조립보험

태양광 조립보험[98]은 태양광발전소 건설과정에서 일어날 수 있는 손해를 보상해주는 보험이다. 보상의 범위는 공사 목적물에 대한 손해와 제삼자 배상책임 손해로 규정하고 있다. 여기서 제삼자 배상책임은 공사로 인해 제삼자의 재물에 대한 손해와 제삼자의 신체에 대한 손해가 있을 경우에 해당한다. 보상하지 않는 범위로는 다음 사항에 해당되는 경우다.

1) 전쟁, 침략, 모반, 폭동, 파업 등으로 인한 손해
2) 핵반응, 방사선 오염
3) 보험계약자, 피보험자 그 대표자의 고의적 행위 또는 고의적 과실
4) 벌과금, 공사지연 손해, 성능부족, 계약손실을 포함한 간접적 손해
5) 근로자 또는 그들 가족들에 입힌 신체적 상해나 손해
6) 조립작업의 결함 이외의 설계, 재질, 주조결함 및 제작결함으로 인한 손해
7) 보험계약자와 피보험자에 귀속되지 않는 배상책임
8) 마모, 침식, 산화 등

보험의 효력은 보험 증권에 기재된 보험기간의 시기와 작업의 시작 또는 공사자재가 현장에 하역된 시점 중 나중에 도래하는 시점으로 한다. 보험의 종료는 조립하는 공사물이 발주자에게 인도되거나 시운전

---

98) http://blog.naver.com/phicjjangi/221006194051

또는 부하시점이 완료되는 시점에서 종료된다. 이 보험을 가입하기 위해서 필요한 서류로는 사업자 등록증, 조립공사에 관한 도급계약서, 조립물건의 상세 설명서, 조립공정도, 조립배치도, 공사설계도면, 조립공사 현장의 지질조사 보고서 및 주변상황 등이다.

태양광발전소 기관기계보험(NH 농협손해보험)

 다행히 CMI 보험에 가입이 어려웠던 소형발전소 사업자를 위한 상품이 최근 출시되었다. 가입 가능한 보험사는 NH농협손해보험, KB손해보험이다. 이 보험은 재물가입금액에 상관없이 농협, 축협, 국민은행 대출을 통해 시설자금을 사용하는 사업주는 가입이 가능하다. '태양광발전소 기관기계종합보험' 상품은 NH농협손해보험에서 개발해서 농협, 축협 등에서 판매하는 상품이다. 이 상품은 농·축협의 담보물건 가운데 발전용량 99kW 이상 시설이면 가입이 가능하며, 시설물 파손이나 발전시설 중단으로 인한 손실을 보상받을 수 있다. 가까운 농협, 축협 등을 방문해서 문의한 후 가입하면 된다. 최근 정보에 의하면 시설자금을 사용하지 않는 경우에도 가입이 가능하다고 하기 때문에 직접 방문해서 상담해보기를 권한다. 농협의 '태양광발전시설자금대출'을 받으면 농협손해보험의 기관기계종합보험에 의무적으로 가입된다.

🌞 발전차액 보상보험

또 다른 보험으로는 발전차액을 보전해주는 보험이 있다. 동부화재 등에서 제공하고 있는 이 보험은 일조시간 등 기상환경이 좋지 않아 적정한 발전량이하로 발전하게 되면 차액을 보전해주는 보험이다. 보험료는 회사마다 차이가 있지만, 대략 설비 투자비의 0.2~0.3% 내외다. 100kW 기준으로 월 7만 원 정도로 알려져 있다.

🌞 기타보험[99]

발전소를 완공 후 운영 중 가입 가능한 보험으로는 날씨보험과 C.G.L(기업영업배상책임보험)이 있다.

날씨보험은 컨시전시보험(상금보험)의 일종으로 최근 기후변화로 인해 예상 이익이나 전년도 예상 이익에 미치지 못할 경우, 예상이익 부족분이나 전년도 이익의 차익을 보상하는 보험이다. 이 보험은 재물적인 손해로 인한 이익의 상실은 보상하지 않고 일조량과 관련된 피해금액만을 보상하는 보험이다.

C.G.L 보험은 피보험자가 소유, 사용 또는 관리하는 시설 및 시설의 용도에 따른 업무 수행으로 생긴 우연한 사고로 인해 타인의 신체에 장해를 입히거나 타인의 재물을 파손시켜 법률상 배상책임을 부담함으

---

99) 정종원, 태양광발전소 거래컨설턴트 교육 자료, 2017

로써 입은 손해를 보상하는 보험이다. 태양광발전소로 인해 제삼자에게 재산적·인적 피해를 입혔을 경우 보상하는 보험이다. 예를 들어 태풍으로 바람이 불어 패널이 날아가서 차량을 파손했거나 또는 사람을 다치게 했다면 이를 보상해주는 보험이다. 보험료는 5억 원 기준으로 486,000원 정도다.

CHAPTER 10

향후 SMP, REC 가격은 오를 것인가?

　Part 01의 Chapter 04에서 전술한 바와 같이, SMP 가격은 고정가격 입찰제도 하에서 REC 가중치가 1.0보다 낮은 발전사업자에게는 수익에 큰 영향을 미치는 중요한 인자다. 지금까지 알려진 바에 의하면 SMP 가격에 영향을 주는 인자로는 매일의 전력수요와 공급비용을 들고 있다. 특히 전력공급 비용은 발전 시 사용되는 석탄, 석유, LNG와 같은 연료비와 일차적으로 밀접한 상관관계를 가지게 된다. 2010년 이후 현재까지 SMP 가격은 다음 그래프와 같다.

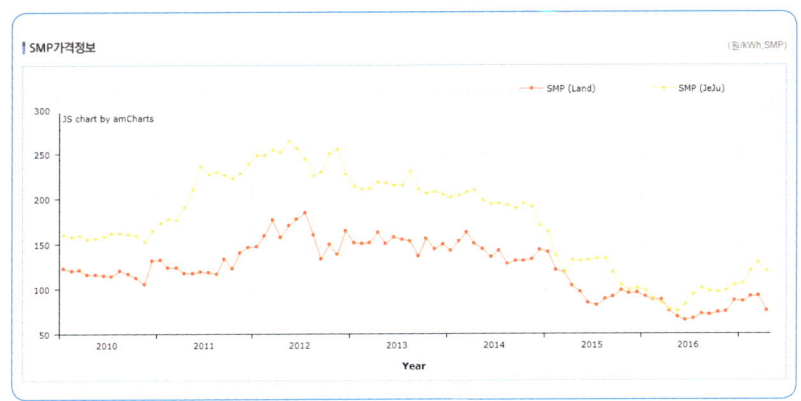

그림 2010년 이후 SMP 가격 변동(빨간색 선:육지, 노란색 선:제주)

☀ SMP 가격에 영향을 미치는 인자에 대한 분석

SMP와 REC의 가격 전망에 앞서 SMP에 대해 좀 더 자세히 알아보자. Part 01의 Chapter 05에서 전술한 바와 같이 SMP 가격은 LNG 가격에 의해 결정된다는 주장[100]이 있다. 2016년 전력거래소의 연구에 따르면, SMP 가격은 LNG 발전기에서 결정되며(2015년 5월 전력 시장 운영실적을 기준으로 LNG 가격이 SMP 가격의 95.3%를 결정), 국제 유가가 LNG 원료비에 5개월 후에 영향을 준다고 밝히고 있다. 이를 종합하면 SMP 가격은 단기적으로는 LNG 가격에 영향을 받고, LNG 가격은 석유 가격에 영향을 받는다는 의미다.

---

100) 김철호, 태양광발전소 거래컨설턴트 교육 자료, 2017

두 번째로는 SMP 가격이 국제 유가에 주로 영향을 받는다는 주장[101]이 있다. 한국에너지공단 자료에 의하면 정성적으로 판단할 때 SMP 가격과 국제 유가 사이에 상관관계가 있는 것으로 밝히고 있다.

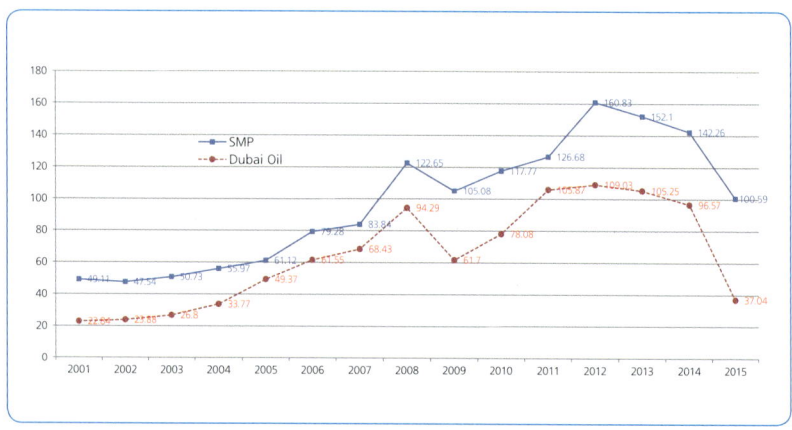

그림 국제 유가 및 SMP관계 (한국에너지공단, 2016, 재 인용)

상기의 두 주장에 대해 저자는 어떤 요인이 주요 요인인지를 살펴보고, 동시에 장·단기 SMP 가격을 예측하고자 다음과 같은 순서로 분석을 수행했다.

---

101) 한국에너지공단, 국제유가와 SMP 가격과의 관계 (재인용, 성락준, 태양광발전소 거래컨설턴트 교육 자료, 2017)

표 SMP 장·단기 가격 예측을 위한 분석과정

단계	주요내용	세부내용
1 단계	SMP 가격에 영향을 미칠 수 있는 인자 자료 수집	• 자료수집 기간 : 2010년 1월~2017년 5월 (n=89), 7년 5개월 자료 • 수집 자료 : SMP 가격(육지), 연료단가(원자력, 유연탄, 무연탄, 유류, LNG 가격), 연료원별 SMP 가격 결정 횟수, 전력수요 예측자료
2 단계	분석을 위한 자료 가공	• 월 단위(단기 분석), 분기별 단위(장기 분석) 자료 가공 • 분기별 자료 : 월 평균값을 분기별 자료로 사용
3 단계	통계 패키지를 이용한 분석	• EViews 8.0
4 단계	예측을 위한 유가 및 LNG 가격 예측자료 수집	• World Bank 발표 유가 및 LNG 예측자료
5 단계	장, 단기 SMP 가격 예측	• 장기 예측 : 2019년까지 3년 • 단기 예측 : 2017년 말까지 7개월 예측

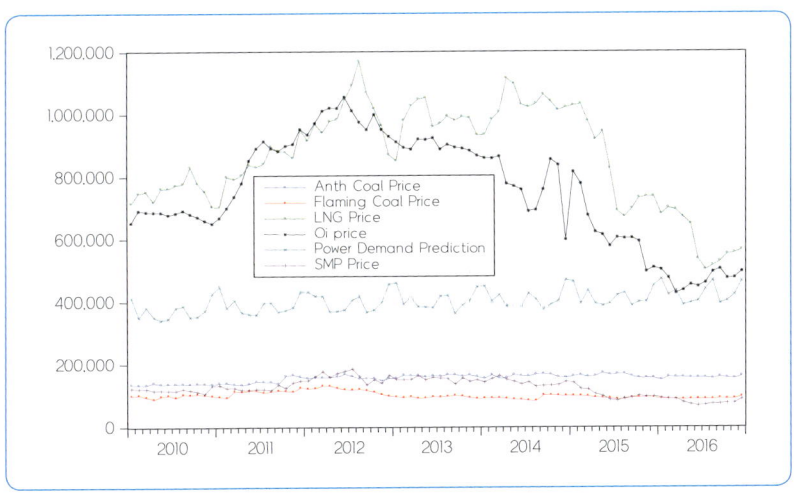

그림 Raw Data 수집 결과

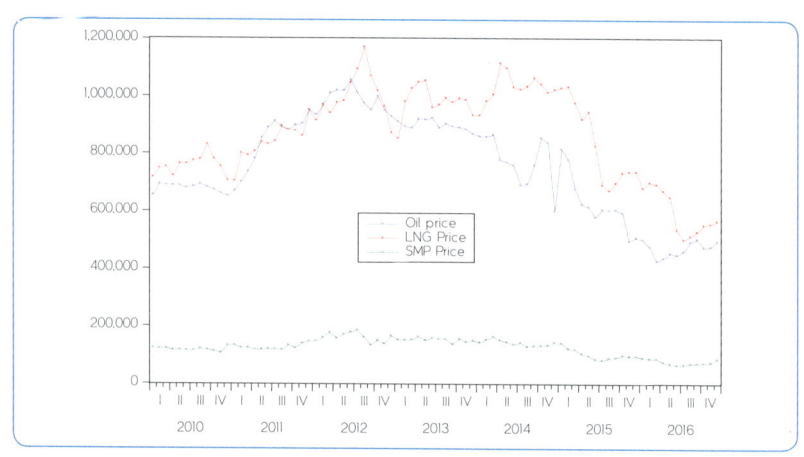

그림 유가, LNG, SMP 가격 변동

원시자료(Raw Data)를 이용해 단순회귀분석 결과 SMP 가격에 미치는 인자[102]는 전력수요, 원자력 가격, 유연탄 가격, 무연탄 가격, 유가, LNG 가격으로 나타났다. 이들 여섯 개의 변수 중 확률밀도함수가 0.0인 세 개의 변수, 즉 전력수요, 유가, LNG 가격을 대상으로 상관관계 분석을 실시했다. 분석 결과 SMP 가격과 유가는 89.4% 수준에서, 그리고 LNG 가격은 83.1% 수준에서 상관관계가 있는 것으로 밝혀졌다.

따라서 SMP 가격에 영향을 주는 주요 변수(Main Factor)는 유가이고, 그다음으로 LNG 가격이 영향을 주는 것으로 나타났다. 전력거래소에서 제시한 결과와는 다른 결과가 도출되었는데, 이는 분석 기간을 본 분석에서는 장기간인 7년 5개월 자료를 사용해서 분석했기 때문으로 판단된다.

---

102) 확률밀도함수가 0.01 이하인 값을 기준으로 판단했음

표 SMP 가격에 영향을 주는 인자에 대한 단순회귀분석 결과(독립변수:SMP 가격)

Variable	Coefficient	Std. Error	t-Statistic	Prob.
C	-43088.64	20221.01	-2.13088	0.03610
전력수요	2.12795	0.37355	5.69649	0.00000
원자력 가격	-13158.26	3421.294	-3.84599	0.00020
유연탄 가격	-0.21594	0.09777	-2.20869	0.03000
무연탄 가격	0.24599	0.18132	1.35664	0.17860
유가	0.08510	0.01416	6.00892	0.00000
LNG 가격	0.07011	0.01180	5.94152	0.00000

표 SMP 가격과 유가 및 LNG 가격 Correlation Test 결과

구 분	유가	LNG 가격	SMP 가격
유 가	1.000	0.775	0.894
LNG 가격	0.775	1.000	0.831
SMP 가격	0.894	0.831	1.000

SMP 가격 장·단기 예측

SMP 가격은 유가와 LNG 가격에 의해 영향을 받기 때문에 유가와 LNG 가격 자료를 이용해서 단기예측 회귀분석식을 도출했다. 도출된 단기예측 회귀분석식을 이용해 2017년 말까지 6개월에 대한 SMP 가격을 예측했다. 도출된 회귀분석식의 R^2값은 0.85로 나타났다. 이는 85% 수준에서 예측이 가능함을 의미한다. 실측값과 도출된 회귀분석식을 이용해서 예측한 값은 다음 그림과 같다.

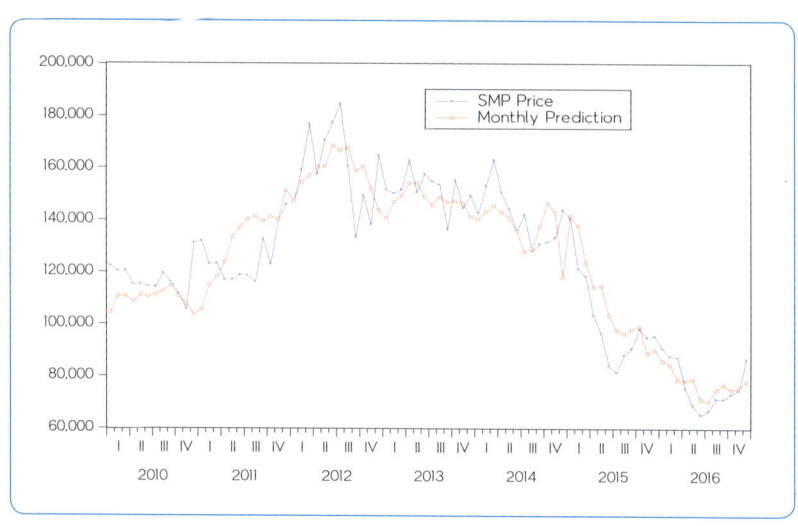

그림 실측값과 회귀분석식을 이용한 단기 예측값 비교

 다음으로 단기 예측을 위한 유가 및 LNG 가격 전망은 세계은행(World Bank)에서 2017년 발표한 자료를 사용했다. 수집된 자료 중 2016년까지의 유가 및 LNG 자료는 회귀분석식에서 사용된 유가와 LNG 가격을 보정하는 데 사용했다. 실제 장·단기 분석에 사용된 유가 및 LNG 가격은 2017~2019년의 예측자료를 사용했다. 따라서 장·단기 예측결과는 세계은행의 가격전망을 사용했기 때문에 일부 오차가 있을 수 있다.

표 유가 및 LNG 가격 전망(세계은행, 2017)

구분	2015	2016	2017	2018	2019	비고
유가	50.8	42.8	55.0	60.0	61.5	$/bbl
LNG 가격	10.4	6.90	7.25	7.43	7.62	$/mmbtu

2017년 말까지에 대한 단기 SMP 가격 예측 결과 85,467~93,595원/MWh로 예측되었다. 즉 kWh 당 약 85~93원으로 예측되었다. 여기서 주의할 점은 저자의 분석 결과를 바탕으로 거래할 경우, 손실 또는 이득에 대한 책임은 거래 당사자의 책임하에 이루어져야 한다는 점이다.

그림 세계은행(World Bank) 유가 및 LNG 가격을 이용해서 예측한 단기 SMP 가격 전망

동일한 방법으로 유가와 LNG 가격이 고려된 장기예측 회귀분석식을 도출하고 장기예측, 즉 2017~2019년까지 3년에 대한 SMP 가격을 예측했다. 장기예측 회귀분석식의 R^2값은 0.92로 단기 예측에 비해 높게 나타났다. 장기예측 회귀분석식과 실제 거래 가격 사이의 비교는 다음 그림과 같다.

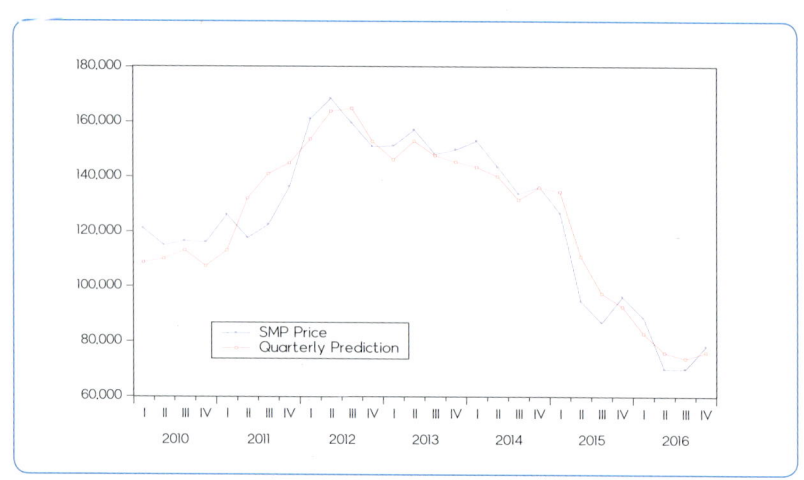

그림 실측값과 회귀분석식을 이용한 장기예측값 비교

2019년까지에 대한 장기 SMP 가격 예측결과 80,699~103,000원/MWh으로 예측되었다. 즉 kWh 당 약 80~103원으로 예측된 것이다.

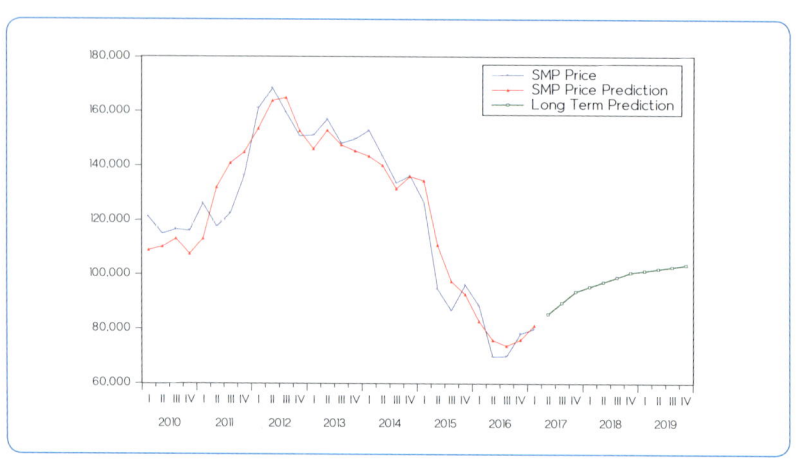

그림 세계은행(World Bank) 유가 및 LNG 가격을 이용해서 예측한 장기 SMP 가격 전망

☀ REC 가격 장·단기 예측

기존 REC 가격 예측에 대한 연구결과[103]에 따르면, REC 가격 예측은 SMP 가격 예측과 같이 시계열(Time Series) 분석방법으로 예측하는 것은 불가능하다고 밝히고 있다. REC 가격을 설명하는 변수로는 신·재생에너지 의무량, REC 공급량, 계통한계가격, 균등화비용(Levelized Cost of Energy, LCOE), 정책변화 등이다. 이상의 변수를 이용해서 분석한 결과, 상관계수 0.5 이상의 변수가 없는 것으로 나타나 모든 변수에서 통계적 유의성을 찾을 수 없었다. 이는 REC 거래의 역사가 짧아 자료가 충분히 축적되지 않았고, 분석에 사용되는 현물시장의 REC 거래량은 전체의 약 5%에 불과하기 때문에 REC 거래시장을 대변할 수 없을 뿐만 아니라 특히 2015년 태양광과 비 태양광시장을 통합하는 등의 정책변화로 분석에 한계가 있음을 뜻한다.

이러한 한계로 인해 이철용 등(2016)은 균등화비용 모형을 이용해서 REC 가격을 예측했다. 이 모형의 가정은 신·재생에너지 발전의 수익원은 SMP 가격과 REC 가격이며, 이 합이 균등화비용보다 클 경우에만 발전사업자들이 시장에 참여한다는 것이다. 즉, t기의 REC 가격은 LCOE에서 SMP 가격을 뺀 가격보다 높은 값에서 형성될 가능성이 크다는 가정에서 출발한다.

---

103) 이철용, 신재생에너지 공급인증서(REC) 가격 예측 방법론 개발 및 운용, 2015, 에너지경제연구원

신·재생에너지 발전의 수익원
= 계통한계가격$(SMP)_t$ + REC_t ≥ $LCOE_t$

REC_t ≥ $LCOE_t$ − $(SMP)_t$ 가 된다.

여기서 균등화 비용이란 평균발전비용(원)을 발전량(kWh)을 나눈 값, 또는 발전시설 총 비용 현재 값을 총 발전량 현재 값으로 나누어준 값이다. 태양광발전의 경우 LCOE 비용은 태양광 모듈, 인버터, 설계·조달·시공, 유지·운영 비용(O&M Cost), 이자 비용, 보험 비용, 기타 비용을 포함한 값이다. 이철용 등(2015)은 태양광발전소 1MW를 건설하는 데 자본비용 18억 원, 성능저하율 0.8%/년, O&M 비용 1,600만 원/년, 법인세 22%를 기준으로 LCOE를 전망했다. 계산 결과는 다음과 같으며, 결론적으로 태양광발전단가가 점차 감소해 2020년에는 1kWh를 생산하는 데 139.64원으로, 2016년 대비 약 16.5% 감소될 것이라는 것이다.

표 태양광발전 LCOE 전망(이철용 등, 2015)

구분	2016	2017	2018	2019	2020
LCOE	167.06	158.07	150.78	144.75	139.64

이철용 등(2015)은 여섯 가지의 시나리오를 바탕으로 2016~2024년까지에 대한 REC 가격을 예측했다. 예측된 REC 가격의 범위는 최저 49,000~최고 102,000원/REC이다.

전술한 SMP 장기 예측 가격과 이철용 등(2015)의 LCOE 예측값을 이용해 REC 가격을 예측한 결과, 최저 42,300원/REC ~ 최고 135,400원/REC로 나타났다. 따라서 향후 REC 가격이 지금에 비해 전반적으로 하향세를 보일 것으로 전망된다.

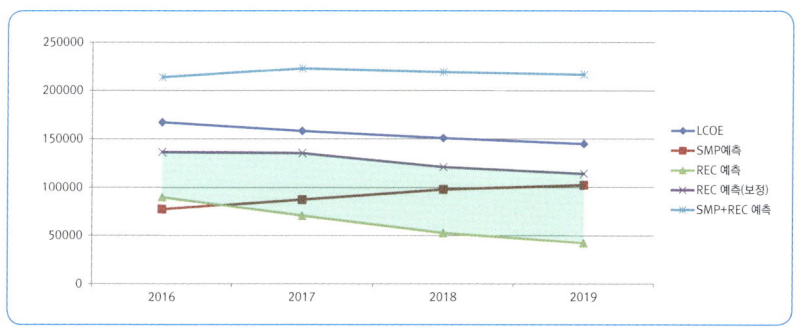

그림 2019년까지 REC 가격 예측 결과

위 그림에서 REC 예측(보정)은 2016년 예측 값과 실제 거래된 REC 가격 사이의 관계식을 이용해 보정한 REC 가격이며, SMP+REC 예측값은 SMP 예측값과 REC 예측(보정)값을 더한 가격 (총 매전금액/MWh)이다. 따라서 SMP 가격과 REC 가격을 합한 SMP+REC 예측값에는 큰 변화가 없음을 보여주고 있다. 결국 태양광발전사업자 입장에서 고정가격 경쟁입찰제도하에서 SMP 가격에 민감한 구조를 선택할지, 아니면 REC에 민감한 구조를 선택할지를 판단하는 데 참고할 수 있을 것이다. 본 예측 결과는 참고 자료로만 활용해야 할 것이다. 이를 바탕으로 계약방식을 선정할 경우 이에 대한 책임이 없음을 밝혀둔다.

일부 태양광발전사업자는 REC판매 시점을 결정할 때 매년 2월에 매도하는 것이 유리하다는 이야기를 하고 있다. 이는 매년 2월에 공급의무자가 의무할당량을 제출하는 시기이기 때문에 REC 수요가 증가해서 가격이 상승한다는 것이다. 2014~2017년까지 REC 가격자료를 이용해 분석한 결과에 의하면, 두 번은 하락, 한 번은 상승, 그리고 한 번은 변화가 없었다. 따라서 2월에 매도하는 것 역시 큰 의미가 없는 것으로 판단된다.

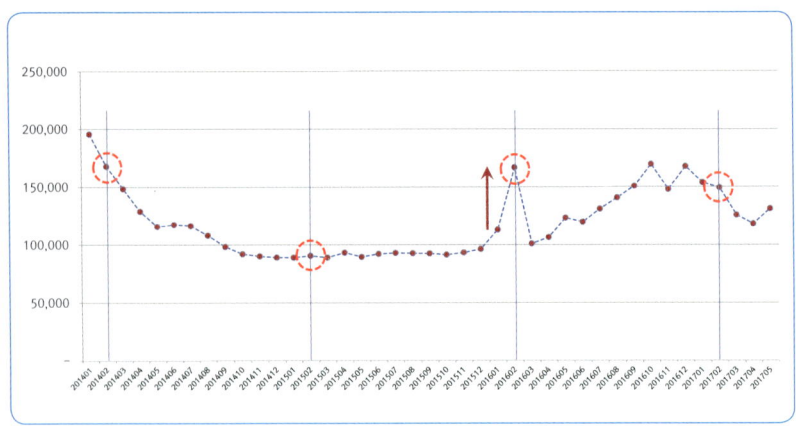

그림 2월 REC 매도 시 가격 변동

REC 가격의 관점에서 호재는 정부의 제7차 전력수급기본계획에 의한 화력발전소 신설 확대, 최근 태양광발전소 부지 선정 및 인허가의 어려움 때문에 신규 태양광발전소 건설의 한계, RPS 하에서 연도별 의무공급량 증가(2024년 10%, 2030년까지 20% 등), 타 신·재생에너지원(풍력, 수력 등)의 확대 한계 등을 들 수 있다. 반면 악재로는 문재인 정부가 들어서면서 화력발전소 신규 건설 축소, 태양광발전소 건설비용

감소로 인한 발전단가 하락, 미국 트럼프 정부의 파리협정 탈퇴와 같은 국제협상 동향에 따른 신·재생에너지 수요 감소, 그리고 정부의 정책 변화(REC 가격 개입) 등을 들 수 있다.

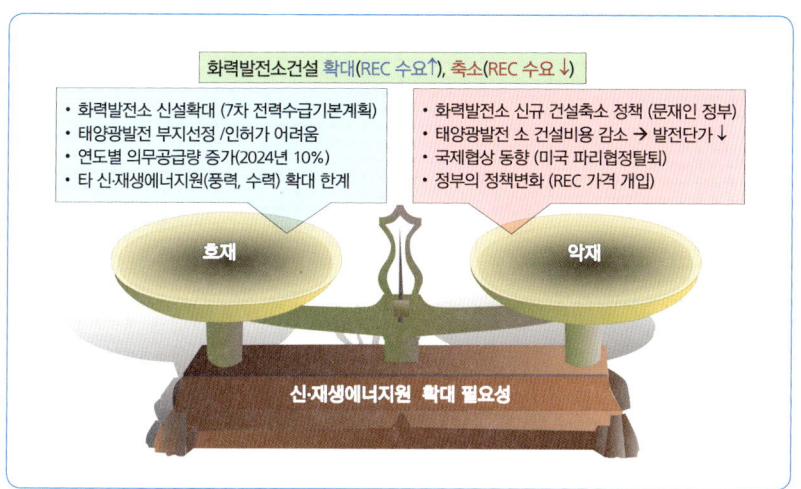

그림 REC 가격에 영향을 미칠 수 있는 요소

결국 REC 판매 시점 결정은 태양광발전사업자의 자금운용이나 수익률 목표 등 상황에 따라 판단하고, 결정하고, 책임져야 한다. 이는 태양광발전사업자가 시장상황 및 가격 예측자료를 바탕으로 가격 등락에 대한 리스크를 감수할지 여부를 결정해야 한다는 것이다.

PART
05

부록

CHAPTER 01

태양광발전사업 준비자 225명이 말하는 발전사업 추진 애로사항

- 조사기간 : 2017. 7. 28. ~ 8. 15.
- 설문지 양식

태양광발전사업 준비자를 위한 설문조사

안녕하십니까?

본 조사는 태양광발전소를 준비하는 개인 또는 사업자를 대상으로 태양광발전사업을 추진하게 된 **계기, 애로사항, 필요한 정보** 등을 조사해서 태양광발전사업을 준비하는 사람에게 실질적인 정보를 제공할 목적으로 에너지코리아(주), www.energykorea.com에서 조사하고 있습니다.

귀하의 응답내용은 통계법 제4조 및 제33, 34조의 규정에 따라 비밀이 보장되며, 통계 자료는 태양광발전사업 준비자를 위한 도서제작에 활용될 수 있습니다. 이에 동의하시면 바쁘시더라도 잠시만 시간을 내시어 작성 부탁드립니다.

조사 내용

문1. 귀하는 어떠한 계기로 태양광발전사업에 관심을 가지게 되었습니까?(중복응답 가능)

① 지인의 권유로(지인이 태양광발전소 운영)

② 인터넷 검색과정에서 알게 되었음

③ 태양광발전 영업사원의 권유로

④ 퇴직 후 안정적인 수익원을 찾는 과정에서

⑤ 향후 투자 사업으로 적당하다고 생각해서

⑥ 태양광발전 회사 취업을 목적으로

⑦ 기타

  (   )

문2. 귀하는 태양광발전사업 중 어느 부분에 관심이 있습니까?(중복응답 가능)

① 개발 및 분양사업   ② 공사 및 시공업

③ 발전소 매매 및 거래   ④ 자체 발전소 운영

⑤ 태양광사업 투자   ⑥ 기타

문3. 귀하는 태양광발전사업 관련 정보를 어떤 경로를 통해 얻고 있나요?(중복응답 가능)

① 인터넷 검색   ② 인터넷 카페

③ 교육프로그램 참여   ④ 지인 등 인맥을 통해

⑤ 도서   ⑥ 기타

문4. 귀하는 태양광발전사업 추진과정에서 어느 부분에서 어려움을 겪고 있나요? (중복응답 가능)

① 사업정보 부족(정책변화 정보 포함)

② 인허가 등 행정 절차 추진과정

③ 사업개발지 확보

④ 정보교류 통로 부재

⑤ 기타

문5. 귀하는 태양광발전사업을 준비하면서 가장 궁금한 부분이 무엇인가요? (중복응답 가능)

① 사업부지 발굴방법 ② 태양광 설계방법

③ 인허가, 신고 등 행정 절차 ④ 경제성 분석방법

⑤ 정부의 정책 동향 ⑥ 수익성(투자비 대비 이익률 등)

⑦ 프로젝트 파이낸싱 ⑧ 기타

문6. 위 5번 문제와 관련해 꼭 알고 싶은 내용을 구체적으로 적어주세요.

〈설문에 응답해주셔서 감사드립니다.〉

- 응답자 : 총 225명
- 조사 결과

문1. 귀하는 어떠한 계기로 태양광발전사업에 관심을 가지게 되었습니까?

지인의 권유로(지인이 태양광발전소 운영)	59	26%
인터넷 검색과정에서 알게 되었음	24	10%
태양광발전 영업사원의 권유로	4	1%
퇴직 후 안정적인 수익원을 찾는 과정에서	89	39%
향후 투자 사업으로 적당하다고 생각해서	95	42%
태양광발전 회사 취업을 목적으로	10	4%
기타	14	6%
무응답	4	1%

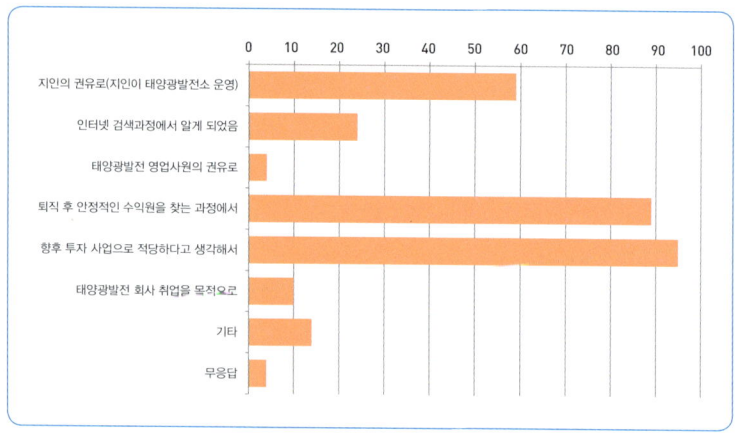

문2. 귀하는 태양광발전사업 중 어느 부분에 관심이 있습니까?

개발 및 분양사업	46	20%
공사 및 시공업	29	12%
발전소 매매 및 거래	27	12%
자체 발전소 운영	167	74%
태양광사업 투자	68	30%
기타	4	1%
무응답	4	1%

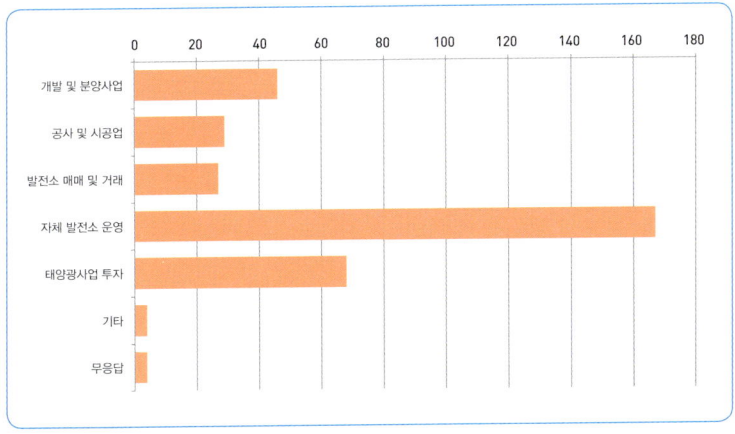

문3. 귀하는 태양광발전사업 관련 정보를 어떤 경로를 통해 얻고 있나요?

인터넷 검색	130	57%
동호회, 카페	129	57%
교육프로그램 참여	39	17%
지인 등 인맥을 통해	61	27%
도서	12	5%
기타	10	4%
무응답	6	3%

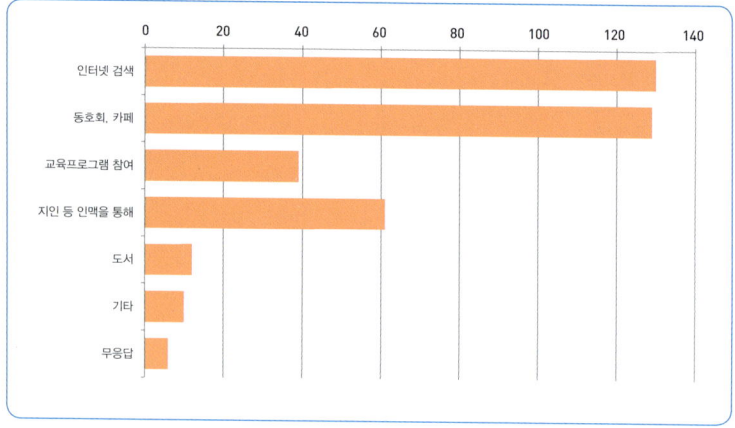

문4. 귀하는 태양광발전사업 추진과정에서 어느 부분에서 어려움을 겪고 있나요?

사업정보 부족(정책변화 정보 포함)	104	28%
인허가 등 행정 절차 추진과정	121	32%
사업개발지 확보	76	20%
정보교류 통로 부재	43	11%
기타	26	7%
무응답	6	2%

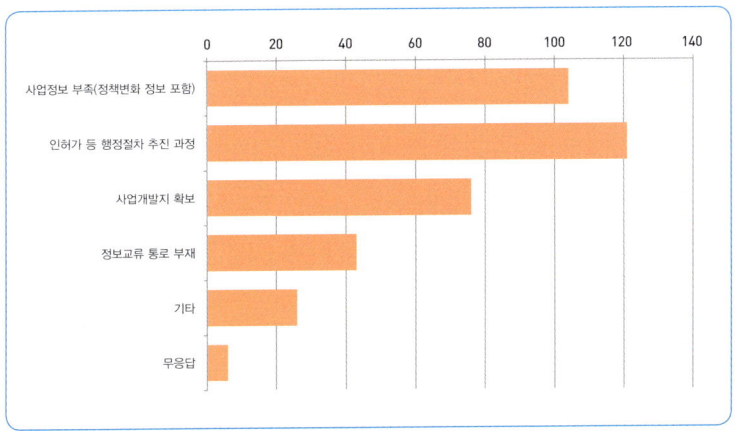

문5. 귀하는 태양광발전사업을 준비하면서 가장 궁금한 부분이 무엇인가요?

사업부지 발굴방법	64	14%
태양광 설계방법	30	7%
인허가, 신고 등 행정 절차	81	18%
경제성 분석방법(투자 수익 산정 등)	113	25%
정부의 신·재생에너지 정책 동향	81	18%
프로젝트 파이낸싱	58	13%
기타	21	5%
무응답	5	1%

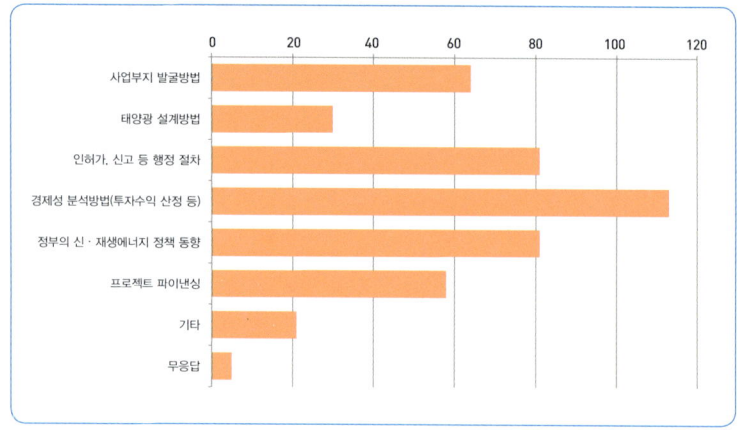

CHAPTER 02

태양광발전소 운영자 27명이 말하는 실패/성공 사례

- 조사기간 : 2017. 7. 28. ~ 8. 15.
- 설문지 양식

> **태양광발전소 운영사례 공유/발전사업자협의회 구성을 위한 설문조사**
>
> 안녕하십니까?
>
> 본 조사는 현재 태양광발전소를 운영 중인 사업자를 대상으로 태양광발전사업을 추진하면서 겪었던 **애로사항, 피해사례, 실패사례, 성공사례** 등을 조사해 신규 태양광사업자에게 정보를 제공함으로써 사업시행에 따른 시행착오를 줄이고, **태양광발전사업자의 이익보호를 위한 발전사업자협의회 구성**을 위한 목적으로 에너지코리아(주), www.energykorea.com에서 조사하고 있습니다.
>
> 귀하의 응답내용은 통계법 제4조 및 제33, 34조의 규정에 따라 비밀이 보장되며, 통계자료는 태양광발전사업 준비자를 위한 도서제작에 활용될 수 있습니다. 이에 동의하시면 바쁘시더라도 잠시만 시간을 내시어, 작성 부탁드립니다.

조사 내용

문1. 귀하의 태양광발전소가 위치한 행정구역을 기재바랍니다.

　　(예 충청남도) 도, 광역시 　(예 부여군) 시, 군, 구

문2. 귀하의 태양광발전소에 대한 기본 정보를 적어주세요.

구분	설치유형	용량(kW)	설치년월	어레이형태	전력 판매형태
내용	예 일반부지	예 99.0	예 2015.01	예 고정식	예 RPS

※ 설치유형 : 일반부지, 건축물활용, 수상태양광 등　※ 어레이형태 : 고정식, 경사가변 고정식, 추적식 등
※ 전력 판매형태 : FIT발전소, RPS발전소, 고정가격 발전소 등

문3. 태양광발전소 사업과정에서 가장 어려움을 겪은 부분은 어디인가요? 중복체크 가능 ( )

　　① 태양광사업에 대한 정보 부족　② 인허가과정
　　③ 민원해결과정　　　　　　　　④ 시공사 선정과정
　　⑤ 자금확보 또는 자금난　　　　⑥ 전력 판매계약과정
　　⑦ 운전 중 장애발생 시　　　　　⑧ 기타 ( )

문4. 귀하의 태양광발전소 인허가과정, 공사과정, 운영과정에서 문제가 있었나요?

　　( ) 예　( ) 아니오

문5. 귀하의 태양광발전소 시공사는 어떻게 선정하셨나요? ( )

　　① 지인의 소개　　　　② 업체의 견적을 받아보고 결정

　　③ 분양 시 시공까지 포함　　④ 기타

문6. 시공업체 선정 시 주의해야할 점이 있다고 생각하시면 적어주세요.

문7. 귀하의 태양광발전소는 사업초기에 추정한 경제성 분석(예상발전량) 대로 발전되고 있나요?

　　( ) 예　( ) 아니오

문8. 태양광발전사업을 하면서 피해(사기, 허위광고 등)를 당하신 적이 있나요?

　　( ) 예　( ) 아니오

문9. 귀하의 태양광발전소는 성공적으로 운영되고 있다고 생각하시나요?

　　( ) 예　( ) 아니오

문10. 태양광발전사업을 준비하시는 분께 해주시고 싶으신 이야기가 있나요? 있다면 적어주세요.

자유롭게 작성해주세요.

〈장시간 설문에 응답해주셔서 감사합니다.〉

- 응답자 : 총 27명

- 조사 결과

문1. 귀하의 태양광발전소가 소재한 주소(시군구까지)를 적어주세요.

> 충북 단양군, 강원도 동해시, 부산 강서구, 강원도 영월군, 전북 정읍시,
> 전남 고흥군, 전남 순천시, 경북 예천군, 전남 화순군, 전남 담양군, 경남 합천군,
> 전북 정읍시, 전북 군산, 부산시 중구, 경북 영천시, 전라남도 해남군,
> 전남 고흥군, 경상북도 포항시, 충남 청양군, 전북 완주군, 충청남도 서산시,
> 충청남도 금산군, 전라북도 부안군, 경기 안성, 경남 함안군

문2. 귀하의 태양광발전소에 대한 설치년도와 설치용량(kW)를 적어주세요.

> 2016년 100kW, 2015년 7월 563.7kW, 2014년 6월 25kW, 2016년 5월 99kW,
> 2015년 100kW, 2015년 5월 297kW, 2017년 8월 99kW, 2017년 5월 500kW,
> 2015년 10월 990kW, 2015년 10월 800kW, 2015년 11월 99kW-2기,
> 2014년 2월 98.4kW, 2013년 50kW, 2014년 100kW, 2017년 100kW,
> 2015년 11월 300kW, 2015년 3월 99kW, 2014년 3월 98kW, 2016년 4월 99kW,
> 2013년 12월 99kW, 2017년 5월 319.9kW, 2012년 7월 92kW, 2017년 3월
> 1600kW (1,000+100×6), 2014년 99kW, 2016년 4월 350kW, 2017년 7월
> 99kW, 2015년 10월 99.75kW

문3. 태양광발전소 사업과정에서 가장 어려움을 겪은 부분은 어디인가요?(중복체크 가능)

태양광사업에 대한 정보 부족	9	33%
인허가과정(민원해결 포함)	16	59%
시공사 선정과정	8	29%
사업초기 자금확보 또는 운영과정에서 자금난	7	25%
전력 판매계약과정	9	33%
운전 중 장애 발생 시	2	7%
A/S	1	3%
기타	4	14%
응답 없음	1	3%

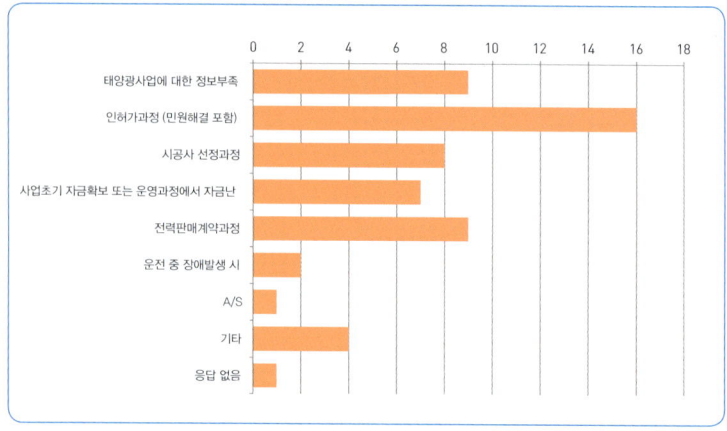

문4. 귀하의 태양광발전소 인허가과정, 공사과정, 운영과정에서 문제가 있었나요?

예	17	62%
아니오	8	29%
응답없음	2	7%

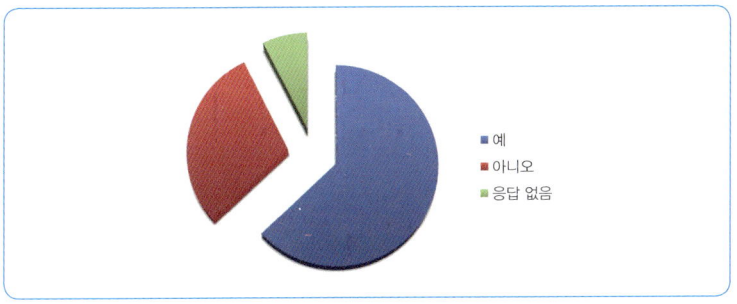

문5. 귀하의 태양광발전소 시공사는 어떻게 선정하셨나요?

지인의 소개	14	51%
업체의 견적을 받아보고 결정	5	18%
분양 시 시공까지 포함되어 있어 고민하지 않음	2	7%
기타	4	14%
응답 없음	2	7%

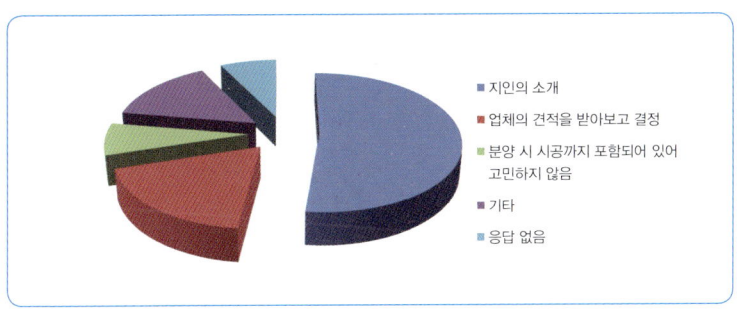

문6. 시공업체 선정 시 주의해야 할 점이 있다고 생각하시면 적어주세요.

- 대형사 보다는 경험 많고 실력있으며 직접시공 및 인허가 그리고 관리하는 업체선정이 중요
- 설계와 견적을 미리 받아 전문가의 자문을 받아 결정
- 신뢰할 수 있는 업체
- 가격도 중요하지만 그동안에 시공능력과 AS 등 고려
- 계약서 작성 시 꼼꼼히 체크하고, 계약사항 체크 필요
- 업체의 신용도 중요하지만, 본인이 기본적인 지식을 습득한 이후 선정하는 여유가 필요
- 임야의 경우에는 특히 토목업체 선정 유의(우수배수설계)
- 시공사의 자금력 시공사의 경영능력
- 시공품질과 향후 AS처리
- 기존 공사현장 방문해서 얼마나 꼼꼼히 공사였는지 체크하고, 시방서 확인해 계약대로 시공하는지 확인해야 함
- 객관적으로 검증된 경험이 많은 믿을 만한 회사를 만나는 것이 가장 중요. 인터넷으로 검색해서는 잘 모르겠음
- 보통 계약 당사자가 시공을 하지 않고 계약자가 하청을 주어 시공하게 되므로, 시공사에 대해 미리 알아두고 어떤 업체인지 확인 필요
- 유동성 부족 및 민원 해결 능력이 부족한 업체 유의
- 회사의 안정성과 신뢰성
- 사업 전 구두로 약속한 내용을 모두 문서(계약서)화 필요
- 경험, 지속성, 진정성
- 여러 곳의 견적을 받아보고 공사 경험이 많은 자기 주소와 가까운 곳의 업체를 선택해서 사후 관리가 잘 되는 곳 선택

문7. 귀하의 태양광발전소는 사업 초기에 추정한 경제성 분석(예상발전량)대로 발전되고 있나요?

예	19	70%
아니오	6	22%
응답 없음	2	7%

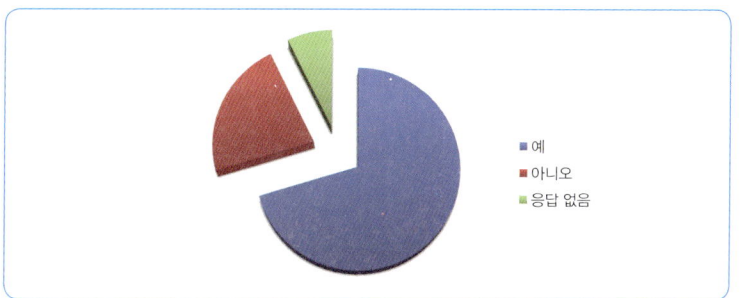

문8. 태양광발전사업을 하면서 피해(사기, 허위광고 등)를 당하신 적이 있나요?

예	4	14%
아니오	18	66%
응답 없음	5	18%

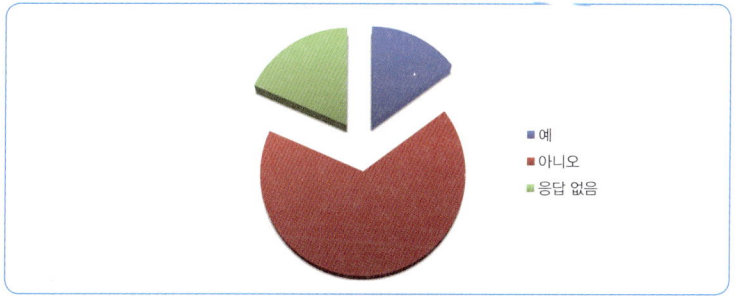

문9. 귀하의 태양광발전소는 성공적으로 운영되고 있다고 생각하시나요?

예	20	74%
아니오	5	18%
응답 없음	2	7%

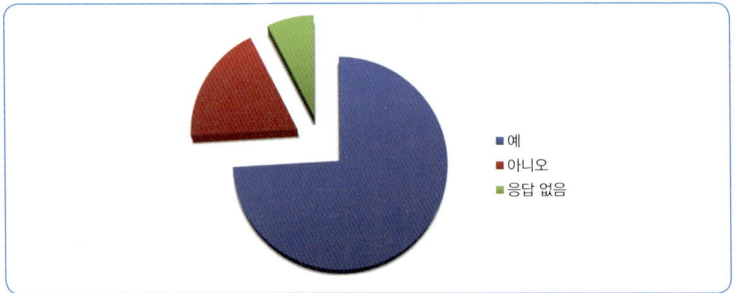

CHAPTER 03
태양광발전 용어 사전

🔅 2, 3 부스바 셀

부스바 셀은 태양전지 표면에 있는 선을 기준으로 구분하는 명칭. 줄이 두 개면 2 부스바 셀, 세 개면 3부스바 셀이라 함

🔅 가대(또는 지지구조물, Support Structure)

태양광발전 모듈이나 패널(panel) 또는 어레이가 설치되는 구조물로서, 이들을 지지하기 위해 설치되는 받침이나 기둥 등의 공작물을 통틀어 일컬음

감가상각비

기물, 설비가 제품이나 서비스 등을 생산하면서 노후한 만큼의 가치를 제품 생산원가에 포함시킬 목적으로 계산한 비용. 감가상각비 계산방식은 직접과 간접법 두 가지가 있음. 직접법은 감가상각액을 해당 고정자산계정에 넣는 방식이며, 간접식은 해당 고정자산계정은 원래대로 두고, 감가상각충당금 비용계정을 만들어 기입하는 방식임

개별 공시지가

시장, 군수, 구청장이 국토교통부장관이 결정 고시한 표준지 공시지가를 기준으로 해서 개별 필지에 대한 평방미터당 지가를 산정한 금액

개발행위부담금

국가 또는 지방자치단체로부터 허가·인가·면허 등을 받아 택지개발사업·공업단지조성사업 등 각종 개발사업을 시행하는 사업자가 개발이익환수에 관한 법률에 의해 정부에 납부하는 부담금

개발행위허가

건축물의 건축, 공작물의 설치, 토지의 형질변경, 토석의 채취, 토지의 분할 및 물건을 쌓아놓는 행위를 하고자 하는 자가 국토의 계획 및 이용에 관한 법률에 의해 허가를 받는 행위

개방전압

태양전지 양 극단에 추가적인 전류를 주입하지 않을 때 걸리는 전위차. 이상적인 개방전압의 최대치는 해당 반도체 물질의 밴드갭 에너지와 동일하고, 개방전압이 높을수록 태양전지의 효율은 증가함

건물일체형 BIPV(Building Integrated Photovoltaic) 모듈

지붕재, 벽재 등의 건축용 부재에 태양광발전 전지를 모듈구조로 집적해 일체화한 것

결정질태양전지

실리콘 태양전지 중 단결정(single crystal) 형태와 다결정(polycrystalline) 형태를 통칭한 것

경사고정식

경사각을 고정해서 지지하는 형태로 값싸고 안정적인 구조

경사도

경사진 기울기를 수평면에 대한 각도로 나타내거나 수평거리에 대한 수직 높이의 비율을 백분율로 나타낸 것(높이/밑변×100, %)

경제성 분석

사업의 비용과 편익을 추정하고 이에 따라 경제적 수익률을 계산함으로써 그 사업타당성 여부를 결정하는 분석방식

- **계통전력망**(Utility Grid)

  전력 계통(전력 회사)이 운영의 책임을 가지고 있는 전력망

- **계통연계 보호장치**(Utility Interactive Protection Unit)

  계통연계형 태양광발전시스템에서 출력을 직접 전력계통으로 보내는 데 필요한 보호장치

- **계통연계비**

  전기사용 고객이 한전의 배전용 전기 설비를 이용하기 위해 접속설비를 설치하고, 공용배전설비(변압기 등)를 신설하거나 증설하는 데 소요되는 공사비

- **계통연계형 태양광발전 시스템**

  계통연계형은 전력망과 병렬 운전되는 태양광발전 시스템으로서 발전된 전력량과 부하설비용량에 따라 역송 가능 계통연계 시스템과 역송 불가능 계통연계 시스템이 있음

- **계통접속 차단기**(Utility Interface Disconnect Switch)

  계통 연계형 태양광발전시스템과 계통 전력망 사이의 접속부에 설치되며, 필요한 경우에 태양광발전시스템과 전력 계통의 접속을 차단하는 기능을 가진 개폐기(스위치)

🔹 계통한계가격(SMP, System Marginal Price)

거래 시간별로 일반 발전기의 전기량에 대해 적용하는 전력 시장 가격(원/kWh)으로서, 전력생산에 참여한 일반 발전기 중 변동비가 가장 높은 발전기의 변동비로 결정함

🔹 고정가격

신재생에너지 공급인증서(REC) 가격에 「전기사업법」 제33조에 따른 전력거래가격(SMP)을 합산한 가격

🔹 고정가격 경쟁입찰제도

신·재생에너지 공급인증서(REC) 가격에 「전기사업법」 제33조에 따른 전력거래가격(SMP)을 합산한 가격을 고정가격으로 해서 체결하는 계약(사후 재정산방식의 계약 제외). 이 경우 신재생에너지 공급인증서의 계약단가는 고정가격에서 전력거래가격을 차감해 매월 산정한 가격으로 하며, 전력거래가격이 고정가격을 초과하는 경우 계약단가는 '0'으로 적용

🔹 고정가변형 어레이(Semi-fixed Array)

계절 또는 월별로 어레이의 경사를 조정해줄 수 있는 지지대의 형태

🔹 고정형 어레이(Fixed Array)

어레이를 고정된 형태로 지지하는 것으로, 가장 저렴하고 안정되어, 강한 풍속이나 태풍 등에 적당함. 태양광발전소에서 가장 흔한 형태

🔆 공급의무자

「신에너지 및 재생에너지 개발·이용·보급촉진법」 제12조의 5제1항에 따라 발전량의 일정량 이상을 의무적으로 신·재생에너지를 이용해 공급해야 하는 자

🔆 공시지가

국토교통부 장관이 조사·평가해 공시한 토지의 단위면적(m^2)당 가격

🔆 공작물 축조신고

대지를 조성하기 위한 옹벽, 굴뚝, 광고탑, 고가수조, 지하 대피호, 그 밖에 이와 유사한 것으로서 대통령령이 정하는 공작물을 건축물과 분리해 축조하려는 자는 대통령령으로 정하는 바에 따라 특별자치도지사 또는 시장·군수·구청장에게 신고하는 것

🔆 교토의정서

기후변화협약에 따른 온실가스 감축목표에 관한 의정서로 교토프로토콜이라고도 함. 지구온난화 규제 및 방지를 위한 국제협약인 기후변화협약의 구체적 이행 방안으로, 선진국의 온실가스 감축 목표치를 규정. 1997년 12월 일본 교토에서 개최된 기후변화협약 제3차 당사국총회에서 채택

🔲 구조물
모듈 지지를 목적으로 만든 것으로 기둥 또는 받침 등으로 어레이를 지지하거나 태양의 위치에 따라 움직일 수 있도록 만드는 것

🔲 군사시설보호구역
군사시설보호법에 의해 군사시설을 보호하고 군작전의 원활한 수행을 위해 국방부장관이 지정한 구역. 이 구역 안에서 관계 행정청이 특정사항에 관한 허가 기타의 처분을 하고자 할 때는 미리 국방부장관 또는 관할 부대장과 협의해야 함

🔲 그리드 패러티(Grid Parity)
태양광발전을 이용해 생산되는 전기의 발전원가와 석탄화력을 이용해 생산된 전기의 발전원가가 같아지는 점

🔲 기초 터파기
기초 공사를 하기 위해 대지 정리 작업이 끝난 후 공사를 목적으로 지반을 파는 것

🔲 내부 수익율(IRR, Internal Rate of Return)
예측한 장래의 순수익이 실현되는 것으로 가정한 경우 일정액의 투자에 관한 수익률. 보통 내부 수익률은 "보유기간 중 투자량에 의해 산출되는 또는 산출될 수 있는 자본의 연 환산 수익률"로 정의

🌐 농업진흥지역
국토의 계획 및 이용에 관한 법률에 의한 녹지지역·관리지역·농림지역 및 자연환경보전지역을 대상으로 지정된 지역

🌐 농지전용부담금
전, 답, 과수원 및 사실상 농지를 전용하는 경우 ㎡ 당 개별공시지가의 30%를 농지보전부담금으로 부과함

🌐 다결정 태양전지
상대적으로 저급한 재료를 저렴한 공정으로 처리해 상용화가 가능한 정도의 효율을 가진 전지를 낮은 비용으로 생산한 전지

🌐 단결정 태양전지
실리콘 원자배열이 규칙적이고 배열방향이 일정해 전자이동에 걸림이 없어 변환 효율이 높은 태양전지

🌐 단선결성도
배선, 전기기계 기구 등의 전기적인 연관을 상수, 선수 및 공간적 위치와는 관계없이 한 줄의 선으로 나타낸 것

🌐 단축 추적식
하나의 축만 이동할 수 있도록 제작된 어레이 고정 장치. 상하 추적식/좌우 추적식으로 나뉘며 동서 방향으로 30°~150° 회전 가능

- 🔲 **대수선비**

  건물·기계·기구·선박 및 기타 공작물의 수선비(재료 포함)와 도장 공사비 등 내용 년수를 현저히 증가시키는 수리비 또는 대체비

- 🔲 **덮개 유리**(Cover Glass)

  태양전지를 보호하기 위한 목적으로 모듈 전면에 사용되는 유리

- 🔲 **독립형 태양광발전**

  전력계통으로부터 독립되어 독자적으로 전력을 공급하는 시스템. 전력회사의 전기를 공급받을 수 없는 도서지방, 깊은 산속 또는 등대와 같은 특수한 장소에 적합한 설비로서, 전력공급에 중단이 없도록 축전지, 비상발전기와 함께 설치

- 🔲 **모니터링 시스템**

  발전소의 현재 발전량 및 누적량, 각 장비별 현황은 물론 방범 시스템 및 방재 시스템까지 발전소 내의 모든 시스템을 실시간 모니터링해 체계적이고 효율적으로 관리하기 위한 시스템

- 🔲 **모듈**(Module)

  셀 자체는 파괴되기 쉬우므로 견고한 알루미늄 프레임안에 셀을 배열해서 하나의 전지판 형태로 만든 제품. 모듈의 효율이 높을수록 단위 제품의 크기는 작음

문화재보호구역
지상에 고정되어 있는 유형물이나 일정한 지역이 문화재로 지정된 경우에 해당 지정문화재의 점유 면적을 제외한 지역으로서 그 지정 문화재를 보호하기 위해 지정된 구역

발전소 준공
법률상 정의되지 않은 용어로 법률상의 인허가와 무관하게 발전소 공사가 완료됨을 의미

발전차액지원제도(FIT, Feed In Teriff)
투자 경제성 확보를 위해 전기의 전력거래가격(SMP)이 산업통상자원부 장관이 고시한 기준 가격보다 낮은 경우, 기준가격과 전력거래가격과의 차액을 지원해주는 제도

변동금리
시중 금리의 움직임에 따라 오르기도 하고 내리기도 하는 금리

변환 효율(Conversion Efficiency, 기호 : η, 단위 : %)
태양전지의 최대 출력(Pmax)을 발전하는 면적(태양전지 면적 ; A)과 규정된 시험 조건에서 측정한 입사 조사 강도(Incidence Irradiance ; E)의 곱으로 나눈 값을 백분율로 나타낸 것으로서, %로 표시

● **분산형전원**

대규모 집중형 전원과는 달리 소규모로 전력소비지역 부근에 분산해 배치가 가능한 전원. 태양광발전소는 분산형 전원에 속함

● **분산형 태양광발전시스템**(Dispersed Photovoltaic System)

하나의 독립되어 있는 태양광발전 발전장치나 시스템처럼 동작하는 다수의 분산 배치된 태양광발전 발전장치나 단위 태양광발전시스템으로 이루어진 태양광발전시스템

● **비정질태양전지**

휘어지는 등의 특징을 가지고 있고 아웃도어용, 혹은 군사용으로 사용되는 태양전지

● **세액공제**

과세소득금액에 세율을 적용해서 산출된 세액에서 세법에 규정한 일정액을 공제해 납부할 세액을 산정하는 제도

● **셀**(Cell)

화학에너지를 전기에너지로 변환하는 1차 또는 2차 전지의 단체(單體) 및 방사에너지를 전기에너지로 변환하는 태양전지, 광화학전지 등의 단체

🔋 수·배전반

태양광발전소와 계통 사이에 위치해서 양자간을 연계하는 것으로, 계통전압으로의 승압용 변압기, 보호계전기 등으로 구성

🔋 스트링 인버터(String Inverter)

태양광발전 어레이나 딸림 어레이가 정해진 출력 전압을 낼 수 있도록 태양광발전 모듈을 직렬로 연결해서 구성되는 회로. 스트링은 모듈을 직렬로 연결한 것 자체만을 가리키며, 태양광발전 스트링에 지지하는 구조물과 부수되는 기구가 덧붙어 태양광발전 어레이를 구성함

🔋 신·재생에너지(Renewable Energy)

신에너지와 재생에너지의 합성어로, 신에너지에는 연료전지, 수소에너지, 석탄액화가스화가 있으며, 재생에너지에는 태양광, 태양열, 바이오에너지, 풍력, 소수력, 해양에너지, 폐기물에너지가 해당

🔋 신·재생에너지 공급인증서(REC, Renewable Energy Certificate)

발전사업자가 신·재생에너지 설비를 이용해서 전기를 생산, 공급했음을 증명하는 인증서

🔋 신·재생에너지 공급의무화제도(RPS, Renewable Portfolio Standard)

50만 kW이상의 발전설비(신·재생에너지설비 제외)를 보유한 발전사업자(공급의무자)에게 총 발전량의 일정 비율 이상을 신·재생에너지를 이용해서 공급토록 의무화한 제도

🔆 어레이(Array)

필요한 만큼의 전력을 얻기 위해 최상의 조(방위각, 경사각)를 고려해 모듈 여러장을 설계된 전압, 전류의 특성에 맞게 직·병렬로 구성해 구조물에 설치한 태양광시스템의 단위

🔆 에너지저장장치(ESS, Energy Storage System)

생산된 전력을 임시로 저장해서 필요할 때 출력할 수 있는 장치

🔆 역류방지 다이오드(Blocking Diode)

태양광발전 모듈이나 패널(panel), 딸림 어레이(sub-array) 및 어레이에 역전류가 흐르는 것을 방지하기 위해 직렬로 연결되는 다이오드를 말하며, 역류 방지 소자라고 부르기도 함

🔆 연간 발전량

태양광발전소가 1년 동안 발전한 총 전력량

🔆 연계용량

계통에 연계하고자 하는 단위 분산형전원에 속한 발전설비 정격출력(교류 발전설비의 경우에는 발전기의 정격출력, 직류 발전설비의 경우에는 사업허가 설비용량을 말함)의 합계와 발전용 변압기 설비용량의 합계 중에서 작은 것을 말함

● 연계형 태양광발전

태양광으로 발전된 직류 전기 에너지를 인버터에 공급해서 사용 전력으로 변환시켜 안정된 전원을 수요자에게 공급하는 시스템

● 연평균 수익률(%)

일정 금액 투자 대비 어느 정도의 이익을 올릴 수 있는가를 나타내는 지표

● 열화상 카메라

기계류와 전기 장비의 전체 표면의 온도 분포를 신속하고 정확하게 스캔해 시각화할 수 있는 안정된 비접촉식 기계 장치

● 오실로스코프(Oscilloscope)

시간에 따른 입력전압의 변화를 화면에 출력하는 장치

● 온실가스

대기를 구성하는 여러 가지 기체 가운데 온실효과를 일으키는 가스. 제3차 당사국총회(1997년 12월)에서 6대 온실가스로 이산화탄소(CO_2), 메탄(CH_4), 아산화질소(N_2O), 수소불화탄소(HFCs), 과불화탄소(PFCs), 육불화황(SF_6) 지정

● 온실효과

지구 표면에서 나오는 복사에너지가 대기를 빠져나가기 전에 흡수되어, 그 에너지가 대기에 남아 기온이 상승하는 현상

- **운영·유지관리**(O&M, Operation and Maintenance)

  시설물과 부대시설의 기능을 보존하고 이용자의 편익과 안전을 도모하기 위해 일상적으로 또는 정기적으로 시설물의 상태를 조사하고 손상부에 대한 조치를 취하는 일련의 행위

- **원금 균등상환**

  대출원금을 융자기간으로 나눈 할부 상환금에 월별잔고 이자를 합산해 상환하는 방식

- **원리금 균등상환**

  대출융자금 원금과 이자를 융자기간 동안 매달 같은 금액으로 나누어 갚아가는 방식

- **음영시간**

  하루 중 건물 등에 의해 일정시간 동안 그늘 또는 그림자가 지는 시간

- **인버터**(Inverter)

  직류전력을 교류전력으로 변환하는 장치

- **일사량**

  태양의 복사를 일사라 하며, 일사의 세기를 일사량이라 함

🔆 입찰방식
사전에 매도자(신·재생사업자)가 매물을 등록하고, 매수자(공급의무자)가 필요로 하는 수량 및 가격에 해당하는 매물에 입찰해서, 최고가격에 입찰한 발전사에 낙찰되는 방식

🔆 자가용 발전설비
전기사업용 전기설비 및 일반용 전기설비 이외의 전기설비

🔆 잔존가치
어떤 자산이 다른 목적에 전혀 사용될 수 없을 때 자산을 처분함으로써 취득할 수 있는 가치

🔆 재생에너지
햇빛·물·지열·강수·생물유기체 등을 포함하는 재생 가능한 에너지를 변환시켜 이용하는 에너지로서 태양에너지, 풍력, 수력, 해양에너지, 지열에너지, 생물자원을 변환시켜 이용하는 바이오에너지로서 대통령령으로 정하는 기준 및 범위에 해당하는 에너지, 폐기물에너지로서 대통령령으로 정하는 기준 및 범위에 해당하는 에너지, 그밖에 석유·석탄·원자력 또는 천연 가스가 아닌 에너지로서 대통령령으로 정하는 에너지

🔆 전력거래

매순간마다 변화하는 전력수요에 대응, 주식시장처럼 각 전기사업자가 생산한 전기를 시간대별로 사고 파는 것

🔆 전력망(Grid)

일반적으로 전력의 송전과 배전 체계를 함께, 또는 따로 이르는 말

🔆 전력수급계약(PPA, Power Purchase Agreement)

전략시장을 통하지 않고 정부의 신·재생에너지 거래지침에 따라 발전사업자와 한전간 전력거래계약을 체결해서 발전설비를 건설하고 계약에서 정한 내용으로 전력을 거래하는 제도

🔆 접속반

태양전지 모듈과 인버터 사이에 사용되며, 인버터를 보호하고 모듈 간의 충돌 방지 및 보호기능

🔆 접속함(Junction Box)

태양전지 모듈 열(string)의 출력을 부하에 중계하는 데 필요한 난사, 역류 방지 소자, 직류 개폐기 등을 수납해서 밀폐시킬 수 있는 구조의 함

🔋 정격부하(Rated Load)

태양광발전시스템 또는 시스템을 구성하는 소자나 부품이 정격 출력을 실현하는 데 필요로 하는 전기적 부하

🔋 정격전류(Rated Current, 기호 : R, 단위 : A)

규정된 운전 조건에서 정격 전압으로 가동하는 태양광발전 소자에서 발생하는 전류

🔋 정격출력(Rated Power, 기호 : R, 단위 : W)

규정된 운전 조건에서 태양광발전 소자나 다른 태양광발전시스템 구성 요소가 내는 전기출력

🔋 정격효율(Rated Efficiency, 단위 : %)

규정된 운전 조건에서 장치를 구성하는 부품의 효율

🔋 태양광대여사업

태양광 대여사업자가 주택 등에 태양광발전설비를 설치하고, 설비가 설치된 주택 등에서 납부하는 대여료와 REP 판매 수입으로 투자비를 회수하는 사업

🔋 태양광발전

태양전지를 이용해 태양의 빛 에너지를 광전효과에 의해 전기를 생산하는 방식으로 신·재생에너지의 한 종류

🔆 태양광발전 구성
모듈을 직·병렬로 연결한 태양전지 어레이(Array)와 전력 저장용 축전지(Storage Battery), 전력 조절장치(Power Conditioner) 및 직·교류 변환 장치(Inverter) 등의 주변장치로 구성

🔆 태양광발전 원리
반도체의 P-N 접합면에 빛을 비추면 광전효과에 의해 광기전력이 일어나는 것을 이용하는 것

🔆 태양전지
태양의 빛에너지를 전기에너지로 바꾸어주는 장치

🔆 파리협약
2020년 만료 예정인 교토의정서를 대체, 2020년 이후의 기후변화 대응을 담은 국제협약

🔆 프로젝트 파이낸싱(Project Financing)
은행 등 금융기관이 사회간접자본 등 특정사업의 사업성과 장래의 현금흐름을 보고 자금을 지원하는 금융기법

🔆 현금흐름표
일정기간 동안 해당기업의 현금이 어떻게 조달되고 사용되는지 나타내는 표로, 기간별 현금의 유입과 유출 내용을 표시

● **현존가치**(NPV, Net Present Value)

어떤 사업의 가치를 나타내는 척도 중의 하나로서 최초 투자 시기부터 사업이 끝나는 시기까지의 연도별 순편익의 흐름을 각각 현재 가치로 환산한 것. 즉, 순현재가치란 편익과 비용을 할인율에 따라 현재 가치로 환산하고 편익의 현재가치에서 비용의 현재가치를 뺀 값

용어사전 출처

: 산업통상자원부 '신재생에너지 공급의무화제도 및 연료 혼합의무화제도 관리 운영지침'
: 지식경제부 산업기술기반조성사업 '태양광발전 용어 모음' 2010년 최종판
: 산업자원부 '태양광발전 용어집' 2007년 판
: 한국에너지공단 신재생에너지센터
: PPA 가이드북, 한국전력공사
: 태양광발전소 거래컨설틴트 양성과정 강의자료
: 위키백과
: 네이버 지식사전

CHAPTER 04

태양광발전 관련 서식

[별지 제3호서식] 〈개정 2015.3.10〉 〈온라인 입력 사항으로 변경('14년1월부터)〉

공급인증서 발급대상 설비확인 신청서

신청인	상호(법인명)		사업자등록번호			
	대표자명		연락처(전화번호)			
	주소					

발전소현황	발전소명					
	소재지					
	전력판매처	□ 한국전력공사　□ 한국전력거래소　□ 신·재생에너지 인증건축물				
	용량(kW)	허가		면적(㎡)	모듈	
		설치			건축	
	발전사업허가번호		계약번호(발전기코드)			
			상업운전개시일	년 월 일		
	사용전검사확인증 발행번호		사용전검사일			
	계통구분	□ 1인입　□ 별도인입　□ 기타	한전고객번호	□□-□□□□-□□□□		
	담당자명		부서/직책			
	연락처		이메일			
	발전방식	태양광	건축물 등 활용	□ 건축물	주용도	
					사용승인일	년 월 일
				□ 기존 시설물　□ 수상태양광		
			건축물 등 미활용	□ 5개 지목 (　)　□ 기타 23개 지목 (　)		
		풍력	□ 육상풍력　□ 해상풍력 - 연계거리 : (　) km 가중치(○고정형○변동형)　□ ESS			
		바이오폐기물	□ 바이오　　　　　　□ 목질계 바이오매스 전소발전 □ 폐기물　　　　　　□ 매립지 가스 □ 폐기물 가스화　　　□ RDF 전소발전			
		수력/조류/조력	□ 수력　□ 조류　□ 조력 - 기존방조제 ○ 有　○ 無 가중치(○ 고정형　○ 변동형)			
		기타	□ 연료전지　□ IGCC　□ 부생가스　□ 지열 - 가중치(○고정형○변동형)			

재원	총투자비	백만 원	자체조달 등(일반융자, PF포함)	백만 원
			공급의무자조달(SPC만 해당)	백만 원
			무상지원금 국가	백만 원
			지자체	백만 원

위와 같이 공급인증서 발급대상 설비확인을 신청합니다.

년　월　일

신청인(대표자)　　　　　　　(인)

신·재생에너지센터 소장 귀하

※ 설비확인신청서 및 첨부서류 각 1부.

시공업체 (계약금액순 상위1개만 기재)

업 체 명		사업자등록번호	
업체주소	㉾	☎	
대표자명		담당자명	
담당부서		담당자직위	

소요자금 내역

구 분			수량	금액(천 원)
순공사비	직접비	기자재비	주기기1		
			주기기2		
			주기기3		
			보조기기1		
			보조기기2		
		시공비	기계공사비		
			계전공사비		
			토목공사비		
			건축공사비		
			부대공사비		
	간접비	설계용역비		
		용 지 비		
		외자조작비		
		사업주 제경비		
건 설 이 자				
합 계				

※ 상기 시설명세는 계약서 및 계약상세내역서를 근거로 작성해야 함

주요 설비 개요(해당 에너지원에 작성)

1. 태양광설비

확인사항		내 용				
설치형태		☐ 경사고정　☐ 경사가변　☐ 추적식(1축)　☐ 추적식(2축)　☐ 기타				
모듈1	모델명		출력(Wp)		수량(매)	
	제조국/제조사		인증번호/인증회사			
모듈2	모델명		출력(Wp)		수량(매)	
	제조국/제조사		인증번호/인증회사			
인버터1	모델명		정격용량(kW)		수량(매)	
	제조국/제조사		인증번호/인증기관			
인버터2	모델명		정격용량(kW)		수량(매)	
	제조국/제조사		인증번호/인증기관			
총 설치용량	모듈(kW)		인버터(kW)			
계통연계 방식		☐ 저압연계　　☐ 특고압연계				

※ 첨부서류

1. 공통 제출서류
① 사업자등록증 사본 1부.
② 발전사업허가증 사본 1부.
③ 사용전검사확인증 사본 1부.
④ 견적서/비용산출 내역서 사본 1부.
⑤ 설치현장사진(전경 및 주요설비 레이블사진을 포함하여 5종 이상) 1부.
⑥ 단선결선도 1부.
⑦ 정보제공동의서 1부.
⑧ 총 사업비에 대한 무상지원비율 확인서 1부.
⑨ 한국전력공사(또는 전력거래소)와의 계약번호 및 상업운전개시일 확인서류 1부.

2. 에너지원별 제출서류

에너지원	제출서류
태양광	① 신재생에너지설비(태양전지 모듈, 인버터) 인증서 사본 1부. - 인버터는 인증설비가 있는 경우에 한함 ② 설치도면 1부. ③ 건축물대장(총괄표제부, 건축물현황도 포함) 또는 시설물증빙서류 1부. - 건축물 등 시설물 활용설비에 한함 ④ 토지대장, 토지등기부등본 등 지적공부 1부. - 상업운전개시일 기준 5년전 지목이 표기되어야 함 ⑤ 수상태양광 입지확인서류 및 국가공인기관 위생안전기준 시험성적서 1부. - 수상태양광설비에 한함 ⑥ 동일사업자의 인근지역 설치용량 확인서 1부. ⑦ 태양광발전소 분할 여부 확인서 1부.
기 타	① 신·재생에너지건물인증서 사본 1부. ② 계량시스템 관련 자료(계량기기 및 방법, 기록관리방법 등) 1부. - 자가용 발전설비에 한함

3. 기타 제출서류(해당사항 관련서류 제출)
① 특수목적법인 지분현황 확인서류 1부
② 발전차액 지원중단 확인서 1부
③ 구조안전확인서(구조계산서 포함) 1부
④ 무상지원금이 있는 경우 무상지원금 비율확인 증빙서류 1부
⑤ 신재생에너지 설치의무화 비대상 확인서(공공기관에 한함) 1부

[별지 제5호서식] 〈개정 2014.6.25〉 〈온라인 입력 사항으로 변경('14년1월부터)〉

공급인증서 발급대상 설비 변경 신청서

<table>
<tr><td rowspan="3">신청인</td><td>상호(법인명)</td><td></td><td>사업자등록번호</td><td colspan="3"></td></tr>
<tr><td>대 표 자 명</td><td></td><td>연락처(전화번호)</td><td colspan="3"></td></tr>
<tr><td>주 소</td><td colspan="5"></td></tr>
<tr><td rowspan="7">발전소현황</td><td>발 전 소 명</td><td colspan="5"></td></tr>
<tr><td>소 재 지</td><td colspan="5"></td></tr>
<tr><td rowspan="2">전력 판매처</td><td colspan="5">☐ 한국전력공사   ☐ 한국전력거래소
☐ 신·재생에너지 인증건축물</td></tr>
<tr><td colspan="5"></td></tr>
<tr><td>허가용량(kW)</td><td></td><td>면적(㎡)</td><td></td><td>모듈</td><td></td></tr>
<tr><td></td><td></td><td></td><td></td><td>건축</td><td></td></tr>
<tr><td>설치용량(kW)</td><td></td><td>상업운전개시일</td><td colspan="3"></td></tr>
<tr><td></td><td>관리코드</td><td colspan="5"></td></tr>
<tr><td rowspan="10">변경신청항목</td><td>변경종류</td><td colspan="5">☐ 기재내역 변경 ☐ 양도양수(발전량 양도 적용월 :   년 월)</td></tr>
<tr><td>선택</td><td>변경항목</td><td>변경 전</td><td colspan="3">변경 후</td></tr>
<tr><td>☐</td><td>상호(법인명)</td><td></td><td colspan="3"></td></tr>
<tr><td>☐</td><td>대 표 자 명</td><td></td><td colspan="3"></td></tr>
<tr><td>☐</td><td>전 화 번 호</td><td></td><td colspan="3"></td></tr>
<tr><td>☐</td><td>주 소</td><td></td><td colspan="3"></td></tr>
<tr><td>☐</td><td>발 전 소 명</td><td></td><td colspan="3"></td></tr>
<tr><td>☐</td><td>전력 판매처</td><td></td><td colspan="3"></td></tr>
<tr><td colspan="2">참고사항</td><td colspan="4"></td></tr>
<tr><td colspan="2">변 경 일</td><td colspan="4"></td></tr>
</table>

위와 같이 공급인증서 발급대상 설비 변경을 신청합니다.

년   월   일

신청인(대표자)   (인)

신·재생에너지센터 소장 귀하

※ 첨부서류 : 변경신청사항을 증빙할 수 있는 해당 서류
- 발전사업(변경)허가증 사본 1부   - 사용전검사확인증(변경의 경우) 1부
- 사업자등록증 사본 1부   - 전력 판매계약서 사본 1부
- 양도양수계약서(소유권 이전의 경우) 1부

한 권으로 끝내는
소자본 태양광발전소

초판 1쇄 2018년 1월 3일
초판 4쇄 2022년 1월 22일

지은이 윤인택
펴낸이 전호림
기획·제작 ㈜두드림미디어
마케팅 박종욱 황기철 김혜원

펴낸곳 매경출판㈜
등 록 2003년 4월 24일(No. 2-3759)
주 소 (04557) 서울특별시 중구 충무로 2(필동 1가) 매일경제 별관 2층 매경출판㈜
홈페이지 www.mkbook.co.kr **페이스북** facebook.com/maekyung1
전 화 02)333-3577(내용 문의 및 상담) 02)200-2636(마케팅)
팩 스 02)2000-2609 **이메일** dodreamedia@naver.com
인쇄·제본 ㈜M-print 031)8071-0961
ISBN 979-11-5542-756-9 (03320)

책값은 뒤표지에 있습니다.
파본은 구입하신 서점에서 교환해드립니다.

이 도서의 국립중앙도서관 출판예정도서목록(CIP)은 서지정보유통지원시스템 홈페이지
(http://seoji.nl.go.kr)와 국가자료공동목록시스템(http://www.nl.go.kr/kolisnet)에서
이용하실 수 있습니다.
(CIP제어번호 : 2017030619)